EMPFEHLUNGEN

„Alex Ruziaks Überlebensgeschichte klingt wie ein Wunder, denn das brauchten Juden in der durch Nazis besetzten Slowakei – ein Wunder, mehrere Wunder – um die Schrecken des Genozids zu überleben. Oren Schneider erzählt diese Geschichte auf eine Weise, die es unmöglich macht, sich ihrem Bann zu entziehen; mit Mitgefühl, Spannung und einem akribischen Blick fürs Detail. Doch *Der Lehrling Buchenwalds* ist mehr als die Geschichte eines jungen Mannes, dessen komfortables Leben durch die Endlösung der Nazis aus dem Gleichgewicht gebracht wurde, und der allen Widrigkeiten trotzte. Es ist eine nachdenkliche Betrachtung über die Komplexität des Erinnerns, für diejenigen, die das Trauma selbst erlebten, und jene, die in seinem Schatten aufwuchsen. Optimismus ist der ultimative Triumph, so lernte es Schneider von seinem Großvater. Dieses Buch ist eine bewegende Hommage an einen Großvater, der sich aller Widrigkeiten zum Trotz für das Leben entschied. Eine Hommage, wie sie viele von uns, Enkelkinder derer, die den Holocaust wie durch ein Wunder überlebten, nie den Mut oder den Biss hatten, zu schreiben."

—**Amir Goldberg, Associate Professor für Organizational Behavior, Graduate School of Business, Stanford Universität**

„*Der Lehrling Buchenwalds* ist eine außergewöhnliche Geschichte von Mut und Überleben, bis ins kleinste Detail recherchiert und wunderbar erzählt. Oren Schneiders historisch bedeutsame Memoiren über seinen Großvater sind packend und unmöglich beiseitezulegen. Die tagespolitischen Ereignisse machen dieses Buch brandaktuell."

—**Gilad Japhet, Gründer, MyHeritage.com**

„Alexander Rosenberg ließ sich nicht davon abhalten, dass er ein Häftling in einem Nazi-Konzentrationslager war. Es hielt ihn nicht davon ab, seinen Vater am Leben zu halten. Und es sorgte nicht dafür, dass er nicht die Kriegsmaschine der Nazis sabotierte, indem er die von ihm zusammengebauten Waffen subtil manipulierte.

In dieser Geschichte gelingt Oren Schneider genau das: Er hält die Erinnerung an seinen Großvater wach und er sabotiert die Anstrengungen der Feinde des jüdischen Volkes, die die Ausmaße der Shoah leugnen, oder meinen, dass Assimilation uns Schutz bringt.

Lesen Sie dieses Werk und hören Sie die Botschaften eines Großvaters für seine Enkel und Urenkel, Botschaften, die heutzutage für das jüdische Volk genauso relevant sind, wie damals, als Alexander Rosenberg für die Gründung des Staates Israel zu den Waffen griff:

Sei dankbar für das Leben.

Glaube an das, was du erreichen kannst.

Verlass dich für deinen Schutz nie auf die Welt."

—**Elisha Wiesel, Sohn von Marion und Elie Wiesel**

„Ein weiteres beeindruckendes Buch, veröffentlicht von Amsterdam Publishers, ist teils Memoiren und teils Autobiographie, verfasst von Oren Schneider. Detailliert und gut geschrieben handelt diese Geschichte von den Erlebnissen von Schneiders Großvaters vor, während und nach dem Holocaust. Der erste Teil des Buches erzählt die Geschichte von Schneiders jüdischem Großvater in Zentraleuropa vor dem Zweiten Weltkrieg, die Zerstörung dieses Lebens durch ungarische und später deutsche Nazis, das Überleben des Großvaters durch Witz und Talent, und schließlich den Wiederaufbau des Lebens in Israel nach dem Krieg.

Der zweite Teil des Buches ist die Geschichte des Autors, zu dem Zeitpunkt ein ichbezogener junger Mann, der auf einer Reise nach Europa mit seinem Großvater und in dem Konzentrationslager, wo dieser eingesperrt war, auf emotionale Art und Weise mit ihm zusammenfindet.

Dieses tief berührende und bewegende Buch zeigt, wie das technische Geschick des Großvaters, Sprachkenntnisse, Mut und Furchtlosigkeit zu seinem Sieg über die Nazis führten. Die Geschichte ist fesselnd, spannend und befriedigend. Mit seinem hervorragenden Schreibstil zog mich der Autor direkt in die Geschichte. Mir persönlich gefiel der Humor, der die Persönlichkeiten von Großvater und Enkel von Zeit zu Zeit abrundet.

Viele Bücher werden als spannend beschrieben. Doch in diesem Fall ist es wahr. Kaum fing ich an, zu lesen, konnte ich das Buch bis zur letzten Seite nicht mehr aus der Hand legen. Der Untertitel des Buches lautet: „Die wahre Geschichte eines Jugendlichen, der Hitlers Kriegsmaschine sabotierte". Und so ist es. Schneiders Großvater sabotierte hunderte, wenn nicht gar tausende Mausergewehre, zusammen mit russischen Kriegsgefangenen in der Waffenfabrik, wo sie als Zwangsarbeiter schufteten. Es gibt eine Aussage – unmöglich zu bestätigen – dass diese Sabotage während Israels Unabhängigkeitskrieg ironischerweise Folgen hatte. *Der Lehrling Buchenwalds* eignet sich für ältere Schüler und Erwachsene. Dieses Buch ist dazu bestimmt, ein Klassiker zu werden. Ein absolutes Must-Read."

—Kenneth P. Price, Ph.D., Psychologe und Autor des preisgekrönten *Separated Together. The Incredible True WWII Story of Soulmates Stranded an Ocean Apart*

DER LEHRLING BUCHENWALDS

DIE WAHRE GESCHICHTE EINES JUGENDLICHEN,
DER HITLERS KRIEGSMASCHINE SABOTIERTE

OREN SCHNEIDER

ISBN 9789493322813 (eBuch)

ISBN 9789493322806 (Taschenbuch)

Herausgeber: Amsterdam Publishers, Niederlande

info@amsterdampublishers.com

Copyright © Oren Schneider, 2024

Cover design: Allison Saltzman

Cover: Valentino Sani/ Trevillion Images (Schreibmaschine auf dem Stuhl) und Shutterstock (Gewehr)

Übersetzung: Antonia Zimmermann

Die englische Originalausgabe erschien 2023 unter dem Titel *The Apprentice of Buchenwald. The True story of the Teenage Boy who sabotaged Hitler's War Machine* (Amsterdam Publishers)

Alle Rechte vorbehalten. Ohne vorherige schriftliche Genehmigung des Herausgebers darf kein Teil dieser Veröffentlichung reproduziert, verbreitet oder auf irgendeine Weise elektronisch oder mechanisch weiterverwendet werden, einschließlich Fotokopien, Aufzeichnungen oder andere Informationsspeicher- und Abrufsysteme.

INHALT

Vorwort	xiii

TEIL 1

1. Der Kleine Platz I	3
2. Ein goldenes Zeitalter	6
3. Der Fall	20
4. Bratislava I	39
5. Im Lager	54
6. Der Lehrling	74
7. Luftangriff	91
8. Nestlé	101
9. Schweinefleisch	116
10. Bratislava II	129
11. Caserta	142

TEIL 2

12. Majdanek	155
13. Der Kleine Platz II	165
14. Nachwort	180
Stammbaum der Rosenbergs und Rosenbaums	183
Fotos	187
Über den Autoren	193
Amsterdam Publishers Holocaust Bibliothek	195

Dieses Buch ist keine Fiktion. Ich habe die Geschichten nacherzählt, die mir mein Großvater und meine Urgroßmutter in meiner Kindheit über das Überleben dieser schrecklichen Zeit erzählten. Viele dieser Geschichten wurden detailliert mit Tonaufnahmen festgehalten. In einigen Fällen habe ich Szenen auf Grundlage von Erinnerungen nachgestellt oder für erzählerische Zwecke Personen und Orten Namen gegeben, deren eigentliche Namen im Laufe der Zeit verloren gegangen sind. Geäußerte Gedanken wurden aus den Geschichten, die mir erzählt wurden, abgeleitet.

Für meinen geliebten Großvater Alexander – hiermit erfülle ich deinen letzten Wunsch. Deine Wunden und Opfer sind ein Teil von mir. Deine Lebensphilosophie machte mich zu dem Optimisten, der ich bin.

Für Rio und Ruby, und eine Generation, die lediglich über den Holocaust lesen kann – hört nie auf, Fragen zu stellen und uns herauszufordern, lasst die Vergangenheit nicht in Vergessenheit geraten und seid nie gleichgültig im Angesicht von Leid. Lasst eure Stimmen hören.

Für meine Lebenspartnerin Sharon, die mich das Fühlen lehrte.

VORWORT
BROOKLYN, 2023

Mit fünfzehn Monaten wurde ich zum Waisen, als mein Vater als Jagdflieger auf einem Übungsflug in der Luft mit einem anderen Jagdflugzeug kollidierte. Meine Mutter war zu diesem Zeitpunkt mit meiner Schwester schwanger und erholte sich davon nie ganz.

Alexander, ein Holocaust-Überlebender und mein Großvater mütterlicherseits, nahm fortan die Rolle eines Vaters und Erziehers ein. Als ich fünf Jahre alt war, begann er, mir Geschichten von seiner Verhaftung während des Zweiten Weltkrieges und seinem Überleben im Konzentrationslager zu erzählen. Das war 1980. Jeden Freitagnachmittag lagen wir nebeneinander auf dem großen Bett meiner Großeltern. Dann legte er eine weitere Schicht frei, einen weiteren Nerv, eine weitere schmerzhafte Erinnerung. Das tägliche Leben in Buchenwald, banale Beschreibungen der Schicht eines Zwangsarbeiters in einer Waffenfabrik und Geschichten von Onkeln und Tanten, die in Gaskammern starben, wurden ebenso häufig besprochen wie der neuste Tabellenstand in der Fußballliga oder die rasante Entwicklung der israelischen Wirtschaft.

Ich lebte und atmete die Auslöschung, die Zerstörung und das Leiden, das meine Familie und mein Volk erlebt hatten. Es war überraschend, als ich herausfand, dass die meisten Kinder in meinem Alter davon nichts wussten oder nicht so direkt mit einem Holocaust-Überlebenden verwandt waren. Die Last der Erinnerung wurde eine Berufung. Ich erzählte meinen Freunden meine Familiengeschichten – und immer wollten sie mehr hören.

Alexanders Geschichte sucht ihresgleichen. Ihre Dokumentation begann früh, zunächst mündlich, später mit Aufnahmen. Seine Mutter Irena, damals bereits über hundert Jahre alt, aber mit einem messerscharfen Verstand, war die einzige andere Person dieser Geschichte, die ein aufgezeichnetes Zeugnis ablegte. Alexander hegte so seine Zweifel, ob die Welt sich für seine Geschichte interessieren würde. Ich nicht. Seine Geschichte ist es wert, erzählt zu werden, denn sie ist allgemeingültig und zeitlos; sie spiegelt Einsamkeit und den Kampf des Einzelnen gegen ein Übel von ungeheurem Ausmaß wider. Für mich war es stets eher die Gute-Laune-Geschichte einer Person, die allen Widrigkeiten zum Trotz die Stärke fand, zu kämpfen, und kein tragisches Beispiel einer verfolgten jüdischen Familie, die das Chaos das Krieges überlebte.

Die Coronavirus-Pandemie sorgte weltweit für Tragödien, Schmerz und beispiellosen wirtschaftlichen Schaden. Unsere Familie wurde nicht verschont. Doch die Pandemie gab mir die Möglichkeit, mich zurück in das Jahr 1980 zu begeben und zum Bett meines Großvaters. Ich fand den Mut wieder, den ich als Junge hatte, mich mit unserer Vergangenheit auseinanderzusetzen. Anstatt den Fernseher einzuschalten, setzte ich mich hin und erlebte jeden Moment von Alexanders Reise. Monatelang recherchierte ich, sprach mit Generationen der Familie, die noch vor dem Krieg in die USA gekommen waren und nutzte diese Unterhaltungen zusammen mit MyHeritage.com, um die fehlenden Familienmitglieder der Geschichte ausfindig zu machen.

Zur gleichen Zeit, eine halbe Welt entfernt, nahm Alexander seinen letzten Atemzug in Quarantäne, ohne seine Lieben. Er verstarb, als meine Arbeit kaum beendet war – seine letzte Bitte an mich war, bei unserem letzten Treffen 2019, dafür zu sorgen, dass seine Geschichte erzählt wird.

Alexander (1927-2020) lebte ein erfülltes und erfüllendes Leben. Er war ein fleißiger und erfolgreicher Unternehmer, war voller Energie, Optimismus und Witz. Doch seine Kindheitserlebnisse entstellten seine Seele. Es gelang mir nie, Alexander, den Lagerhäftling, und meinen Großvater Alexander voneinander zu trennen. Mein Großvater reiste um die Welt, um ein florierendes Geschäft aufzubauen und trieb sich immer an, nur um sich selbst seinen Wert zu beweisen. Bis zu seinem letzten Tag blieb er ein Lagerhäftling.

Fotographien, Aufnahmen und zusätzliches Material über Alexander und seine Familie finden sich unter www.ApprenticeOfBuchenwald.com.

Niemals vergessen! Oren

TEIL 1
ALEXANDER

1 DER KLEINE PLATZ I
1944, BUCHENWALD, DRITTES REICH

Die Sonne senkte sich langsam über die schneebedeckten Hügel und die düsteren Holzbauten, die von dickem Stacheldrahtzaun umgeben waren. Nur das Geheul wilder Tiere in der Ferne durchbrach die Stille. Der Himmel war klar und der eisige Wind laut und hartnäckig.

Einer nach dem anderen verließen die etwa dreißig Häftlinge ihren Appellplatz, als ihr Name fiel, und betraten das Büro, das sich im Inneren der Holzhütte befand. Vater war einer dieser Häftlinge. Mindestens ein Dutzend bewaffnete Soldaten und ein paar Deutsche Schäferhunde patrouillierten entlang des zentralen Verwaltungsgebäudes im Stammlager. Ich gab mein Bestes, um ihrem Blick nicht zu begegnen.

Und dann standen wir nur noch zu dritt auf dem Kleinen Platz: ein SS-Offizier mit Rehaugen und zwei abgemagerte Gefangene.

Ich gehörte nicht hierher in der abgewetzten Uniform für Häftlinge des Konzentrationslagers und verschlissenen Schuhen mit Holzsohlen.

Diesmal gab es kein Entkommen. Selbst wenn, meine Füße hätten mich nicht weit getragen. In den vergangenen Monaten waren Vater und ich nur knapp brenzligen Situationen entkommen. Doch jetzt konnte ich an nichts denken, was mir einen Ausweg verschafft hätte. Ich war so müde.

Ich erinnere mich lebhaft daran, was ich damals dachte. Zum ersten Mal seit unserer Verhaftung nach Jahren des Versteckens kam mir der Gedanke, dass ich nicht mit siebzehn sterben wollte. Ich war ein Einzelkind, und Mutter, falls sie noch lebte, hätte es nicht ertragen. Ich sah ihr Gesicht vor mir. Ich wusste nicht, wo sie war, ob sie hungrig war oder verletzt. Es war Wochen her, dass Vater und ich sie das letzte Mal gesehen hatten; man hatte uns auf dem überfüllten Bahnsteig in Nováky auseinandergerissen. Dann dachte ich daran, dass Vater, den man vor drei Stunden durch die Bürotür vor mir geführt hatte, vielleicht schon tot war.

Der SS-Offizier betrachtete seine Notizen minutenlang in Stille.

Der Häftling zu meiner Rechten war vielleicht Anfang zwanzig, aber er sah viele Jahre älter aus. Er glich einem großen Kleiderbügelskelett. Seine Kennzeichnung wies ihn als Homosexuellen aus. Bevor ich ins Lager kam, hatte ich noch nie zuvor einen Homosexuellen getroffen. Die Haut hing von seinem Schlüsselbein und sein Hemd wehte im Wind, als stecke er nicht in ihm. Sein Gesicht zuckte nervös und er schaukelte an der Hüfte hin und her; vielleicht, um gegen die Kälte anzukämpfen oder um sein Gleichgewicht zu finden. Ich muss ebenso hilflos und krank wie dieses abscheuliche Geschöpf ausgesehen haben. Seine wahnsinnigen, traurigen Augen huschten hin und her, versuchten, die Situation zu begreifen. Warum rief man ihn nicht wie den Rest der Gruppe in das Büro? Was ging hier vor sich?

Der SS-Offizier, blond, groß und stark in seiner gebügelten Uniform und wahrscheinlich nur um einige Jahre älter als ich, blätterte durch die Liste in seiner Hand. Zu diesem Zeitpunkt wusste er sicherlich schon, womit er es zu tun hatte. Er kratzte sich mit dem Bleistift am Hinterkopf und betrachtete die beiden Häftlinge vor sich genau. Ich wusste, dass laut der Liste nur der Gefangene aus Haut und Knochen neben mir hier hätte stehen sollen. Wieder und wieder warf er einen Blick auf meine Häftlingsnummer, dann auf die des anderen.

Ertappt.

„Du dreckiges Judenschwein! Du sollst im Nebenlager sein", brüllte er mich an und trat näher. „Was tust du hier? Wer hat dir gesagt, dass du zu dieser Gruppe sollst? Ich habe heute Morgen weder deinen Namen noch deine Nummer aufgerufen! Was hast du dir gedacht?!"

Denk nach, Alex, denk nach. Der Kopf blieb leer und so entschied ich mich für Unterwürfigkeit. „Es tut mir leid, Herr Offizier, bitte ... Ich muss den falschen Namen gehört haben. Bitte verzeihen Sie. Mein Gehör ist seit meiner Verletzung nicht mehr so gut." Ich plapperte, schwafelte, flehte um mein Leben. Niemals kaufte der Mann mir das ab.

Denk nach, denk einfach nach. Ich schloss meine Augen. Mir wurde bewusst, wie hungrig ich war.

Tagträumerei ergriff mich. Vor mir sah ich einen himmlischen Prager Schinken auf einem frischen, salztriefenden Pumpernickelbrot, bestreut mit Dill, wie er auf der Theke unseres Delikatessenladens lag. Irena Rosenberg saß dort auf dem feinen Ledersofa und lächelte. Sie trug ihren liebsten Perserpelz und hielt eine Zigarette in der Hand, paffte Rauch und schenkte ihrem Sohn ein Lächeln.

Ich bemerkte nicht, dass der Offizier mittlerweile direkt neben mir stand.

Sein erster Tritt traf meinen linken Brustkorb und ich fiel zu Boden, keuchte vor Entsetzen. In einem Anflug von Wut trat er meinen Kopf, mein Gesicht, meine Schultern, meinen Rücken und meine Füße. Ich holte tief Luft und rief mit einer Stimme, die ich nicht kannte: „Vater! Hilf mir! Hilf mir! Er tötet mich!"

„Schrei doch! Niemand kann dich hören! Du dreckiger, dummer, hässlicher Jude", schrie der Mann und trat mich erneut. Er klang außer Atem. „Dafür wirst du büßen." Sein Mund war wässrig und seine Zähne zusammengebissen.

„Hilfe! Irgendjemand!" Ich schrie mir die Lunge aus dem Leib.

Liebe Mutter, wo immer du bist, es tut mir so leid. Ich kann mein Versprechen nicht halten. Der schwache Vater wird auf sich selbst aufpassen müssen.

Meine Augen waren geschlossen. Alles, was ich sah, waren die goldenen Weizenfelder rund um meine Heimatstadt Sečovce, der seichte Fluss Trnávka, der langsam dahinfloss, und die Bienen über den Gebüschen. Blut lief mir über das Gesicht. Der Rest meines Körpers war paralysiert, von Schlägen attackiert.

Ich komme nie mehr nach Hause. Die Hurensöhne haben gewonnen.

Keine Sekunde von einer Ohnmacht entfernt, stand mir die dritte Zugfahrt in diesem Monat bevor – dieses Mal in die Ewigkeit.

2 EIN GOLDENES ZEITALTER

Dieser Nachmittag im Schnee auf dem Kleinen Platz und die albtraumhaften Monate, die dorthin führten, standen im starken Kontrast zu meinem vorherigen Leben. Meine Kindheit war schön und verwöhnt. Nichts bereitete mich darauf vor, an diesem kalten Nachmittag in Weimar zum Appell gerufen zu werden. Ich war ein verwöhntes tschechoslowakisches Kind und wuchs im Schoß einer lebendigen, gehobenen deutschen Überkultur auf. Wir waren das kultivierte, aufgeklärte Volk. Wir waren die wirtschaftliche und gesellschaftliche Elite.

1927 kam ich in Sečovce, einer kleinen ostslowakischen Stadt nahe der ungarischen und ukrainischen Grenze, zur Welt. Meine Eltern stammten aus jüdischen Handelsfamilien, die in ihren jeweiligen Heimatstädten angesehene Einzelhandelsgeschäfte führten. Wie viele Bräute zu dieser Zeit zog meine Mutter Irena nach ihrer Hochzeit von ihrem Geburtsort Trebišov in die Heimatstadt ihres Mannes, nach Sečovce. Sie nannte mich Alexander, nach ihrem Vater Alexander Rosenbaum, der sich nie von einer Notoperation des Bauches nur wenige Wochen vor meiner Geburt in Wien erholte. Alle nannten mich Sanyi, ein gängiger Spitzname von Sándor, der ungarischen Variante von Alexander. Ich hatte wahrscheinlich ein halbes Dutzend Cousins, die allesamt Alexander hießen.

Mein Vater Solomon Rosenberg war der Enkel des großen Rabbiners von Tășnad, Solomon Katz Rosenberg. Der berühmte Rabbiner wurde 1840 geboren und übernahm 1876 die Leitung der Gemeinde von Tășnad. 1898 starb er und wurde in Tășnad begraben. Er war für seine ultrakonservativen

Auslegungen des Talmuds bekannt und mein Urgroßvater hätte viele der weltlichen Entscheidungen unserer Familie nicht gutgeheißen. Mein Vater machte mir schon früh klar, dass er nicht an die Existenz Gottes glaubte. Sagte aber auch, dass ich das niemandem erzählen dürfte, erst recht nicht dem Rest der Familie. Es fühlte sich wie eine enorme Sache an, so ein Geheimnis als Kind anvertraut zu bekommen.

Solomon wurde als Jüngster von acht Geschwistern in Sečovce geboren und erzogen. Er war der stolze Besitzer von *Solomon Rosenberg* – einem Delikatessen- und Spezialitäten-Laden. Sein Vater, Bernat Rosenberg, der Sohn des berühmten Rabbiners, hatte den Laden zuvor geführt. Damals unter dem Namen *Bernat Rosenberg*. Er lehrte meinen Vater die Geheimnisse des Handels und die Kunst, vom Verkauf von Luxusgütern zu profitieren. Die älteren drei Brüder meines Vaters emigrierten in die USA, lange vor meiner Geburt. Seine vier Schwestern heirateten und zogen zu ihren Männern nach Sečovce oder in andere Städte.

Solomon Rosenberg trug immer ein akribisch gebügeltes Hemd, einen dreiteiligen Anzug und eine Krawatte. Immer. Als Kind glaubte ich, dass er so zu Bett ging und so wieder aufstand, weil ich ihn kaum anders zu Gesicht bekam.

Jeder nannte meinen Vater Zoli, mit Ausnahme von Mutter, wenn sie sich über ihn ärgerte.

„Solomon!"

„Ja, Liebes?"

„Du hast vergessen, die belgischen Pralinen zu bestellen, die Katarina und Marie so mögen! Du weißt doch, dass ich morgen eine Kartenrunde abhalte. Ich hasse es, wenn ich dich ständig an so etwas erinnern muss."

„Ah, ja ... entschuldige bitte. Ich hatte im Laden viel zu tun. Diese Woche steht die monatliche Inventur an, wie du weißt. Ich werde morgen Nachmittag eine tolle Sachertorte von Herschkowitz holen. Da werden sie sich die Finger ablecken, vertrau mir."

Katarina war die Frau des griechisch-katholischen Bischofs und Maria die Frau des Rektors der Reformkirche. Beide waren enge Freundinnen meiner Mutter. Sie liebte es, Gastgeberin zu spielen und hatte viele gute Freunde, die meisten von ihnen waren nicht-jüdisch und gehörten zur High Society, die Solomon Rosenbergs Spezialitäten genossen und dabei in unserem geräumigen, modern eingerichteten Wohnzimmer rauchten und Karten spielten. Diese eleganten Damen saßen in einer Rauchwolke, sie hielten

Zigarettenhalter, ihre Hände von langen, schwarzen Samthandschuhen bedeckt. Sie sprachen über die neusten Modetrends aus Berlin, der damaligen Modehauptstadt.

Meine Eltern hatten nicht viele jüdische Freunde, teils weil wir eine so große Familie hatten, die einen guten Teil ihrer Freizeit in Anspruch nahm, aber auch weil unser Haushalt sehr weltlich geprägt war – anders als der unserer Großfamilie. Man hätte meine Eltern als heimliche Atheisten bezeichnen können. Die meisten Juden in der Stadt, darunter viele unserer Familienmitglieder, glaubten wahrhaftig an den hebräischen Gott.

Abgesehen von obligatorischen Familienveranstaltungen, wie den Feiertagen, verbrachten meine Eltern ihre Freizeit mit gleichgesinnten Christen, die die Aristokratie der Region repräsentierten. So frequentierten der Bürgermeister, der Polizeipräsident und der griechisch-katholische Bischof Haus und Laden regelmäßig.

„Sanyi, du musst in der Schule Freunde finden. Wahre Freundschaft dauert Jahre, bis sie entsteht. Es gibt nichts Wichtigeres als Freunde. Freundschaft ist Balsam für die Seele", sagte Mutter während einer ihrer seltenen philosophischen Momente. Normalerweise war sie praktisch veranlagt und kam direkt zur Sache. Sie verschwendete keine Zeit mit theoretischen Tiraden.

„Was macht eine wahre Freundschaft aus? Hast du wahre Freunde?", fragte ich.

„Wahre Freundschaft bedeutet, dass du andere wirklich kennst und mit ihnen auf emotionaler Ebene verbunden bist. Es geht darum, für sie da zu sein, wenn sie dich brauchen, und nicht nur, wenn es dir passt. Ich habe ein paar wahre Freunde, und zwar weil ich ihnen meine Zeit und meine Aufmerksamkeit schenke. Ich höre ihnen zu und sie mir. Das solltest du auch tun."

„Hat Vater wahre Freunde?"

„Nein. Seine einzigen Freunde sind sein Geschäft und seine Frau. Ich glaube nicht, dass er andere Freunde braucht, weil er uns in seinem Leben hat. Es gibt viele Menschen, die ihn respektieren. Für seine Ehrlichkeit, seinen Erfolg und seine Professionalität."

Für Mutter waren Stil und Kultiviertheit das Rezept für ein befriedigendes, erfülltes und respektables Leben. Sie trug stets Make-up, nutzte die besten Gesichts- und Handcremes, die von Kutschen von Bauernhöfen in der Slowakei gebracht wurden. Ein frischer Eukalyptusduft folgte ihr durch das

Haus. Ihre Kleidung war aus den besten und feinsten importierten Stoffen geschneidert.

„Berlin, Sanyi, ist das Zentrum von Kultur und Stil", pflegte sie zu sagen. „Vielleicht fahren wir zu deiner Bar Mitzwa dorthin."

Das wäre tatsächlich etwas gewesen.

Sie sammelte schöne, kleine Dinge. Mir war ihre Sammlung kleiner Kristallfiguren und Holzfiguren von Nutztieren egal. Sie befanden sich in der großen Vitrine im Wohnzimmer. Ich war von der Bronzestatue zweier langohriger französischer Bulldogen mit großen Augen besessen, die neben der Vitrine standen und Richtung Horizont blickten.

Als ich acht Jahre alt war, erlaubte mein Vater mir, die Statue hochzuheben. Ich erinnere mich, dass sie sich eigenartig kühl anfühlte und der schwerste Gegenstand war, den ich bis zu diesem Zeitpunkt je in meinen Händen gehalten hatte. Ein ortsansässiger Zigeunerkünstler hatte sie kreiert und Vater und Mutter 1926 zu ihrer Hochzeit geschenkt. Am Boden befand sich eine persönliche Gravur und das Jahr. Mit dem Fingern fuhr ich über die Schweißnähte, Kratzer und Verformungen. Dabei dachte ich an den alten Künstler in seinem heruntergekommenen Dorfstudio, der dort seinen Lebensunterhalt bestritt.

Anders als seine Frau hatte Vater wenig für Sammeleien übrig. Seine Leidenschaft galt dem Handel und der örtlichen Politik, die unsere jüdische Gemeinschaft betraf.

„Warum reden wir zuhause ungarisch? Wir leben doch in der Tschechoslowakei!", fragte ich ihn eines Nachmittags im Laden.

„Das ist eine kluge Frage, Sanyi. Ungarisch, wie das Deutsch, das wir daheim sprechen, ist eine kultivierte und gebildete Sprache, anders als Slowakisch und Jiddisch. Weißt du, was Assimilation bedeutet?"

„Ich glaube schon", antwortete ich zögernd.

„Deine Mutter und ich kommen beide aus jüdischen Familien, die assimiliert sind. Natürlich besuchen wir die Shul an den Feiertagen, aber wir sind nicht religiös. Wir besitzen ein Geschäft und tragen zu der Gemeinschaft aus Christen und Juden bei, die sich für Bildung und Liberalismus entschieden haben."

„Warum sind nicht alle Juden wie wir?"

Er machte eine Pause und lächelte. „Unsere Familie ist privilegiert und glücklicherweise wohlhabend. Die Slowakei ist ein armes Land, anders als Mähren und Böhmen in der Tschechei, die sehr industrialisiert sind. Die meisten Juden in der Slowakei – und da gibt es Tausende – sind arm und ungebildet. Viele von ihnen sind sehr religiös. Wir versuchen ihnen, wenn immer möglich, zu helfen. Wenn wir nur über unsere kleine Stadt reden, würde ich schätzen, dass zirka tausend von ihnen Teil der jüdischen Gemeinde sind. Das ist etwa ein Drittel der Gesamtbevölkerung. Viele sind wohlhabend, aber eine beachtliche Minderheit ist sehr arm. Sie halten sich in abgetragener Kleidung auf dem Marktplatz auf. Aber wir sind eine gut organisierte Gemeinschaft und helfen den Bedürftigen. Wir bezahlen ihr Schabbatessen und sorgen dafür, dass sie ein Dach über dem Kopf haben."

Bis zu diesem Moment wusste ich nicht, dass meine Familie privilegiert war.

„Sanyi, iss deinen Teller auf. Viele Kinder in der Stadt haben kein Hühnchen oder überhaupt Fleisch an Schabbat."

Das war die typische Interpretation meiner Mutter, was unser privilegiertes Leben anging.

Die Rosenbergs lebten seit Generationen in Sečovce. Vater besaß ein Gebetsbuch mit dem Stempel von Urhersky Žipov, einer Kleinstadt an der Grenze Ungarns. Als ich ihn danach fragte, sagte er, dass unsere Familie im frühen 19. Jahrhundert von Urhersky Žipov nach Sečovce gekommen wäre. Er bewahrte dieses Gebetsbuch auf, weil es sein einziger Beweis dafür war, wo unsere Familie herkam.

Der *Solomon Rosenberg* Laden war mein magisches Königreich und ich der angesehene Ritter. Das Geschäft war mein Wohlfühlort und zugleich mein ärgster Feind – wir standen in einem ständigen Konkurrenzkampf um Aufmerksamkeit. Wir spielten wie Geschwister miteinander und behielten unsere Geheimnisse für uns. Meine Eltern wollten oder konnten keine weiteren Kinder haben und so gab es nur mich und den Laden.

Das Geschäft befand sich im Erdgeschoss unseres Hauses im Stadtzentrum. Meine Eltern arbeiteten jeden Tag und ich verbrachte dort jede freie Minute und bewunderte die Schätze und Reichtümer in den Regalen und auf den Anrichten. Stellen Sie sich eine private, kleinere Version des Harrods in London, des KaDeWe in Berlin oder des Bergdorf Goodman in New York vor – diese stand mir stundenlang zur Verfügung. Wir führten ein breites Sortiment: von dem berühmten Prager Schinken, geschnitten von einer glänzenden, teuren elektrischen Schneidemaschine, abgewogen auf einer schicken, modernen Berkel-Waage, die mit Ornamenten verziert war, und gesalzenem, fermentierten skandinavischen Sauerfisch in kleinen Fässern bis hin zu teuren Parfums und Ledertaschen. Die feinsten Leute aus der Stadt und der Umgebung suchten *Solomon Rosenberg* auf, um sich etwas zu gönnen.

Vater händelte den Betrieb und Mutter die Vermarktung und die Öffentlichkeitsarbeit. Jedes Jahr zu Weihnachten half ich ihr dabei, Geschenkboxen zu gestalten, die dann an unsere besten und treusten Kunden verschickt wurden. Sie kuratierte legendäre Schokoladen-, Toffee- und Marzipan-Sortimente und fügte handgeschriebene Notizen auf elegantem, bayrischem Papier hinzu.

Meine Kronjuwelen waren die exotischen Kräuter und Gewürze, die wir verkauften. Sie waren säuberlich in Holzschieberchen geordnet. Ich roch sie in jeder Ecke des Hauses und wenn ich über dem Laden in meinem Bett lag. Ich träumte mich an die fernen Orte, von denen diese Gewürze kamen.

„Kardamom … Cayenne-Pfeffer … Ceylon-Zimt … Cilantro … Chilipfeffer … Koriandersamen … Kumin …" Ich konnte sie allesamt aus dem Gedächtnis aufsagen.

„Du hast *Kapern* vergessen", sagte Vater. „Gute Arbeit, Sanyi. Bald wirst du unseren Kunden zur Seite stehen können."

„Darf ich bitte die elektrische Schneidemaschine bedienen, um den Prager Schinken zu schneiden?"

„Auf keinen Fall. So eine Klinge benötigt Feingefühl und mit fünf Jahren sind scharfe Messer nichts für dich."

„Aber du beschützt mich doch."

„Nein. Du hältst dich von den Messern fern. Du solltest lieber lesen oder deine Briefmarken sammeln."

Vater war keiner, der Risiken einging, und schon gar kein Abenteurer. Er war ein Händler, der bei jedem Schritt Risiken gegen Erfolge abwägte.

Er befürwortete und ermutigte mein Briefmarkensammeln. So legte er alle möglichen Umschläge und Briefmarken beiseite, die er durch seine geschäftliche Korrespondenz erhielt, und brachte sie zu mir. Er zeigte mir, wie man zerrissene Umschläge in Wasser legte, um den Leim zu neutralisieren, und wie man die Briefmarken von dem Papier löste und schließlich trocknete. Er unterstützte mich dabei, diese nach Datum, Geographie und Thema einzuordnen.

Meine Alben beinhalteten Briefmarken aus Dutzenden Ländern – keines davon hatte ich je besucht – und stammten von den Spezialitäten, die wir verkauften. Ich hatte Marken aus Deutschland, Großbritannien, Frankreich, Italien, Spanien, Indien und Marokko. Die allesamt zu den kulinarischen Köstlichkeiten auf unseren Regalen, groß wie klein, gehörten.

Unser Haus in der Štefánikova-Straße 152 war über zweihundert Jahre alt. Es hatte drei große Schaufenster mit riesigen Glasscheiben und einem kleinen Tor am Rand, das zum Hinterhof führte. Von dort aus gelangte man in unser Zuhause und einige Mietswohnungen.

Unser Zuhause war groß und geräumig. Es verfügte über eine gut organisierte, moderne Küche, fünf Schlafzimmer, eine Toilette und ein von meinem Vater gebautes Badezimmer, das eine der ersten elektronisch betriebenen Wasserpumpen in der ganzen Stadt hatte. Dies war ein komplett neues Konzept, denn in der Stadt gab es keine zentrale Wasserversorgung. Unsere Gäste bestaunten diese Erfindung, die ich leidenschaftlich gern vorführte.

Im Hinterhof gab es einen Brunnen und eine Wasserpumpe, die man mit der Hand bedienen musste. Unser Dienstmädchen pumpte das Wasser fürs Kochen noch in Eimer und brachte diese in die Küche.

Ich erinnere mich daran, wie mein Vater vor Bauarbeitern herlief, um eine Abwassergrube aus Beton errichten zu lassen, wohin das Abwasser im Hinterhof fließen konnte. Das Wasser wurde von einer Schicht Erde am Boden der Grube absorbiert, während der Rest alle paar Jahre von jemandem mit einem großen Eimer eingesammelt wurde. Diese Reste wurden dann größtenteils dazu verwendet, um unseren Gemüsegarten zu düngen.

Zwei Frauen arbeiteten für meine Eltern als Haushaltspersonal. Eine war für die Hausreinigung und das Kochen zuständig, die andere kümmerte sich um mich. Seit meiner Geburt hatte ich Kindermädchen und wir verbrachten viele Stunden miteinander, weil Mutter im Laden beschäftigt war. Mutter hatte hohe Erwartungen und so wechselten die Kindermädchen oft. Doch ich erinnere mich an eines von ihnen: Sie war eine gläubige Katholikin und sprach nur Deutsch. Meine Großmutter Jolan, Vaters Mutter, sprach ebenfalls nur Deutsch. Beide Frauen besaßen eine kräftige Statur, trugen immer Schwarz und verbrachten viel Zeit miteinander. Dieses Kindermädchen nahm mich auf jeden katholischen Trauerzug mit, der die Hauptstraße entlangführte, und lief mit mir hinter der Kutsche, die den Sarg trug. Bis Vater, weiß wie ein Geist, eben jene

Straße entlanglief und mich sah. Das war die letzte Beerdigung, auf die ich ging. Unsere Köchin war phänomenal. Ihre Spezialität war das slowakische Bauerngericht *bryndzové halušky* (Teigtaschen gefüllt mit Schafskäse), das sie jede Woche aus dem Nichts zauberte. Wenn wir größere Feiern abhielten, gab es gehaltvolle Gulaschsuppen, gefüllte Pierogi und Schweineschnitzel oder Schweinefleisch mit Teigtaschen und Kohl. Als säkulare Juden aßen wir zu Hause regelmäßig Schwein, aber wir sprachen außerhalb nie darüber.

„Dein Vater ist ein guter Mann und ein fleißiger Arbeiter. Aber er kann so stur wie ein Ochse sein und absolut unflexibel. Sei nicht so naiv wie er."

„Was meinst du, Mutter?" Ich verstand nicht, warum sie so über Vater sprach.

„Nichts. Versprich mir einfach, dass du auf ihn aufpasst." Auf meinen Vater aufpassen? Sie wiederholte diese Worte und ähnliche zu mehr als nur einer Gelegenheit und ich verstand nicht, wieso.

Das Stadtleben der frühen 1930er war ruhig und friedlich. An den Wochenenden im Sommer füllten sich die Straßen mit Familien; man spazierte und unterhielt sich mit Nachbarn und Freunden.

Der liebste Zeitvertreib der Männer war der Fußball. Vater liebte es, unserem Fußballverein zuzusehen, und ich genoss, dass er so losgelöst und enthusiastisch jubelnd auf der Tribüne stand. Es war der einzige Ort, an dem er sich erlaubte, mehr als Solomon Rosenberg im dreiteiligen Anzug zu sein. Er brüllte und schimpfte über die gegnerische Mannschaft und ich lachte, bis es wehtat. Unser Stadion in der Stadt hatte nur eine schlichte Holzbarriere, die den Rasen von den Zuschauerplätzen trennte. Vater nahm mich am Wochenende oft mit, besonders wenn man gegen den Erzrivalen, die Mannschaft aus Trebišov, spielte. Früher nannte man die Trebišov-Truppe „Die Messer", denn jedes Mal, wenn ein Streit auf dem Spielfeld begann, kamen Messer zum Vorschein.

Die Hauptsynagoge in der Stadt war zugleich das schickste und dekadenteste Gebäude von Trebišov. Da wir eine Familie von *Kohanim* [Mitglieder des tempeldienstlichen Stammes im Judentum] waren, hatten wir an den Festtagen Sitze in der vordersten Reihe im Ostflügel, neben der Torah. Vater bestand darauf, die Traditionen der jüdischen Feiertage aufrechtzuerhalten. An Yom Kippur trug er seinen weißen Kittel und meine Großmutter nahm ihren Ehrenplatz im obersten Stockwerk des *Ezrat Nashim* [Frauenbereich] ein. Ich brachte ihr eine Blume in die Synagoge und sie tat immer so, als wäre sie davon überrascht.

In der Stadt gab es eine jüdische Schule, eine katholische Schule, eine Reformschule und eine staatliche Schule. Ich besuchte eine jüdische Grundschule, die sich direkt neben der Synagoge befand. Alle Lehrer waren orthodoxe Juden und der Lehrplan wurde von der liberalen Regierung der Tschechoslowakei genehmigt und überwacht. Die Lehrer waren streng und die Kinder sehr diszipliniert. Ich bekam des Öfteren mit einem Lineal auf die Finger, weil ich im Unterricht Zettelchen schrieb.

Der Unterricht am Vormittag konzentrierte sich auf Allgemeinwissen, Mathematik, Sprachen, Wissenschaft und Geschichte. Slowakisch war die formelle Umgangssprache in der Schule. Am Nachmittag ging es zum Cheder, um mit dem Rabbiner die Bibel zu studieren. Ich hasste diese langen Nachmittage, denn bei uns daheim wurde hauptsächlich Ungarisch und Deutsch gesprochen, während die Bibelstunden in Jiddisch abgehalten wurden. Wie viele andere Juden sprach der Rabbiner hauptsächlich Jiddisch. Er übersetzte Bibelverse vom Hebräischen ins Jiddische und ärgerte sich, dass er eine ungarische Übersetzung hinzufügen musste, weil mein Jiddisch nicht sonderlich gut war.

„*Razenberg, du hist a goy!*" [Rosenberg, du bist ein Nichtjude!]

„*Neyn, ikh bin nisht, har.*" [Nein, bin ich nicht, Herr.]

„*Azoy vos deyn eltern zen bloyz goyim?*" [Warum lassen sich deine Eltern dann nur mit Nichtjuden sehen?]

„*Ikh vise nisht, har.*" [Ich weiß es nicht, Herr.]

Jede Woche kamen wir mit anderen Familienmitgliedern zusammen, besonders mit meiner Großmutter Rosenberg, als sie noch lebte.

Während dieser Familientreffen und Festessen gab es konstant Streitereien über die Zukunft und das Schicksal der tschechoslowakischen jüdischen Gemeinde. Es gab immer drei verschiedene Lager rund um den Tisch, wie meine Eltern es mir erklärten: Zuerst die Traditionalisten. Sie sahen die tschechoslowakischen Juden als unverzichtbares Gefüge der Gemeinschaft, als einen Stützpfeiler der Gesellschaft, führend in Wirtschaft, Medizin, Recht und Handel. Dann gab es die Neuweltpropheten, die von den Freiheiten in den Vereinigten Staaten fasziniert waren. Jede Familie mit etwas Geld hatte mindestens einen Sohn (nie aber eine Tochter), die die Stadt verlassen und sich mit dem Boot nach Amerika aufgemacht hatte. Zuletzt gab es die Zionisten. Für sie lag die Zukunft des Judentums in Palästina. In den 1920ern wurden verschiedene zionistische Jugendbewegungen gegründet, die bekanntesten waren *Beitar* und *Hashomer Hatzair*. Diese Bewegungen befürworteten die Immigration der Juden nach Palästina, damit sie dort ihr Zuhause in dem alten Land der biblischen Verheißung gestalten konnten. Die zionistischen Bewegungen waren eng mit sozialistischem Gedankengut verbunden und einige Anführer orientierten sich an dem Komintern in Moskau.

Drei Brüder meines Vaters wanderten ein Jahrzehnt vor meiner Geburt in die Vereinigten Staaten von Amerika aus, vor und während des Ersten Weltkrieges. Viele seiner Neffen taten es ihnen nach. Doch wir hatten keine Zionisten im engeren Familienkreis.

Onkel Itsu, Mutters älterer Bruder, sagte stets, dass das Land ohne die dynamische Teilnahme der „fleißigen, unternehmerischen Juden" aus der Arbeiterklasse, „dem Rückgrat der slowakischen Wirtschaft", zusammenbrechen würde. Er verachtete und verspottete die anderen beiden Gruppierungen.

„Vater, hast du je darüber nachgedacht, nach Amerika auszuwandern?"

„Nicht wirklich. Ich wollte nur mein eigenes Geschäft aufbauen und wir haben alle Ressourcen und Kontakte, die wir brauchen, um erfolgreich zu sein, hier."

„Wollten du und Mutter je Teil einer zionistischen Bewegung werden? Oder nach Israel immigrieren?"

„Himmel, nein. Diese Sozialisten sind gefährlich. Die Regierung wird sie eines Tages zerschlagen. Und Palästina ist kein Ort, an den man gehen will. Die levantinische oder arabische Kultur, das heiße und feuchte Wetter, die Glaubenskriege, warum sollte man das wollen? Wir haben alles, was wir brauchen, hier in der Tschechoslowakei."

Das Leben in Sečovce war gut.

Ich verbrachte die langen Sommerferien bei meiner Großmutter Theresa in Trebišov, nur fünfzehn Minuten mit dem Zug entfernt.

Mutters Familie in Trebišov, die Rosenbaums, setzte sich aus mehr als hundert Leuten zusammen. Sie hatten den Ruf, besonders groß und gutaussehend zu sein. Großvater Rosenbaum hatte elf Brüder und Schwestern. Die Familie lebte bereits seit Generationen in Trebišov, war überaus wohlhabend und besaß mehrere palastartige Villen. Jeden Sommer wurde ich Dutzenden Familienmitgliedern vorgestellt. Die Rosenbaums waren viel ausgefallener als die Rosenbergs.

Der Bruder meiner Großmutter hatte einen großen landwirtschaftlichen Betrieb in der Nähe von Sečovce, entlang der Hauptstraße nach Košice. Ein anderer Onkel besaß ein ganzes Dorf namens Hradište, das auf den Anbau von Tabak ausgelegt war. Dieses Dort wurde seiner Familie von einem ansässigen Adligen geschenkt, als Dank für „Verdienste für die Heimat." Dieser Zweig der Familie war der größte Lieferant von Zigaretten an die Regierung der Tschechoslowakei.

In meiner Kindheit verbrachte ich viel Zeit in Hradište mit Spaziergängen. Ich lief um die modernen Maschinen und riesigen Holzsilos, wo der Tabak trocknete. Tabakpflanzen wachsen mehr in die Höhe als Mais und Vater warnte mich regelmäßig davor. Er sagte, dass ein Kind in einem Tabakfeld schnell die Orientierung verlieren, sich verirren und vielleicht nicht bei lebendigem Leib gefunden werden würde – alles um mich vor den Tabakfeldern zu warnen. Mein Onkel hauchte dieser Warnung Leben ein, indem er mich fünf Meter weit in die Plantage hineinführte, wo ich völlig die Orientierung verlor.

Mutter wurde 1907 geboren, als Trebišov noch zu Österreich-Ungarn gehörte. Erst nach dem Ende des Ersten Weltkrieges wurde die Region Teil der Tschechoslowakei. Sie wurde zu Hause unterrichtet; von einem Privatlehrer für Ungarisch und einem jungen deutschen Lehrer, der ihr Sprache und Kultur beibrachte. Ihre Großeltern sprachen nur Deutsch, die zivilisierte Sprache der High Society. Ihre umfangreiche Bibliothek war auf Deutsch. Mutter lernte das Klavierspielen und besuchte Theaterstücke sowie Kammerkonzerte – alles nur auf Deutsch.

Meinem Großvater Alexander Rosenbaum gehörte das Hauptkaufhaus der Stadt, in dem meine Mutter und ihre elf Geschwister arbeiteten. Meine extrem wohlhabenden Großeltern wohnten auf der gegenüberliegenden Straßenseite.

Als die Russen sich während des Großen Krieges Trebišov näherten, floh Mutters Familie für einige Monate nach Budapest, bevor sie nach Hause zurückkehrten. Zu diesem Zeitpunkt kämpfte Großvater Alexander bereits seit drei Jahren in der Armee Österreich-Ungarns, wo er an einem Magenleiden erkrankte, das zu seinem vorzeitigen Ableben führen würde. Mutter erzählte mir oft von dem verfluchten Tag im Jahr 1916, als ihre Mutter aus der Zeitung vorgelesen hatte, dass Kaiser Franz Josef tot war. Und wie sie weinte, voller Anspannung und Sorge über die unsichere Zukunft, die vor ihnen lag. Mutter sprach oft vom Großen Krieg und den schweren Zeiten, die ihre Familie damals durchmachte, als ihr Vater an der Front stand. Der Familie mangelte es an Lebensmitteln und Vorräten; ihre

Diät bestand größtenteils aus Mais. Sie verwendeten Mais zum Backen von Kuchen und Brot und sogar Brei. Einmal in der Woche, am Donnerstag oder Freitag, buken sie Challah für Schabbat. Die Familie war nicht sehr religiös, aber respektierte den Schabbat. Ihre Mutter sorgte dafür, dass es an Schabbat Fleisch und Kuchen gab. Nach dem Krieg kehrte der Vater zurück, öffnete das Familiengeschäft erneut und die Dinge normalisierten sich.

„Zum Glück, Sanyi, musst du nicht die Verwüstung eines Weltkrieges wie des Großen Krieges erleben. Die Hungersnot. Der Tod. Der Verlust geliebter Menschen. Die Grausamkeit. Das Abschlachten. Wir leben in einer neuen Welt", pflegte Mutter zu sagen.

Mutter heiratete mit neunzehn, zwei Wochen vor dem Tod ihres Vaters. Nachdem sie zu meinem Vater nach Sečovce gezogen war, verließ ihr älterer Bruder Itsu seine Anstellung bei der Bank und übernahm nach Großvaters Beerdigung das Familiengeschäft.

Ich liebte Musik. Jedoch waren meine Eltern beide nicht sonderlich musikalisch, obwohl Mutter seit ihrer Kindheit Klavier spielte. So zwang sie mich bereits in jungen Jahren zum Geigenunterricht. Mein Lehrer war ein bekannter, ortsansässiger Zigeuner, der in regionalen Konzerten und auf Familienfeiern auftrat. Er besuchte uns zweimal die Woche für meinen Unterricht. Er war ein Meister seines Faches und hatte die klare Stimme einer Nachtigall. Er brachte mir bei, mit Herz und Seele zu spielen und lehrte mich auch Zigeunermusik. Auch ermutigte er mich dazu, zu jeder Gelegenheit zu singen. Laut ihm hatte ich eine schöne Stimme.

„Alexander! Komm bitte her und spiele ein Lied für die lieben Damen", rief Mutter aus dem Wohnzimmer. Dies war keine spontane Handlung – wir hatten eben jene Szene am Morgen einstudiert.

„Ich komme!" Auf ihre Einladung vorbereitet, lief ich die Treppen in meinen besten Sachen nach unten, meine Geige in der Hand.

„Guten Abend." Ich verbeugte mich vor Katarina und Maria. „Ich werde singen und *Unter unserem Fenster* spielen."

Schon bald erfüllte die süße Melodie den Raum.

Unter unserem Fenster

ist es immer sehr kalt
Und in unserem Brunnen
fließt kein Wasser.

Ich nehme meine kleine Axt
und schlage das Eis ein.
Und in unserem Brunnen
wird das Wasser wieder fließen.

Unter unserem Fenster
ist eine weiße Rose.
Sag mir, meine Liebe,
was betrübt dich so.

Ich nehme meine kleine Axt
und schlage das Eis ein.
Und in unserem Brunnen
wird das Wasser wieder fließen.

Unter unserem Fenster,
eine weiße Lilie.
Sag mir, meine Liebe,
wer kommt zu dir.

Ich nehme meine kleine Axt
und schlage das Eis ein.
Und in unserem Brunnen
wird das Wasser wieder fließen.

Ich verbeugte mich.

„Bravo, Alexander, sehr gut", sagte Maria.

„Zeit fürs Bett. Dein Vater und ich freuen uns über deine Fortschritte mit der Geige", sagte Mutter und wandte sich ihren Freundinnen zu.

Mehr Komplimente gab es von ihr nicht.

Das waren die besten Zeiten. Das goldene Zeitalter der Tschechoslowakei.

Wir fühlten uns als Juden nicht andersartig.

Meine Eltern meinten stets, dass unser Land Europas bessere, zivilisiertere Version der USA sei. Mutter spottete über Vaters Brüder, dass sie im Bauch eines Schiffes nach Ellis Island gegangen und zu geldlosen Nomaden geworden waren, die die Sprache nicht einmal sprachen.

„Was fehlt ihnen hier? Wir leben im Zentrum von Kultur, Musik, Essen und Stil. Ich muss nicht nach Yonkers gehen."

Ich hatte keine Ahnung, wo Yonkers war. Später fand ich heraus, dass sie damit New York meinte, wohin einer unserer Cousins emigriert war.

Sie sah die riesige Feuerwalze nicht, die sich auf uns zu bewegte. Das tat niemand von uns. Sie umzingelte uns einfach.

3 DER FALL

Meine Eltern sprachen zu Hause nie über Politik. Die Unterhaltungen beim Abendessen beschränkten sich auf Komplimente für Mutters meisterhafte Rezepte, ihre Menüauswahl, das Geschäft, unsere Kundschaft, Nachrichten von der Familie aus der gesamten Region, Gemeinschaftsveranstaltungen und -aktivitäten und meinen Schultag. Unsere Welt war unsere Region mit Košice als Hauptstadt.

Falls meine Eltern sich wegen der Entwicklungen im nationalsozialistischen Deutschland in den 1930ern Sorgen machten, behielten sie diese für sich.

Bis zu jenem späten Nachmittag. Ich war neun Jahre alt und Vater kam nach Hause.

„Zoli, ist etwas passiert? Du siehst blass aus. Hier, trink etwas Wasser."

Er betrat das Wohnzimmer und sah aus wie vom Blitz getroffen.

„Mir geht es gut", sagte er nach einem tiefen Atemzug. „Bin gerade mit dem Zug zurück aus Košice. Jemand hat ein Plakat am Eingang des Bahnhofes angebracht, das alle Juden dazu auffordert, die Tschechoslowakei zu verlassen. Ein gedrucktes Plakat! Kannst du dir das vorstellen? Ich traute meinen Augen nicht. Das war verstörend. Ich bin noch immer schockiert."

Stille.

„Sanyi ist hier. Lass uns bitte später darüber sprechen", antwortete Mutter.

Es kam nicht oft vor, dass meine Gegenwart die Gespräche beeinflusste. Die Neugier hatte mich gepackt. „Wer hat das Plakat angebracht? Wer will die Juden aus der Tschechoslowakei vertreiben? Warum?"

„Es ist etwas kompliziert", stotterte Vater, suchte nach den richtigen Worten. „Es gibt Leute, die, nun ja, die wütend sind, weil sie arm sind, und sie fühlen sich von unserer Regierung schlecht behandelt ... Sie mögen Juden nicht, denn sie denken, dass Juden reich und mächtig sind – und dass sie unrechtmäßig an ihren Reichtum gekommen sind."

„Aber wir sind reich, oder nicht?"

Er lächelte und sah aus, als fühle er sich zunehmend unwohler. „Ja, das stimmt, Sohn. Unsere Familie lebt ein gutes Leben, weil deine Mutter und ich, wie bereits unsere Eltern und Großeltern, jeden Tag sehr hart arbeiten. Das hat nichts mit Verlogenheit zu tun."

„Aber es gibt doch auch reiche Leute bei uns in der Stadt, die keine Juden sind."

„Wie gesagt, es ist ziemlich kompliziert. In der Geschichte unseres Volkes sind wir aufgrund unserer Religion oft verfolgt worden. Doch wie jene dunklen Zeiten, werden auch diese vorübergehen."

„Und wer ist Adolf Hitler?"

Erneut Stille.

„Wo hast du diesen Namen gehört? Wir haben ihn zu Hause nie beim Namen genannt."

Mutter bedachte mich mit einem ihrer furchteinflößenden Blicke.

„Erno hat mir letzte Woche in der Schule erzählt, dass Adolf Hitler ein sehr schlechter und unhöflicher Mensch ist, der meint, dass Juden alle Probleme Europas verursachen."

„Nun, Erno sollte es besser wissen, als so etwas in der Schule zu besprechen", sagte Mutter und riss die Kontrolle über die Unterhaltung wieder an sich. „Adolf Hitler ist ein ungebildeter österreichischer Pöbel und die deutschen Behörden wissen genau, wie sie mit solchen nichtsnutzigen Saboteuren umgehen müssen. Wir werden diesen Namen nie wieder in diesem Haus erwähnen. Ende der Diskussion."

Später stellte sich heraus, dass wir seinen Namen von diesem Zeitpunkt an erwähnten. Wieder und wieder.

Die nationalen und regionalen Zeitungen berichteten Schreckliches aus Berlin und ganz Deutschland. Und es breitete sich auf den Nazis zugewandte Regimes in Europa aus. Niemals sah ich Vater so verblüfft als zu dem Zeitpunkt, als er einen Zeitungsbericht über den Anschluss vorlas. Etwas später im selben Jahr brach seine Stimme, als er Berichte über die Kristallnacht las, in der Dutzende Juden ermordet, hunderte Synagogen angezündet und Tausende jüdische Geschäfte attackiert, niedergebrannt, geplündert und zerstört worden waren – deutschlandweit.

Die Gewalt näherte sich unserem Zuhause.

Wir waren Zeugen einer neuen, ultranationalistischen slowakischen, antisemitischen Organisation, der *Hlinkova Garda* (Hlinka-Garde). Diese war nach dem römisch-katholischen Priester Andrej Hlinka benannt. Sie verfolgte alle „Fremden" in unserer Region, besonders Juden, Roma und Sinti. Die Garde orientierte sich an der deutschen Nazipartei und ahmte ihre Methoden zur Demütigung und Verspottung von Juden nach. Vater erklärte mir, dass die Anführer der Hlinka-Garde, unter ihnen Ferdinand Ďurčanský und Alexander Mach, die slowakische Autonomie anstrebten und auf der Seite der deutsch-tschechischen Bewohner des Sudetenlandes standen, die den Anschluss an Deutschland forderten.

An einem Nachmittag machte ich meine Hausaufgaben im Geschäft, als ein Fremder in der Uniform der Garde eintrat. Mutter stand hinterm Tresen. Vater war zu einem Geschäftstreffen außerhalb der Stadt.

„Wo finde ich den Juden Solomon Rosenberg?"

Ich sah wie Mutter in meine Richtung blickte und dann zurück zu dem Fremden. „Der Besitzer ist im Moment nicht hier", antwortete sie lakonisch.

„Der Besitzer? Was für ein Witz", sagte er und spuckte auf den Tresen. „Das werden wir sehen. Warum geben Sie ihm nicht eine Nachricht der Hlinka-Garde? Richten Sie ihm aus, dass sein Laden ab morgen besser geschlossen ist und er mit seiner Familie irgendwo anders hingehen soll. Ich werde zurückkommen und auf Nummer sicher gehen, dass er genau das tut."

Er musterte Mutter und mich, als versuche er, unsere familiäre Verbindung herauszufinden. Dann verließ der Fremde den Laden und Mutters Gesicht wurde feuerrot. Sie sprach kein einziges Wort mehr, bis Vater nach Hause kam.

Wer war dieser Mann? Ich hatte noch nie jemanden derart mit meinen Eltern sprechen hören, geschweige denn mit einem anderen Erwachsenen, nicht in so einem aggressiven und gewaltbereiten Ton.

Am Abend ging Vater zu Franz, dem Bürgermeister von Sečovce und ein enger Freund meiner Eltern, um den Zwischenfall zu melden. Franz war unser bester Kunde, aber er bezahlte nie für die Produkte, die er kaufte. Vater kehrte spät zurück und setzte sich zu uns an den Esstisch.

„Was hat Franz gesagt, Zoli?"

„Er meinte, dass wir zur Ruhe kommen und vergessen sollen, dass überhaupt etwas passiert ist. Anscheinend war es ein ehrliches Missverständnis. Das örtliche Büro der Hlinka-Garde hat unsere Details und Referenzen nicht und sie hätte uns heute keinen Besuch abstatten sollen."

„Willst du damit sagen, dass sie zu allen jüdischen Geschäften in der Stadt gehen? Ist die Welt komplett verrückt geworden?"

„Ich weiß. Es sind dunkle Zeiten. Wir sollten den Kopf unten halten, bis dieser Sturm vorbei ist. Wir können nichts tun."

„Aber woher willst du wissen, dass sie nicht zurückkommen? Der Mann war gefährlich. Ich hatte Angst! Du hättest ihn sehen und hören müssen. Das sind brutale Kerle."

„Ich bin mir nicht sicher, aber wir müssen Franz vertrauen. Er hat versprochen, uns zu beschützen. Deshalb haben wir ihn all die Jahre so gut behandelt."

Der letzte Satz traf einen Nerv.

„Was meinst du? Hast du dem Bürgermeister erlaubt, unsere Produkte ohne Bezahlung zu kaufen, weil du wusstest, dass wir seinen Schutz brauchen würden? Wie konntest du wissen, dass die Garde uns bedrohen würde?", fragte ich.

Meine Eltern starrten mich an.

„Du hast Vaters Worte falsch verstanden, Sanyi. So meinte er das nicht. Er sagte, dass Franz unser Freund ist und sich um uns kümmern wird."

„Nein, er sagte—"

„Genug", unterbrach mich Vater, „ich habe mich versprochen."

„Ich habe solche Angst, Zoli."

Nie hätte ich gedacht, dass Mutter vor irgendjemandem oder irgendetwas Angst hätte. Sie war die stärkste Person, die ich kannte.

Dieser Schlägertyp der Hlinka-Garde kam nicht mehr zurück, aber in den folgenden Tagen und Wochen bekamen wir mit, wie die Garde und die Freiwillige Schutzstaffel (FS), eine lokale slowakische, paramilitärische Gruppe, zunehmend feindselig und gewalttätig gegenüber den jüdischen Geschäftsinhabern in Sečovce wurde. Es kam zu organisierten Kampagnen, um jüdische Geschäfte zu boykottieren, und herzzerreißenden Geschichten über die Beschlagnahme von Eigentum. Mutter sagte, dass sich bei diesen Gelegenheiten viele normale Leute zusammen mit der Garde und der FS an der „organisierten, staatlich geförderten Plünderung" von jüdischem Eigentum, hauptsächlich Immobilien und Unternehmen, beteiligten.

Die Ereignisse um uns herum spielten sich in rasender Geschwindigkeit ab.

Das Münchner Abkommen raubte meinen Eltern die Illusion, dass die Tschechoslowakei dem Schicksal Österreichs entkommen könnte. Die Briten, Franzosen und Italiener ließen zu, dass die Deutschen das Sudetenland an sich rissen und annektierten; die deutsche Armee marschierte ohne Widerstand in die Tschechoslowakei ein und verkündete die Gründung des Protektorates Böhmen und Mähren. Das veranlasste die Hlinka-Garde zur Verkündung eines unabhängigen slowakischen Staates. Und zum ersten Mal in meinem Leben hörte ich meine Eltern etwas sagen, das ein paar Monate zuvor noch undenkbar gewesen war.

„Irena, wir sollten darüber nachdenken, dieses Land zu verlassen. Ich dachte nicht, dass es so weit kommen würde, aber wir müssen unser Leben hier überdenken."

„Das verstehe ich, aber wo sollen wir hin, Zoli? Unser ganzes Leben, unsere Familie und unser Geschäft sind hier."

„Ich weiß es nicht. Vielleicht in die Schweiz? Die Vereinigten Staaten? Australien? Ich habe das Gefühl, dass die Lage hier für uns gefährlich werden könnte, sehr gefährlich sogar. Ich sorge mich um unsere Sicherheit."

„Denkst du, wir könnten das Geschäft verkaufen? Was könnten wir dafür bekommen?"

„Ich weiß es nicht."

„Wer würde es kaufen?"

„Ich weiß es nicht."

„Wie können wir das herausfinden?"

„Ich habe ehrlich gesagt keine Ahnung. Ich fürchte, dass, sollte Franz herausfinden, dass wir darüber nachdenken, die Stadt zu verlassen, unsere bevorzugte Behandlung endet und das Geschäft ein für alle Mal verloren ist."

Ich konnte es nicht fassen, dass sie diese Unterhaltung in meiner Anwesenheit führten. Ihre Worte machten mir weder Angst noch lösten sie Ängste in mir aus. Ich fühlte mich wie ein Zuschauer eines Films. Ich folgte den Entscheidungen des Helden und der Heldin, die sie unter drohender Verfolgung trafen. Es fühlte sich nicht so an, als stünde mein Leben auf dem Spiel. Ich war fast zwölf Jahre alt.

Im Anschluss an diese Unterhaltung führten sie mehrere Gespräche über die Ungewissheit des Lebens, die schrumpfenden Möglichkeiten und eine Zukunft, die sich in der Schwebe befand. Sie wussten nicht, wie wir unser Eigentum liquidieren konnten, was von entscheidender Bedeutung war, weil sie nicht ohne Geld sein wollten. Einmal schlug Vater vor, dass wir den Laden und die Waren aufgeben und einfach gehen sollten, aber Mutter wollte nicht nur ihren Schmuck und etwas Gold mitnehmen.

„Wann hast du das letzte Mal mit Franz gesprochen? Sind wir sicher?", fragte sie alle paar Tage. Vater antwortete stets, dass wir tatsächlich sicher seien. Vorerst zumindest.

Mit der Gründung eines autonomen slowakischen Staates gab es Bemühungen, die Übertragung alles jüdischen Eigentums in arische Hände zu legalisieren. Eines Tages kam Vater nach seinem wöchentlichen Treffen zum Tee mit Franz im Rathaus nach Hause und setzte sich mit uns in die Küche.

„Ich bringe leider noch mehr schlechte Neuigkeiten", sagte er. „Ich musste zustimmen, sofort einen *Aryzator* in das Geschäft zu bringen."

„Was ist das?" fragte Mutter.

„Ein *Aryzator* ist ein arischer, nicht-jüdischer Geschäftsbesitzer", antwortete er. „Franz erzählte, dass die neue Regierung dabei ist, ein Gesetz in Kraft treten zu lassen, das Juden verbietet, jegliche Art von Geschäft zu besitzen. Falls wir nicht freiwillig eine nicht-jüdische Person zum Anteilhaber des größten Teils unseres Geschäfts machen, wird man uns zum nächsten Monatsbeginn jemanden über die örtlichen Behörden zuteilen."

Mutter verbarg ihr Gesicht in den Händen und weinte leise.

„Liebes, alles wird gut werden. Franz hat versprochen, jemanden Nettes zu finden, der es uns erlaubt, weiterhin im Geschäft zu arbeiten und damit unser Geld zu verdienen. Dieser Jemand geht dann, ohne Wenn und Aber, wenn dieser ganze Wahnsinn nachlässt."

Er legte ihr die Hand auf die Schulter.

Noch nie zuvor hatte ich meine Eltern sich vor meinen Augen berühren sehen. Wir waren keine empfindsame, herzliche Familie, die ihre Zuneigung zueinander durch Berührungen zum Ausdruck brachte. Ich erinnere mich nicht daran, wann Mutter mich zuletzt umarmt hatte. Ich muss sehr jung gewesen sein.

„Hörst du dir überhaupt selbst zu?", flüsterte sie. „Der Jemand, den wir nicht kennen, ist sicherlich einer der Garde und er würde uns erlauben ‚weiterhin im Geschäft zu arbeiten und damit unser Geld zu verdienen'? Das ist doch Wahnsinn."

„Ich weiß, ich weiß." Seine Hand berührte noch immer ihre Schulter und er schien in sich zusammenzufallen; er wusste nichts.

Am Tag danach stattete der Polizeichef unserem Laden einen Besuch ab, im Schlepptau eine kleine, dickere Frau, die ich noch nie zuvor gesehen hatte. Mit einer angenehmen Stimme stellte sie sich als Margaret vor. Sie machte einen netten Eindruck und erinnerte mich an unseren Zwiebelhändler auf dem Markt. Ich nahm an, dass wir lediglich dem neuen Besitzer unseres Familiengeschäfts gegenüberstanden. Unserem *Aryzator*. Abends erfuhr ich mehr über Margaret. Sie war die Frau eines Taxifahrers aus der Stadt, eines etablierten Garde-Aktivisten. Unser Leben und unser Schicksal lagen nun in den Händen einer Fremden, die höchstwahrscheinlich eine Antisemitin war.

Margaret tauchte am nächsten Morgen pünktlich auf und auch jeden darauffolgenden Tag. Vater übergab ihr alle Ladenschlüssel, die für den Eingang im Haus und die für den Eingang von der Straße. Sie saß an der Kasse und steckte sämtliche Einnahmen in ihre Manteltasche. Schnell war das Geschäft nicht mehr lukrativ und Vater verlor jedes Sagen im täglichen Betrieb, einschließlich der Verwaltung und Zahlung von Lieferanten, des Produktsortiments und der Produktpräsentation. Kritischer jedoch war, dass er seine langjährige Befähigung, Luxusgüter an Politiker und Beamte zu verschenken, einbüßte, die uns bisher geschützt hatte.

„Halt! Alexander Rosenberg, lass die Finger von den Kräutern. Ich will nicht, dass du irgendetwas in meinem Laden ohne meine Erlaubnis anfasst."

Das war's. Ich nahm Abschied von meinem Königreich, meinem einzigen Geschwisterkind. *Du warst so gut zu mir. Dein Ritter tritt den Rückzug an. Verzeih mir, dass ich dich der Gnade dieser pummeligen Frau überlassen muss.*

Trotz der erniedrigenden Situation mit Margaret waren wir uns bewusst, dass wir Glück hatten; anders als viele andere jüdische Geschäftsinhaber. Aufgrund der Vorstellung und des Versprechens von Franz an Vater war unser *Aryzator* mit unserer Familie vertraut und hatte wahrscheinlich ein gewisses Maß an Respekt für uns. Sie überließ uns eine wöchentliche Summe an Geld, von dem wir Essen und Kleidung kaufen konnten. Doch unser Geschäft bot uns keinen ordentlichen Lebensunterhalt mehr. Wir entließen unsere Haushaltshilfen und aßen nur noch einmal die Woche Fleisch: an Schabbat. Den Rest der Woche gab es Kohl und Kartoffeln.

Irgendwann vergab die Hlinka-Garde neue Straßennamen im Stadtzentrum. Unsere Štefánikova fand ihr Ende; von da an hieß sie Hlinkova, was viel besser zum Zeitgeist passte.

Monate vergingen.

Nach dem Abschluss der jüdischen Grundschule besuchte ich die Realschule, die alle Fächer in Deutsch unterrichtete, eine Sprache, die jedes tschechoslowakische Kind beherrschen musste. Aber nach achtzehn Monaten war Schluss, als jüdischen Kindern der Besuch staatlicher Schulen verboten wurde. Zu dieser Zeit war die jüdische Schule bereits auf Befehl der Garde geschlossen und es gab praktisch keine Orte des Lernens mehr für jüdische Kinder. Als persona non grata bei *Solomon Rosenberg* spazierte ich durch die Stadt. Mein Vater sorgte sich um meine Bildung und Entwicklung und kümmerte sich darum, dass ich eine Lehrstelle bei einem Nachbarn bekam, einem jüdischen Schlosser.

In unserem Hinterhof setzte Vater sich zu mir. „Ich weiß, dass du fleißig arbeiten und einen nützlichen Beruf erlernen wirst. Ich weiß auch, dass du uns nicht enttäuschen wirst."

„Versprochen."

„Du bist auf dem Weg, ein Mann zu werden und beginnst deinen Berufsweg. Und darum wollen wir dir etwas geben." Er überreichte mir eine kleine, längliche Dose. Es war eine Doxa-Uhr. Es traf mich völlig unvorbereitet. Schon lange gehörten Geschenke oder Gesten jeglicher Art, aber auch Feiern, der Vergangenheit an.

„Danke. Ich verspreche, dass ich euch nicht enttäuschen werde."

Zum ersten Mal seit Langem gab er mir eine lange Umarmung.

Ich genoss die Tage mit dem alten Schlosser. Er hatte weißes Haar und magische Hände, die mir den Umgang mit selbstgebauten Werkzeugen beibrachten. Ich lernte, Holz und Metall zu bearbeiten, zu schweißen, einfache und komplizierte Schlösser auseinanderzunehmen, Öl auf analoge Mechanismen aufzutragen, um ihre Bewegungen aufrechtzuhalten, und wie ich für eine aufgeräumte und ordentliche Arbeitsumgebung für meine Werkzeuge sorgte. Wie Vater betonte der Schlosser die Wichtigkeit von Ordnung und Disziplin. Jeden Nachmittag verließ ich seine Werkstatt mit einem geschwärzten Gesicht, schmutzigen Händen und einem breiten Grinsen.

„Junger Mann, du hast die fähigsten Hände, die ich in den letzten vierzig Jahren in der Lehre hatte. Außerdem bist du ein fleißiger Arbeiter und hast gute Manieren. Ich bin mir sicher, dass deine Eltern stolz auf dich sind. Du wirst im Leben weit kommen, vielleicht sogar eines Tages dein eigenes Schlossergeschäft haben", sagte der alte Mann eines Tages zu mir, als wir alles am Nachmittag aufräumten.

Es war das Netteste, was jemals jemand zu mir gesagt hatte. Bei Weitem. Ich hatte keine Ahnung, zu was meine Hände fähig waren oder dass man mich im Vergleich zu meinen Altersgenossen für einen fleißigen Arbeiter hielt. Meine Eltern hielten nichts von Komplimenten. Wahrscheinlich war es ihnen selbst so mit ihren Eltern ergangen. Mutter jedoch hatte jede Menge Kritik für mich übrig. Zu Hause wurde alles, was ich tat, kommentiert.

„Du bist seit Stunden in deinem Zimmer mit deinen Briefmarken. Bitte geh an die frische Luft."

„Du läufst stundenlang draußen rum, ohne jemandem zu sagen, wo du bist. Du solltest mehr Zeit zu Hause verbringen. Wie wäre es mit deiner Briefmarkensammlung oder deinem Geigenspiel?"

„Iss nicht den ganzen Kohl und alle Kartoffeln. Wir müssen unser Essen rationieren."

„Du hast gar nichts gegessen. Du siehst so blass aus. Nimm doch noch ein paar Kartoffeln und etwas Kohl."

„Wie hast du dein Schabbatgewand nur wieder dreckig gemacht? Du solltest mehr Verantwortung übernehmen, wir sind nicht deine Bediensteten."

Der Schlosser war der Erste, der mich wie einen Erwachsenen behandelte.

Gerade als wir dachten, das Leben hätte sich wieder eingependelt und dass es nicht schlimmer werden würde, marschierte Hitler in Polen ein. Der Zweite Weltkrieg hatte begonnen.

Ein Weltkrieg war etwas Neues für mich, aber meine Eltern hatten jede Menge Geschichten aus dem letzten Weltkrieg. Sie sprachen von Hungersnot, Einsamkeit und unsäglichen Kriegsgräueln, die zu endlosem Leid der Zivilbevölkerung geführt hatten. Sie sagten, dass es einfach nicht zu glauben sei, dass die Menschlichkeit nach kaum zwanzig Jahren erneut so in den Abgrund rutschen konnte.

Die neue slowakische Regierung in Bratislava gründete die slowakische Geheimpolizei, *Ustredna statna bezpecnost* (USB), die die deutschen Spielregeln für antijüdische Aktivitäten anwandte. Juden war der Besitz von Land und Anwesen nicht gestattet. Es war uns verboten, ins Theater zu gehen, Parkanlagen zu betreten und Lebensmittelmärkte zu bestimmten Tageszeiten zu besuchen. Alle jüdischen Organisationen wurden unterbunden und es wurde ihnen ein Ende gesetzt. Jüdisches Eigentum, einschließlich Immobilien, Schmuck und persönliche Gegenstände, wurde konfisziert. Die Regierungsvorschriften zwangen jeden, der unter die Nürnberger Rassengesetze fiel, einen gelben Judenstern zu tragen. Wir durften nur noch in ausgewiesenen Zugabteilen reisen und mussten eine schriftliche Erlaubnis einholen, wenn wir die Stadt verlassen wollten.

Nicht-jüdische slowakische Männer wurden in die slowakische Armee eingezogen und in die Wehrmacht. Doch es wurden Arbeiter zum Bau von Straßen, Brücken und Tunneln benötigt. Alle jüdischen Männer zwischen zwanzig und fünfzig Jahren hatten sich für Arbeitslager zu melden. Mutter und ich feierten meine Bar Mitzwa zu zweit. Vater war fünfundvierzig Tage lang weg, bei einer dieser Arbeiten. Die versprochene Bar-Mitzwa-Reise nach Berlin kam nie zustande.

Als er zurückkehrte, dunkel gebräunt und erschöpft, gingen wir zum Rathaus, um unser gesamtes Gold auszuhändigen. Meine Eltern mussten eine eidesstaatliche Erklärung abgeben, dass sie weiter kein Geld besaßen. Bei einer Falschaussage drohte die Todesstrafe.

Dann kam ein Vertreter der Hlinka-Garde, um uns zu sagen, dass unsere schönen Möbel konfisziert wurden. Für Mutter kam das einem Zerschmettern ihrer Seele in eine Million winziger Stückchen gleich.

„Irena, wir müssen laut dem Flugblatt, das sie uns heute gegeben haben, sofort all unsere Möbel überstellen." Vater, der sensiblen Lage bewusst, sprach leise.

Stille.

Dann: „Nein! Sie bekommen die Möbel nicht!"

Zwei Tage gingen ins Land.

„Irena, die Garde könnte jeden Tag kommen und die Möbel mitnehmen oder ich könnte Franz bitten, sie wissen zu lassen, dass wir die Möbel an Katarina und Maria geben."

„Ich weiß. Ich habe gestern mit den beiden gesprochen", antwortete Mutter, die Augen trübe. „Ich habe ihnen erklärt, dass sie die Möbel in Verwahrung nehmen können, bis wir sie zurücknehmen dürfen. Sie meinten, dass sie gerne helfen. Morgen kommen sie die Möbel abholen."

Das braune Ledersofa wurde als Letztes auf den Wagen verladen. Maria umarmte meine weinende Mutter und versprach, dass sobald der „Wahnsinn" vorüber sei, unsere Möbel mit unserem „normalen Leben" zu uns zurückkommen würden. Ich beobachtete Maria vom oberen Treppenende aus und glaubte nicht, dass sie die Wahrheit sprach.

Unser Zuhause war beinahe vollständig leer.

„Mutter, warum konnten deine Freunde nicht dafür sorgen, dass wir unsere Möbel behalten dürfen?"

„Das geht nicht, Sanyi, das geht einfach nicht", antwortete sie, ohne große Überzeugung. „Diese Befehle stammen von der Regierung in Bratislava."

„Hätten sie uns nicht wenigstens ein paar Stühle oder vielleicht den Esstisch lassen können? Mussten sie wirklich alles außer unseren Betten mitnehmen?"

„Ich weiß es nicht, Sanyi. Ich will nicht weiter darüber reden."

Einige Wochen später übernahm Margaret, unser *Aryzator*, zusammen mit ihrem Mann die alleinige Leitung über den Laden. Eine Person der Garde kam an diesem Morgen mit ihnen und sagte zu meinem Vater, dass wir den Laden nicht mehr betreten dürften und unsere Rechte mit sofortiger Wirkung ein Ende fänden. Erneut bat Vater Franz um Hilfe, aber dieser konnte nichts für uns tun.

Gerüchte über Massendeportationen von Juden in der ganzen Slowakei drangen an unsere Ohren. Doch wohin deportierte man sie?

Während der gemeinsamen Stunden in der lichtlosen, leeren Wohnung erzählten meine Eltern üble Neuigkeiten von Familienmitgliedern und Bekannten aus den umliegenden Dörfern und Städten. Tausende Juden wurden auf Anordnung der Polizei und USB versammelt, in Züge gesteckt und in Richtung Norden nach Polen geschickt. Niemand wusste, wohin sie unterwegs waren, und von den Verschickten gab es keine Nachrichten. Vater bat mich, meine Lehrstelle zu verlassen und nicht aus dem Haus zu gehen. Er war der Einzige der Familie, der unser Zuhause verließ, um Lebensmittel zu kaufen.

Obwohl ein Großteil unseres Eigentums beschlagnahmt und uns unser Einkommen weggenommen worden war, war unsere Familie eine der wenigen, die ein Weißes Zertifikat erhielten. Eine Ausnahmegenehmigung, die Juden erteilt wurde, die für die Aufrechterhaltung des täglichen Lebens der slowakischen Nation „unentbehrlich" waren und somit nicht deportiert werden sollten.

An einem sonnigen Morgen wurde ich von lauten Schlägen gegen die Haustür geweckt. Es war ein verfluchter Tag, den niemand von uns je vergessen würde.

Es war der 5. Mai 1942.

Vater öffnete die Tür und Franz, der Bürgermeister, trat eilig ein. „Zoli, entschuldige die frühe Störung. Lange Zeit habe ich befürchtet, dass dieser Tag kommen würde. Ich wollte dir persönlich mitteilen, dass gestern Abend ein Bataillon der deutschen Armee eingetroffen ist und ihr Lager am Stadteingang aufgeschlagen hat. Wir haben soeben den Befehl erhalten, alle jüdischen Familien zu versammeln und sie heute Morgen über die Hauptstraße zum Bahnhof zu bringen."

Er machte eine Pause und fügte dann hinzu: „Die Zugwaggons stehen bereits da und werden heute Abend nach Norden fahren, nach Polen."

Er sagte, dass der örtliche SS-Feldkommandant der Stadtleitung das Vorrecht erteilt habe, zehn jüdische Familien, die von wesentlicher Bedeutung für die Wirtschaft der Stadt wären, zu benennen und dass diese in der Stadt verbleiben dürften, von der Deportation verschont und unversehrt. Der Bürgermeister selbst hatte diese Liste zusammengestellt und unsere war eine dieser zehn Familien. Wiederholt bat Franz meinen Vater, sich keine Sorgen zu machen.

Mutter stand neben mir am Rande der Treppe auf der zweiten Etage, zusammen lauschten wir der Unterhaltung.

„Was auch immer du tust, Zoli, verlasse heute bloß nicht das Haus. Sag Irena und deinem Jungen, dass sie zu Hause bleiben sollen. Sollte jemand anklopfen, besonders die Deutschen, musst du ihnen das Weiße Zertifikat zeigen und sie bitten, mit mir zu sprechen. Ich werde den ganzen Morgen am Bahnhof sein."

Vater sagte kein einziges Wort.

„Ich werde dieses offizielle Schreiben an deiner Haustür anbringen, um die SS wissen zu lassen, dass die Bewohner dieses Hauses keine Kandidaten für die Deportation sind und nicht zum Bahnhof gebracht werden sollen."

Franz verschwand so schnell wie er aufgetaucht war.

Es fühlte sich an, als gäbe es im Haus keinen Sauerstoff mehr. Vater stand wie angefroren, den Türknauf in der Hand. Mutter saß auf dem Boden neben mir und starrte die Wand an.

„Können Sie uns zwingen, in einen Zug nach Polen einzusteigen?"

„Nein, Sanyi", sagte Vater. „Wir sind sicher. Fürs Erste." Er stieg die Treppe hinauf. „Was auch immer du heute tust, Sohn, geh nicht nach draußen. Schau nicht einmal aus dem Fenster. Heute ist ein schrecklicher, verfluchter Tag."

Meine Eltern gingen in ihr Schlafzimmer und schlossen die Tür hinter sich.

Es war mir nicht einmal in den Sinn gekommen, als ich dem Gespräch zwischen Vater und Franz gelauscht hatte, nach draußen zu schauen. Doch jetzt konnte ich gar nicht anders, nachdem Vater es mir verboten hatte. Wo hätte ich den besten Blick auf die Straße?

Unser Haus befand sich direkt an der Hauptstraße, aber unsere Wohnung hatte keine Fenster in deren Richtung. Ich entschloss mich, auf das Dach zu klettern.

Was ich an diesem Morgen sah, wird mir für immer im Gedächtnis bleiben, obwohl ich versucht habe, die Szenen zu vergessen. Eine Menschenmasse lief langsam Richtung Bahnhof. Unter ihnen Schulfreunde, Lehrer, unser Bäcker und seine Familie, unser Hausarzt und dessen Familie, Familien mit Säuglingen, kleine Kinder, Frauen, und Männer, Jung und Alt. Geordnet liefen sie die Straße hinunter, Koffer und Taschen in den Händen. Deutsche Soldaten sorgten dafür, dass niemand aus den Reihen trat. Es war eine friedliche, ruhige Prozession in einem langsamen, stetigen Tempo. Mein Herz raste. Der Anblick war vollkommen unwirklich.

Als der Menschenstrom sich lichtete, hörte ich Geräusche und Schreie aus unserem Hinterhof. Also kletterte ich vom Dach, um zu sehen, woher der Lärm kam.

Unsere Wohnung hatte ein kleines Fenster zum Hinterhof des Nachbarn. Der Mann war im Schuh- und Ledergeschäft tätig. Er war ein alter, starker Mann und Witwer. Wir nannten ihn Onkel Alexander. Ich blickte durch das Fenster. Onkel Alexander stand mit dem Rücken zur Wand und schrie drei deutsche Soldaten an, die um ihn herumstanden.

„Ich habe für Kaiser Wilhelm gekämpft, zusammen mit der Reichswehr ... Ich war ein treuer Soldat ... Ich habe Auszeichnungen! Ich habe Medaillen! Ich kann sie Ihnen zeigen! Sie können mich nicht dazu zwingen, mein Zuhause zu verlassen!"

Es half nichts. Ein Mann in SS-Uniform schlug ihm zweimal ins Gesicht und er fiel schluchzend. Sie traten und schlugen ihn, bevor sie ihn aus dem Hof auf die Straße zerrten. Gewaltsam führten sie seine zwei Töchter hinter ihm ab.

Ich ging zurück ins Bett und schlief. Als ich aufwachte, war es bereits später Nachmittag. Ich kletterte zurück aufs Dach. Die Straße war verlassen, nicht einmal eine Katze streunte herum. Ich wusste nicht, ob die Ereignisse des Morgens real gewesen waren oder geträumt.

Über Nacht verlor die Stadt etwa ein Drittel ihrer Einwohner – Juden. Unsere Trauer und unser Schrecken kannten keine Grenzen. Tagelang verließen wir das Haus nicht, aßen nur unsere Konserven. Wir konnten uns nicht dazu durchringen, die Straßen unserer eigenen Stadt zu betreten. Wir trauerten um den Verlust unserer Gemeinde, ohne zu wissen, was diesen Familien widerfuhr. Wir nahmen an, dass unsere Familienmitglieder aus Trebišov, Michalovce, Hradište, Košice und anderen nahegelegenen Städten Teil des Transports waren. Keiner von ihnen hatte ein Weißes Zertifikat. Wir trauerten um unser unausweichliches Schicksal, denn uns war bewusst, dass uns die Zeit davonlief und sie uns holen würden. Die Gerüchteküche sprach davon, dass die Züge mit den Juden auf dem Weg in die Umgebung von Lublin in Polen waren, warum, verstanden wir nicht.

Die Hauptstraße, vormals hauptsächlich von Juden bewohnt, war wie leergefegt und die Schaufenster verlassen.

„Vater, erinnerst du dich, wie du sagtest, dass du Franz jahrelang im Gegenzug für Schutz freundlich behandelt hast und es verneint hast? Wusstest du, dass sowas passieren würde?"

„Nun, selbst in meinen schlimmsten Albträumen hätte ich mir nie vorstellen können, was in unserem Land, in unserer Stadt und mit unseren Leuten und unserer Familie passiert. Du musst wissen, Sohn, es ist nie verkehrt, wenn reiche und einflussreiche Leute einem Gefälligkeiten schulden. Besonders für uns Juden. Du kennst doch unsere Geschichte, die bis in biblische Zeiten zurückreicht, oder? Wir wurden schon einmal verfolgt. Wir werden immer verfolgt werden. Zusätzlicher Schutz kann nie schaden."

Erst nach einer Woche trauten wir uns wieder vor die Tür.

Der Nachmittag fühlte sich an wie nach der Apokalypse. Es war ein seltsames und beunruhigendes Gefühl. Meine Freunde waren fort, wie auch ihre Familien. Andere Menschen lebten nun in ihren Häusern und betrieben ihre Geschäfte. Wir waren Ausgestoßene. Niemand sprach mit uns. Jeder wusste ganz genau, warum wir noch in der Stadt waren und wie wertlos und bedeutungslos unsere Leben geworden waren, ohne den Schutz durch unser Geschäft.

Wir lebten wie Zombies. Wir verließen das Haus nur, um etwas Sonnenschein und Bewegung zu bekommen und vermieden jegliche menschliche Interaktion. Mutters christliche Freunde verschwanden aus unserem Leben.

„Ich bin mir sicher, dass Maria jetzt ein Kartenspiel an unserem bayerischen Esszimmerset veranstaltet", sagte sie zynisch. „Sie sollten unsere Freunde sein. Aber keiner von ihnen hat den Mund aufgemacht, als sie unsere Familien und Freunde in den Zug gesteckt haben."

Meine Eltern verloren an Gewicht und sahen älter aus.

Einige Wochen dieser Existenz verstrichen. Dann wachte ich eines Morgens zu einem lauten Klopfen auf. Es war Franz'

Durchsetzungsvermögen, was ich hörte. Vater ließ ihn herein. Mutter und ich standen wieder oben auf der Treppe und lauschten jedem Wort.

„Zoli, morgen Früh um zehn Uhr verfallen die Weißen Zertifikate. Deine Familie ist hier in Sečovce nicht mehr sicher. Ich kann euch nicht länger beschützen. Es tut mir leid."

„Franz, du musst uns helfen. Wo sollen wir denn hin?"

„Sie verteilen jetzt Rosa Zertifikate, sodass nur einige wenige Juden, die unentbehrlich sind, vor der Deportation aus der Slowakei sicher sind. Aber das Beschaffen dieses Zertifikats liegt über meiner Gehaltsstufe und geht über meine politischen Kontakte hinaus. Du muss mir glauben. Ich habe alles versucht."

„Bitte, es muss etwas geben, was du tun kannst. Liefere uns nicht den Nazis aus. Du würdest Irena, Alexander und mich in den Tod schicken. Wir sind Freunde!"

„Es tut mir so leid, Zoli."

Franz machte eine Pause, dann sagte er: „Bevor ich hierher kam, hatte ich eine Idee, die vielleicht funktionieren könnte. Aber es gibt keine Garantie. Komm morgen früh in mein Büro. Aber bereite eure Abreise vor. Und versprich mir bitte, dass du nicht verzweifeln wirst. Tu nichts Dummes. Dies ist nicht das Ende."

Die Anspielung entging uns nicht. Wir wussten alle, wovon er sprach.

Die Woche zuvor hatten mir meine Eltern von zwei jüdischen Familien erzählt, die man an dem Morgen tot in Košice fand, an dem sie sich am Bahnhof zur Deportation hätten einfinden sollen. Sie hatten entschlossen, sich das Leben zu nehmen. Eltern und Kinder hatten sich erhängt. Wir sprachen nicht über Franz' Abschiedsworte, aber ich wusste, dass wir drei alle dieselben Gedanken hegten.

Vater ging früh am nächsten Tag, um Franz zu sprechen.

Bei diesem Treffen erfuhr er, dass der Bürgermeister ein enger Freund der regionalen Leitung der Hlinka-Garde war, einem rücksichtslosen, gewalttätigen Mann namens Hudjka, dessen Büro sich in der Nähe von Michalovce befand. Innerhalb der Garde war Hudjka für die Abhandlung aller jüdischen Angelegenheiten im Osten der Slowakei zuständig. Ein paar Jahre zuvor initiierte Hudjka, ein Kriegsgewinnler und ein gieriger Mensch, die Eröffnung eines luxuriösen und geräumigen Buchladens, der sich auf religiöse Bücher konzentrierte, aber auch Schreibwaren und Bürobedarf vertrieb. Er nutzte die Garde vor Ort, um den Laden zu bewerben und Anreize für die ansässige Bevölkerung zu schaffen, dort zu kaufen. Der Laden war nach den Heiligen Cyril und Methodius benannt und wurde von zwei älteren Damen betrieben, die die Angewohnheit hatten, Geld aus der Kasse zu stehlen. Hudjka war auf der Suche nach einem neuen, erfahrenen und ehrlicheren Vertriebsleiter und Franz schlug ihm vor, die Stelle an Vater zu geben, der Erfahrung und Geschick hatte. Franz würde Hudjka erzählen, dass der erfahrene jüdische Händler dem Diebstahl einen Riegel vorschieben und *Cyril & Methodius* in eine Goldmine verwandeln würde. Franz betonte, dass es keine Garantie gab, dass Hudjka dem Ganzen zustimmte. Vater dankte ihm und kehrte zurück nach Hause.

Wir saßen daheim und lauschten dieser Zusammenfassung. In den nächsten vierundzwanzig Stunden würden wir herausfinden, ob man uns den Nazis auslieferte oder zu Geschäftspartnern mit ihren Kollaborateuren machte.

Der geizige Hudjka akzeptierte Franz' Vorschlag ohne Wimpernzucken. Augenscheinlich liebte er Geld mehr, als dass er Juden verachtete.

Am selben Nachmittag überreichte Franz Vater einen „Familienpass auf Zeit" auf einem gedruckten Brief, der erklärte, dass „der Solomon Rosenberg Fall" persönlich von dem geschätzten Herr Hudjka abgewickelt wurde.

Zwei Tage später erhielten wir ein Rosa Zertifikat. Kurz darauf verließen wir Sečovce und zogen nach Michalovce. Uns blieb wenig Zeit, unsere wenigen Besitztümer zu packen und noch weniger Essen. Ich nahm lediglich meine zwei Briefmarkenalben und etwas Kleidung mit. Auch packte ich die Statue der zwei französischen Bulldogen ein.

Als wir das Haus verließen, wurde es direkt von der Garde beschlagnahmt. Wir warfen noch einen Blick zurück, ein letztes Mal. Würden wir unser Haus je wieder betreten?

Später an diesem Morgen erreichten wir Michalovce mit dem Zug und gingen zu der kleinen Mietwohnung, die Hudjkas Garde organisiert hatte.

Vater meldete sich sofort bei *Cyril & Methodius*. Ohne Zeit zu vergeuden und mit einer von Hudjka unterschriebenen und gestempelten Vollmacht, entließ er die beiden Frauen und begann mit der Rekrutierung und Schulung neuer Verkaufsmitarbeiter. Das Geschäft lief fast augenblicklich besser.

Hudjka war erfreut, dass das Geld floss und wir waren erneut geschützt.

Der Garde-Chef wollte nicht öffentlich mit Juden gesehen werden. Sie sprachen nie direkt miteinander oder trafen sich. Stattdessen zeigte Hudjka Vater seinen Dank in Form von zufälligen Geldgeschenken und Nachrichten, die Vater von einem Handlanger des Chefs übermittelt wurden.

Nur wenige Juden waren in Michalovce verblieben. Mit einigen von ihnen standen wir in engem Kontakt. Wir waren stets darauf bedacht, uns drinnen zu treffen und uns ruhig zu verhalten, um keine unnötige Aufmerksamkeit zu erregen. Diese Treffen waren die einzige Möglichkeit, über Kriegsnachrichten auf dem Laufenden zu bleiben. Man sprach bereits von Konzentrationslagern, Zwangsarbeit, Vernichtungslagern in Polen, deutschen und slowakischen Erschießungskommandos und unaussprechlichen Leiden und Tragödien, die slowakische Juden getroffen hatten. Trotz unserer Bemühungen gab es keinerlei Neuigkeiten über die Geschwister meiner Eltern und andere Familienmitglieder.

Bei diesen Treffen erfuhren wir mehr über unseren Erzfeind, die deutsche Schutzstaffel (SS). Unter der Leitung von Heinrich Himmler entwickelte sich diese paramilitärische Organisation zum Vollstrecker von Sicherheit, Überwachung und Terror in allen von den Deutschen besetzten Gebieten Europas. Die SS bestand aus drei Hauptteilen: der Allgemeinen SS, die die Rassenpolitik der Nazis vollstreckte, der Waffen-SS mit Kampfeinheiten innerhalb der deutschen Armee und den SS-Totenkopfverbänden, die Konzentrationslager und Vernichtungslager leiteten. Zu diesen teuflischen Institutionen gehörten auch die Gestapo und der Sicherheitsdienst, die gefürchtetsten Leute des Nazi-Regimes. All jene hatten es auf uns abgesehen.

Es war Ende 1943. Jeder Jude, Halbjude oder jene mit „fragwürdigen" Wurzeln, die einen mit dem Judentum in Verbindung bringen könnten, musste gemeldet, verhaftet und aus der Slowakei deportiert werden, außer sie waren offiziell geschützt. Unsere Familie war bereits das dritte Jahr in Folge in diesem komfortablen, geschützten Gefängnis.

„Vater, erzähl mir von deinen Brüdern, die nach Amerika gegangen sind."

„Vor ein paar Jahren noch hätte ich sie nicht beneidet. Jetzt tue ich es. Alexander und Simon sind sieben und fünf Jahre älter als ich. Sie leben in Cleveland. Der Staat nennt sich Ohio. Lawrence ist zwei Jahre jünger als ich. Er lebt in Los Angeles, an der Westküste, in dem Staat Kalifornien. Sie haben bezahlte Arbeit und Familien. Ich habe seit Jahren nichts mehr von ihnen gehört, seit das Postamt die Postzustellung eingestellt hat. Als Kind liebte ich sie alle und wir standen einander nahe. Ich hoffe wirklich, dass wir die Chance bekommen, uns eines Tages wiederzusehen und ihre Familien zu treffen."

„Warum haben sie die Tschechoslowakei überhaupt verlassen? Haben sie die Judenverfolgung vorausgesehen?"

„Ich glaube nicht, dass irgendjemand diesen Krieg hat kommen sehen. Die erste Frage musst du ihnen selbst stellen. Ich schätze, dass sie sich nicht als Händler oder Ladenbesitzer sahen. Vielleicht wollten sie bessere wirtschaftliche Chancen. Die Welt außerhalb der Tschechoslowakei ist riesig und Amerika hat den Ruf, das Land der unbegrenzten Möglichkeiten zu sein. Sie waren abenteuerlustiger als ich und wollten die Welt sehen."

„Ich hoffe, sie eines Tages zu besuchen."

Und dann, ein paar Wochen später, und wie aus dem Nichts, tauchte einer der Garde in unserer Wohnung mit einer kurzen Nachricht von Hudjka auf.

„Er möchte Ihnen für Ihre guten und treuen Dienste danken, aber sie werden nicht mehr benötigt. Ab sofort ist Ihre Anwesenheit im Laden nicht länger gefordert."

„Das kann nicht wahr sein. Es gibt viel Arbeit. Ich bin dabei, neue Mitarbeiter zu schulen. Er hat mir letzte Woche erst zur Leistung des vergangenen Monats gratuliert. Kann ich ihn bitte sprechen?"

Vater war wie vom Blitz getroffen.

„Er will Sie und Ihre Familie nicht in die Lager schicken ... Aber Sie müssen sofort verschwinden. Nichts kann die Juden in der Slowakei noch schützen. Er bat mich, Ihnen das hier zu geben und wünscht Ihnen viel Glück."

Der Mann überreichte Vater einen Papierumschlag und ging.

Schnell öffnete Vater den Umschlag.

Hudjkas Abschiedsgeschenk waren drei unausgefüllte, unterzeichnete Ausweisformulare, drei unausgefüllte und unterzeichnete Geburtsurkunden und eine unausgefüllte, aber unterzeichnete Heiratsurkunde. Unser Leben war zweifelslos interessant.

4 BRATISLAVA I

Wir saßen am Küchentisch und machten eine Bestandsaufnahme. Wir hatten nur wenig Geld, einen Packen wertvoller, unausgefüllter Personendokumente und einen Räumungsbescheid. Innerhalb der nächsten Stunden mussten wir Michalovce verlassen.

Meine Eltern wussten nicht, was nun. Sie waren emotional zu erschöpft, um einen klaren Gedanken zu fassen oder unsere Optionen abzuwiegen. Meine Stimme zählte noch nicht wirklich. Sollten wir nach Košice fahren und versuchen, in der größeren Stadt unterzutauchen? Dort kannten sie sich gut aus und es gab Leute, die wir um Hilfe hätten bitten können. Waren diese Familienmitglieder und Freunde noch da oder hatte man sie deportiert? War es besser, in das Tatra-Gebirge zu fliehen und uns den Partisanen anzuschließen? Würden wir das körperlich aushalten? Oder sollten wir nach Bratislava in die Höhle des Löwen reisen und nach unseren untergetauchten Kontakten suchen?

Die einzigen Familienmitglieder, von denen wir wussten, dass sie noch lebten, waren meine Großmutter Theresa Rosenbaum und die Schwestern meiner Mutter, Gisella und Elisabeth (Lizi). Sie waren allesamt in der Hauptstadt Bratislava. Großmutter und Gisella lebten unter falschen Namen und wir kannten ihre Adresse. Lizi und ihr Mann Ernst (Erno) Gallan lebten auf der anderen Seite der Stadt.

Mutter traf die Entscheidung. Wir würden sofort nach Bratislava aufbrechen, mit dem ersten Zug, der ging, und bei ihrer Mutter und jüngsten Schwester verbleiben. Mutter hatte große Angst davor, ihre

Familie zu gefährden, aber entschloss, dass diese Option die minderschlimmste war.

Dann begann ein eigenartiges Ritual: Wir mussten uns auf neue Identitäten einigen. Vater musste sich einen neuen Namen ausdenken, da „Solomon" nicht in Frage kam. „Irena" und „Alexander" waren nicht-jüdische Namen und so behielten wir sie. Wir brauchten auch einen für diese Region gebräuchlichen, nicht-jüdischen Familiennamen, der nicht mit „Rosenberg" in Verbindung gebracht werden konnte. Am Ende des Abends waren wir Stefan Ružiak, Irena Ružiak, and Alexander Ružiak.

Vater füllte die Geburtsurkunden, die Heiratsurkunde und die Ausweispapiere aus. In der Nacht packten wir unsere Sachen und schliefen kaum, den Sonnenaufgang herbeisehnend. Vater erlaubte mir, meine Briefmarkenalben und die Statue der französischen Bulldogen in den Koffer zu legen.

Ungefähr zur gleichen Zeit, zu der wir nach Westen reisen wollten, kam der berüchtigte SS-Offizier Alois Brunner, Adolf Eichmanns treuer Vollstrecker, in Bratislava an. Seine Mission lautete, dem Regime vor Ort zu helfen, die verbliebenen Reste der jüdischen Gemeinschaft der Slowakei zu vernichten. Er sollte Ressourcen und Strategien auf das Aufspüren der untergetauchten Juden konzentrieren. Dazu gehörten auch Beamte des Geheimdienstes und Denunzianten, Verhöre verhafteter Untergetauchter, das Notieren von Methoden und das Austeilen von Befehlen an Feldeinheiten, die aus den Verhören gewonnen wurden.

Der Morgen kam.

Ohne ein Wort zu irgendjemandem, stiegen wir als die Familie Ružiak in den ersten Zug nach Bratislava ein, unsere wenigen Besitztümer im Koffer.

Wir waren auf dem Weg in die neue Hauptstadt des Landes. Ich hatte die Metropole noch nie zuvor besucht und freute mich darauf, sie erkunden zu können, mit ihrer Architektur und den berühmten Märkten. Es waren schöne Gedanken, um meine Sorgen zu lindern.

Die Zugfahrt verlief ereignislos. Unser Abteil war mit Familien und Koffern gefüllt und wir fielen nicht auf. Ich betrachtete die anderen Passagiere ganz genau, um herauszufinden, ob sie Juden auf der Flucht waren, so wie wir.

„Denkt ihr, dass sie Juden sind, die sich im nicht-jüdischen Zugabteil aufhalten?", fragte ich mit gesenkter Stimme.

Meine Mutter bekam beinahe einen Herzinfarkt, als sie meine Frage hörte. Sie fasste mich am Arm und flüsterte in mein Ohr: „Sanyi, reiß dich zusammen. Das ist kein Spiel. Wir sind nur einen Fehler von Gefangennahme, Folter und Tod entfernt. Es braucht nur einen Informanten, der einen Beamten darauf aufmerksam macht, dass wir uns seltsam oder verdächtig verhalten. Dann werden sie unsere Papiere überprüfen und merken, dass sie gefälscht sind, und das war's dann mit uns dreien. Mit deinen sechzehn Jahren bist du erwachsen. Du bist klug und vorsichtig. Du hast eine Verantwortung dir selbst, Vater und mir gegenüber. Schau dich um. Jeder hier ist ein Informant. Sie werden uns an die Gestapo verraten, für eine Schüssel Suppe oder etwas Brot, ohne zu zögern. Du bist jetzt Alexander Ružiak. Hör auf mit dem Gerede über Juden. Zeige uns, dass wir uns auf dich verlassen können."

Ich fühlte so viel Scham. Mein Herz schlug schnell und mein Mund war trocken. Ich umarmte sie und entschuldigte mich im Flüsterton und versprach, von nun an intelligent und verantwortungsvoll zu handeln.

Als wir in Bratislava eintrafen, fragte Vater den Zugführer nach dem Weg zur Wohnung meiner Großmutter. Wir liefen fast eine gute Stunde mit den Koffern in den Händen. Auf den Straßen wimmelte es von Familien, weinenden Kleinkindern, jeder hetzte umher und trug Koffer – wir fielen nicht weiter auf. Überall waren Flüchtlinge.

Die Straße war ruhig und verlassen, als wir die Adresse des Verstecks erreichten. Vorsichtig betraten wir das Foyer und achteten darauf, dass unser Gepäck nicht den Boden berührte, um Geräusche zu vermeiden, die neugierige Nachbarn auf den Plan gerufen hätten. Doch wir sahen niemanden. Wir stiegen die Treppe zur zweiten Etage hinauf und Mutter klopfte sanft gegen die Tür.

„Ja, wer ist da?"

„Irena."

Langsam öffnete sich die Tür und wir wurden schwungvoll hereingezogen. Als die Tür hinter uns geschlossen und verriegelt war, führte Gisella ihren Finger zu den Lippen, als Zeichen, zu schweigen. Dann umarmte sie ihre Schwester mit geräuschloser Freude und Zuneigung. Sie war nur neun Jahre älter als ich.

„Sprecht nie ein Wort außerhalb dieser vier Wände und haltet eure Stimmen gesenkt. In dieser Stadt, in dieser Nachbarschaft, in diesem

Gebäude haben alle Wände Ohren." Gisella versicherte sich erneut, dass die Tür verschlossen war.

Großmutter Theresa saß im Wohnzimmer und trocknete ihre Freudentränen mit einem Taschentuch. Ihre älteste Tochter ging zu ihr und hielt ihre Hand. Sie umarmten sich nicht.

„Gott sei Dank, dass du lebst. Vor einem Monat erhielten wir deinen letzten Brief und wir befürchteten das Schlimmste. Sie haben wieder mit den Deportationen aus der Umgebung von Košice begonnen, weißt du", sagte Großmutter. Sie hielt mich fest und wollte mich gar nicht mehr loslassen. Ich war so glücklich, sie nach all den Jahren wiederzusehen. Die aufregende, gesprächige Frau, mit der ich meine Sommer verbracht hatte, war jetzt alt, ergraut und ein Schatten ihrer selbst.

Aus Angst vor der Geheimpolizei hatten Großmutter und Tante Gisella in ihren Briefen keine Einzelheiten über ihre Flucht aus Trebišov genannt. Mutters Bruder Bella gelang es, für sie und seine Freundin Ilonka gefälschte Papiere zu beschaffen und er brachte die drei zu dieser kleinen Einzimmerwohnung, bevor er in die Berge ging, um sich den russischen Partisanen anzuschließen, die dort tapfer gegen die deutsche Armee kämpften.

„Wir mussten Michalovce verlassen, als wir erfuhren, dass wir nicht mehr beschützt wurden. Es ging alles sehr schnell. Jetzt können wir nirgends hin. Könnten wir ein paar Tage hierbleiben, bis Zoli etwas für uns findet?", fragte Mutter mit brüchiger Stimme.

„Natürlich, mein Kind. Die Wohnung ist klein, aber ihr könnt so lange bleiben, wie nötig ist." Tränen liefen Großmutter über das Gesicht und sie tupfte sie mit dem Taschentuch weg. „Aber ihr müsst sehr vorsichtig sein. Im Erdgeschoss wohnt ein Spitzel der Gestapo. Er meldet jeden, der das Gebäude betritt oder verlässt. Zum Glück dürfte er jetzt in der Fabrik auf Arbeit sein, wie fast jeden Morgen. Hat euch jemand beim Betreten des Hauses beobachtet?"

„Ich weiß nicht", sagte Vater. „Ich glaube nicht. Wie können wir unsere Anwesenheit hier vor dem Nachbarn geheim halten?"

„Ich kenne die Arbeitszeiten des Mannes. Wir müssen sichergehen, dass Zoli die einzige Person ist, die ein und aus geht. Ihr anderen beiden müsst hierbleiben und still sein."

Für sechs Leute war die Wohnung winzig, aber wir hatten keine andere Wahl. Am Morgen verließ Gisella als Erste das Haus, um sich zu vergewissern, dass die Luft rein war. Stampfte sie zwei Mal mit dem Fuß auf, wusste Vater, dass er die Wohnung verlassen konnte. Sie legten eine Zeit fest, zu der sie sich am Abend vor dem Haus trafen. Falls Gisella vor dem Eingang stand, konnte er in die Wohnung zurückkehren, wenn nicht, sollte er alle sechzig Minuten vorbeikommen, bis sie dastand.

Tagsüber gab es nichts zu tun und so reflektierten wir über unser Dilemma.

„Mutter, wann hast du zum letzten Mal von deinen Freunden in Sečovce gehört?"

„Welche Freunde meinst du?"

„Maria und Katarina."

Zunächst gab sie keine Antwort. Ihr Gesicht war frei von Emotionen, aber ihre Stimme offenbarte etwas Traurigkeit. Sie weinte fast nie. „Ich habe keine Freunde mehr. Maria und Katarina waren mir keine wahren Freunde. Ich habe nur euch beide und unsere Familie hier."

„Aber sie waren doch deine Freunde vor dem Krieg. Du hast immer gesagt, wie wichtig es sei, wahre Freunde zu haben, so wie deine. Warum sagst du jetzt, dass du keine Freunde hattest?"

„Freundschaft ist wundervoll und wir hatten eine gute Zeit zusammen. Aber es hat sich herausgestellt, dass sie keine echten Freunde waren. Sie haben nichts getan, um uns zu beschützen, oder um dagegen zu protestieren, wie man mit uns umging. Als unsere Freundschaft ein Problem darstellte, haben sie ihr wahres Gesicht offenbart."

„Das tut mir leid. Ich hoffe, du findest wahre Freunde. All meine Schulfreunde sind an diesem Morgen in den Zug gestiegen. Ich hoffe, sie kommen zurück, sodass ich sie wiedersehen kann."

„Das hoffe ich auch, Sanyi."

Nach einer Woche, in der Vater die Straßen entlanglief, um nach Schildern mit „Zu vermieten" zu suchen, fand er eine Wohnung im Herzen des eleganten Wohnviertels Červená, die sich auf dem höchsten Hügel der Stadt und etwas außerhalb des Zentrums befand.

Für die Sicherheit unserer Familie einigten wir uns auf einen regulären Wochenendtreffpunkt mit Großmutter und Gisella auf einer der Donaubrücken.

„Kann ich das hier bei euch lassen?", fragte ich Gisella und gab ihr die

Bronzestatue der französischen Bulldogen. „Ich glaube, sie sind hier besser aufgehoben."

Gisella lachte und nahm die Statue. „Nur zum Aufbewahren! Du musst mir versprechen, sie nach dem Krieg wieder abzuholen."

„Versprochen!"

Unsere neue Wohnung war im Erdgeschoss eines alten Ziegelsteinhauses. Die Hälfte lag unterhalb des Straßenniveaus. Unsere Vermieterin hieß Marika. Sie wirkte nett und freundlich und trug schöne Kleider und viel Make-up. Marika erzählte gerne von sich. Ihr Freund war Hauptmann in der Wehrmacht und kämpfte an der Ostfront. Er besuchte sie alle paar Wochen und wir unterhielten uns mit ihm und lauschten seinen Geschichten vom deutschen Heldentum im Kampf gegen Panzer und gepanzerte Einheiten gegen die „barbarische" Rote Armee.

Marika hegte keinerlei Verdacht, dass wir Juden waren. Unser Deutsch war perfekt und wir sahen wie Christen aus. Vater hatte eine akribische Geschichte ersonnen, dass wir vor der Ostfront geflüchtet waren, aus Angst vor den Bolschewisten.

Mutter und Marika kamen sich allmählich näher und fanden zahlreiche kulturelle Gemeinsamkeiten, die von ungarischer Oper bis hin zu preußischer Literatur reichten. Wir gewöhnten uns an unser neues, ausgedachtes Leben. Ich war nicht mehr von der Angst besessen, oder besser gesagt, verfolgt, dass man uns erwischen und in die Vernichtungslager der Nazis deportieren würde.

„Alexander, hattest du zu Hause im Osten eine Freundin?", fragte Marika, als sie uns frischen Pfefferminztee einschenkte. „Ich bin mir sicher, du hattest da jemanden, so gutaussehend wie du bist."

Meine Eltern betrachteten mich mit Interesse und Belustigung. Ein weiteres Tabu, über das wir daheim nie sprachen.

„Nein. Ich war viel zu sehr mit meiner Lehre und der Schule beschäftigt", antwortete ich. „Ich hatte leider keine Zeit für Mädchen."

„Du bist ein hübscher, großer und starker junger Mann. Ich bin mir sicher, dass du hier in Bratislava ein nettes Mädchen findest. Die Kirche ist der beste Ort dafür. Welcher Kirche habt ihr zu Hause angehört?"

„Griechisch-katholisch", sagte ich ohne Zögern, wie vereinbart.

„Wir haben hier in Bratislava noch keine geeignete Gemeinde gefunden", sagte Mutter zu meiner Rettung. „Du bist selbstverständlich Katholikin, aber du kennst nicht zufällig eine griechisch-katholische Kirche in der Nähe?"

„Ich werde Sonntag meine Fühler ausstrecken. Vor einer Weile habe ich gehört, dass es eine schöne griechisch-katholische Kirche in Nové Mesto geben soll. Ihr solltet sie euch anschauen, wenn ihr dorthin kommt."

„Das werden wir", sagte Mutter. „Danke."

Ich verbrachte meine Tage damit, durch die von Bäumen gesäumten Straßen zu schlendern und die Hügel hinauf- und hinunterzulaufen, während ich gleichzeitig Abstand zu den gelegentlichen Militärkontrollen hielt. Ich langweilte mich furchtbar; seit vielen Wochen hatte ich nicht mehr mit einer Person in meinem Alter gesprochen. Es war ausgeschlossen, dass ich eine Schule besuchte – wir konnten es nicht riskieren, dass jemand unsere Papiere zu genau begutachtete.

„Sanyi, du solltest dir eine Arbeit suchen", sagte Vater beim Abendessen. „Ich glaube nicht, dass es Verdacht erregt, nachdem wir uns hier etabliert haben. Die Fähigkeiten, die du in deiner Lehre gelernt hast, ermöglichen es dir, Gehilfe eines Schreibmaschinentechnikers zu werden."

„Bist du sicher?"

„Ja, du hast gute Hände. Deine Mutter und ich sind etwas knapp bei Kasse und ich sehe doch, dass du dich langweilst. Ich habe ein paar Schreibmaschinenläden im Geschäftsviertel gefunden, wo du dich nach einer Stelle erkundigen könntest."

Er hatte recht.

Das erste Geschäft, das ich am nächsten Morgen besuchte, war eine Agentur für Mercedes-Schreibmaschinen mit dem Namen Miloslav Schweska, die verzweifelt nach Lehrlingen suchte. Die Bezahlung war bescheiden, aber gerecht, und der Besitzer behandelte mich freundlich. Meine Geschichte wurde nicht in Frage gestellt und mit den Monaten wurde ich zum festen Bestandteil des Teams.

Trotz all seiner Bemühungen gelang es Vater nicht, Arbeit zu finden; täglich lief er durch die Straßen und Gassen und klopfte an Geschäftstüren, um offene Stellen zu besprechen – ohne Erfolg.

„Wie war dein Tag, Zoli? Hast du etwas gefunden?" Mutter fragte jeden Abend, obwohl sie die Antwort bereits kannte.

„Nichts", antwortete Vater jeden Tag.

Er war betrübt und müde, und ich wusste nicht, wie ich ihn aufmuntern konnte. Ich sorgte mich zunehmend um ihn.

Mutter und ich hätten die Zeichen seiner Verzweiflung erkennen sollen, das Abschwächen seiner Instinkte. Wir hätten proaktiv sein und ihn beruhigen sollen, um ihm die immense Last zu nehmen, die auf seinen Schultern lastete. Doch unsere eigene Erschöpfung und emotionale Stumpfheit machten uns zu schaffen und wir sahen es nicht. Und es hatte schlimme Konsequenzen.

„Wie war dein Tag, Zoli? Hast du etwas gefunden?", fragte sie beim Abendessen.

„Nein, aber du wirst nicht glauben, was mir heute passiert ist. Erinnerst du dich an Dov Schwartz? Ausgerechnet er ist mir heute bei der Michalská brána begegnet."

Mutter runzelte die Stirn. „Und? Was tut Schwartz hier? Wieso wurde er nicht deportiert?"

„Er wirkte ziemlich geschockt, mich in Bratislava zu sehen. Es ist so ein Segen, einen alten Bekannten aus der Heimat wiederzutreffen. Du wirst nicht glauben, was er mir Schreckliches über die Familie seines Neffen erzählt hat. Du erinnerst dich an Ezekiel, oder? Schreckliche, schreckliche Geschichte. Wir haben darüber gesprochen, einander wiederzusehen."

Ich sah förmlich, wie die Alarmglocken bei meiner Mutter läuteten.

„Ich hoffe, du hast ihm keine Informationen über unsere neuen Identitäten oder unseren Aufenthaltsort gegeben. Ich muss dich nicht daran erinnern, aber Informanten gibt es überall. Viele von ihnen sind Juden. Wir sollten niemandem vertrauen, der nicht zur Familie gehört." Sie starrte Vater an, ohne zu blinzeln.

„Mach dir keine Sorgen. Dov ist ein guter Mann, ganz sicher kein Informant. Wir kennen ihn seit unserer Kindheit. Das ist lächerlich."

„Hast du unsere Adresse mit ihm geteilt, oder nicht?"

„Ja, aber du musst dich nicht so darüber aufregen. Er ist mit seiner Familie untergetaucht, wie wir, und wir haben einen Treffpunkt außerhalb des Stadtzentrums vereinbart. Er möchte dich und Sanyi gerne sehen. Es wird uns guttun, einen alten Freund zu treffen."

„Ich kann nicht glauben, was du getan hast. Versprich mir – nein, schwöre es –, dass du nie wieder unsere Adresse mit jemandem teilst."

„Ich verspreche es, Liebes. Aber es gibt keinen Grund zur Sorge."

Nicht, dass es einen Unterschied machte.

Am nächsten Morgen, einem grauen, nassen Oktobertag 1944, hielt ein Militärfahrzeug mit einer Reihe deutscher Soldaten in unserer Straße. Mit erhobenen Waffen stürmten sie in unsere Wohnung. Ich kam gerade erst von der Arbeit zurück. Meine Eltern waren beide daheim.

„Ružiak?", fragten sie, ohne eine Antwort abzuwarten. „Judenschweine, wir wissen, dass ihr Rosenberg heißt. Das Spielchen ist vorbei. Ihr kommt mit."

Wir standen unter Schock. Mutter sah Vater wortlos an.

„Es muss sich um einen Fehler handeln. Unser Name ist Ružiak. Bitte, überprüfen Sie unsere Papiere. Sie können auch mit unserer Vermieterin sprechen. Sie wird Ihnen unsere Identität bestätigen", sagte Vater bittend.

Der stämmige Unteroffizier rammte den Gewehrkolben in Vaters Bauch, sodass dieser unter Schmerzen zu Boden fiel. „Schnauze, Jude. Deine gefälschten Papiere interessieren mich nicht. Ihr drei kommt mit."

Vater war in Schwartz' Falle getappt und hatte die Gestapo direkt zu unserem Versteck geführt. Schwartz war ein jüdischer Informant. Um sein Leben und das seiner Familie zu retten, lief er durch die Straßen Bratislavas, immer auf der Suche nach Juden, die sich unter einem neuen Namen in der Stadt versteckten.

Ich half Vater auf die Beine.

Jahre der sorgfältigen Planung und Ausführung waren vorbei; ein lebenslang angespartes Vermögen für gefälschte Papiere, um sich Schutz von ganz oben zu verschaffen – alles war in einem Moment der Schwäche verloren.

Die Soldaten erlaubten uns, einen Koffer zu packen und mitzunehmen. Viel war nicht mehr übrig, von dem goldenen Armband und dem Perserfell meiner Mutter abgesehen, die sie als unsere Notfallreserven behalten hatte. Beides war bereits sicher im Koffer verstaut, für eine schnelle Flucht, und die Soldaten sahen sie nicht. Einer der Soldaten entdeckte meine Briefmarkensammlung und klemmte sie unter seinen Arm. Wie stolz ich auf diese Sammlung war, die nun verloren ging. Ich konnte nicht anders, als an die glücklichen französischen Bulldogen zu denken, die bei Gisella sicher waren.

Man stieß uns auf den Lastwagen, der Richtung Stadtzentrum fuhr. Vater wirkte niedergeschlagen, sein Gesicht frei von Gefühlen. Mutters Blick war auf die Leinwanddecke gerichtet, ihre Zähne zusammengebissen. Ich konnte Vaters Naivität nicht nachvollziehen. Mutter beschwerte sich seit Jahren darüber.

Der Lastwagen hielt vor einem ungewöhnlich breiten Haus in der Kozia Straße. Bewaffnete slowakische Wachen standen davor und ein Banner mit Hakenkreuzen wehte über dem Balkon in der ersten Etage. Im Haus sah es wie in einer behelfsmäßigen Deportationsstätte aus.

Im Erdgeschoss kamen wir an Schreibtischen vorbei, an denen fünf Angestellte saßen, um sie herum Berge von Papier, Stempeln, Schreibmaschinen, und bewaffnete Soldaten. Man führte uns in eine große Halle in der zweiten Etage und befahl uns, dort zu bleiben. Hier waren wir in der Gesellschaft von Männern, Frauen, Kindern und vielen Koffern. Es roch wie der Kleiderschrank eines alten Menschen. Die meisten der Leute lagen auf ihren Mänteln, die sie auf dem Holzboden ausgebreitet hatten. Wir waren ganz augenscheinlich nicht die einzige jüdische Familie, die in Bratislava untergetaucht und geschnappt worden war. Eine große, stadtweite Suchaktion war im Gange – und jeder von uns hier war in die Falle getappt. Ich fragte mich, welche der anderen Familien auch Schwartz' Masche zum Opfer gefallen waren. Wir lauschten und teilten finstere Geschichten und spekulierten darüber, was uns erwartet.

Das Heizungssystem funktionierte nicht und der Raum war eiskalt. Es gab keine Decken oder Matratzen. Unsere Gefängniswärter gaben uns nur trockenes Brot und Wasser, morgens wie abends. Wir schliefen auf dem Boden und nahmen unser Gepäck und wenigen Besitztümer als Kissen. Badezimmer gab es keine.

Vater war angewidert von seiner Fehleinschätzung und seinem schicksalshaften Fehler. Er wirkte geschlagen, sprach an unserem ersten Tag dort kaum mit uns und schaute uns nicht in die Augen. Er verbrachte seine Zeit mit einigen Männern, die in unserer Nähe saßen.

„Ich werde es wieder gutmachen, Irena", flüsterte er an diesem Abend. „Es ist meine Schuld und ich werde es wieder gutmachen."

„Sei nicht dumm, Zoli. Du kannst nichts mehr tun. Der Schaden ist angerichtet. Sie bringen dich um."

„Keine Sorge. Ich habe einen Plan."

„Versprich mir, dass du nichts Dummes tust."

„Herr Weiss, der Mann hinter uns, hat mir erzählt, dass der leitende Zivilangestellte dieser Kommandozentrale Bestechungsgelder annimmt. Er meinte, dass letzte Woche eine andere Familie gegangen sei, nachdem sie ihn bezahlt haben. Ich weiß, was ich mache. Das ist unsere einzige Chance, uns zu retten. Es wird keine andere geben."

„Gestern hast du Schwartz geglaubt und heute sind wir hier. Du willst Weiss glauben? Wirst du es jemals lernen, dass du dein Vertrauen nicht in Menschen stecken solltest, die du nicht kennst?"

„Das reicht. Ich habe einen Fehler gemacht und ich kann die Zeit nicht zurückdrehen. Wir können nur nach vorne schauen und das werden wir tun." Er drehte sich weg.

Ohne weiteres Zögern griff er in den Koffer, nahm das Armband und den Perserpelz aus dem Geheimfach und schlich die Treppe herunter, um den bestechlichen Angestellten zu sehen. Fünf Minuten später kam er zurück, die Hände leer.

„Was ist passiert?", flüsterte Mutter.

„Er hat es genommen, dieses Wiesel", antwortete er im Flüsterton.

„Und jetzt?"

„Jetzt warten wir."

Den Rosenbergs war die harte Währung ausgegangen.

Wir schliefen auf dem Boden ein. Früh am nächsten Morgen rissen uns ohrenbetäubendes Gebrüll und das Knallen von Militärstiefeln auf dem Holzboden aus dem Schlaf.

Ein Soldat am Ende der Halle befahl lautstark, die zweite Etage geordnet zu räumen, auf die Straße zu treten und dort eine Dreierreihe zu formen.

Wir drei bildeten eine Reihe inmitten der Leute auf der asphaltierten Straße. Ich stand dem Bordstein am nächsten. Soldaten und Angestellte liefen auf und ab, zählten, machten sich Notizen und verglichen ihre Listen.

Aus dem Nichts kam einer der Angestellten auf uns zu und trat mir brutal in den Hintern. „Ihr Halunken! Was habt ihr hier mit den dreckigen Juden zu schaffen? Macht, dass ihr davonkommt!"

Als ich Vater ansah, wurde mir klar, dass mich der neue Besitzer von Mutters Armband und Pelz getreten hatte, dieses Wiesel. War es Vater tatsächlich gelungen, uns zu retten?

Sofort machten wir uns auf und davon, ohne einen Blick zurückzuwerfen. Niemand lief uns nach. Sie ließen uns gehen. Auch die Familie Weiss, die unseren Wohltäter höchstwahrscheinlich ebenfalls reich beschenkt hatte, verließ die Schlange.

Der Rest der Gruppe marschierte die Straße hinunter in Richtung des Bahnhofs, begleitet von Soldaten. Hastig liefen wir in die entgegengesetzte Richtung nach Norden. Herr Weiss und seine Familie verschwanden langsam in eine Gasse und wir sahen sie nie wieder.

Frei und ohne eine Krone in der Tasche betraten wir einen kleinen Park und setzten uns auf eine Bank. Wir müssen wie die einzigen Überlebenden eines epischen Flugzeugabsturzes oder eines Erdbebens ausgesehen haben: blass, zitternd und schockiert. Die wahnsinnig schnelle Wendung der Ereignisse war überwältigend, selbst für uns, die nicht zum ersten Mal Flüchtlinge waren.

„Was machen wir jetzt?", fragte ich.

„Wir können nicht zu meiner Mutter", sagte Mutter. „Wenn man uns folgt, werden wir sie auffliegen lassen und man wird sie gefangen nehmen."

„Wir haben kein Geld", sagte Vater. „Und wir können nicht im Park oder auf der Straße bleiben. Innerhalb von Minuten kann eine Patrouille unsere Papiere einsehen wollen. Wir müssen von der Straße runter, zurück zu unserer Wohnung und hoffen, dass das Wiesel den Mund hält und niemand davon erfährt."

Mir lief es beim Gedanken, zum Ort unserer Festnahme zurückzukehren, eiskalt den Rücken herunter. Doch es gab keine Alternative.

Marika sah aus dem Fenster, als wir uns der Haustür näherten. Sie rannte hinaus, um uns zu begrüßen, und ihr Geschrei hallte in der ganzen Nachbarschaft wider: „Gesegnet sei Jesus! Gesegnet sei Jesus! Gesegnet sei die gütige Jungfrau Maria! Ich wusste, dass die dämlichen Deutschen einen schrecklichen Fehler gemacht haben. Wie konnten sie euch das nur antun?"

„Danke dir, meine liebe Freundin, was würden wir nur ohne dich tun", sagte Mutter und umarmte sie. „Unglaublich, wie dreist diese Leute sind.

Sie denken, dass sie alles mit einer guten, christlichen Familie tun und lassen können, nur weil sie Waffen und Uniformen haben. Wir sind ausgehungert. Du hättest nicht vielleicht etwas Kleines für uns, bis ich meiner Familie etwas zu essen machen kann?"

„Aber natürlich, ihr Armen. Kommt rein. Wie kann jemand bei klarem Verstand eine rein arische Familie wie euch mit Juden verwechseln?"

„Frag die Deutschen", sagte Mutter. „Da bin ich überfragt."

„Diese Hurensöhne! Ich möchte alles darüber hören, was ihr durchmachen musstet. Es tut mir aufrichtig leid. Wie ihr wisst, ist mein Freund ein hoher Offizier in der deutschen Armee. Er wird dafür sorgen, dass Köpfe rollen. Das ist einfach nicht richtig!"

Wir setzten uns zu Marika und aßen Kartoffeln und Kraut. Sie gab Mutter etwas Geld, damit wir Essen kaufen konnten. Wir waren dazu gezwungen, so zu tun, als handle es sich um einen Fehler und als wäre nichts weiter passiert. Am selben Nachmittag ging ich zurück zu Miroslav Schweska, um meine Abwesenheit zu erklären und zu fragen, ob ich meine alte Stelle zurückhaben könnte. Leider konnte man mich nicht wieder einstellen, denn das Geschäft lief nicht gut. Die Ostfront rückte näher an Bratislava heran und die Einwohner flüchteten aus der Stadt und der Handel ließ zu wünschen übrig.

„Ich bin stolz auf dich, Zoli", hörte ich Mutter sagen. „Du hast uns gerettet. Es tut mir leid, dass ich so verärgert war und an dir gezweifelt habe."

„Wir sind noch nicht über den Berg", antwortete er. „Wenn wir Geld hätten, würde ich diesen Ort sofort verlassen. Sie können uns jederzeit abholen."

Tage vergingen und wir ließen uns von der Hoffnung mitreißen, in Sicherheit zu sein.

Die Gestapo brauchte auf den Tag genau drei Wochen. Ein Taxi hielt eines Morgens vor unserem Haus. Ein SS-Offizier in Zivilkleidung klopfte an unsere Tür. Wir waren allesamt zu Hause.

„Herr Rosenberg, Frau Rosenberg, junger Herr Rosenberg", sagte der Deutsche, „ersparen Sie mir die großen Augen. Wir wissen alles."

Unsere Glückssträhne war zu Ende. Fast fünf Jahre lang hatten wir Glück gehabt, hatten Katz und Maus mit den Deutschen gespielt.

„Wir wissen, dass Sie Juden sind. Wir wissen von den gefälschten Papieren. Wir wissen von der feinen Halskette und dem teuren Mantel. Der dumme Angestellte ist in unserem Gewahrsam, er kommt vor Gericht und wird dann erschossen. Packen Sie Ihre Sachen. Sie kommen mit mir mit."

Ohne ein Wort stiegen wir mit unserem Koffer auf den Rücksitz des Taxis. Der Offizier saß neben dem Fahrer und wir wurden zurück zu dem Sammelhaus der Gestapo im Stadtzentrum gebracht.

Dieses Mal gab es keinen Ausweg für uns, kein bestechliches Wiesel, das uns aus der Reihe hätte holen können.

Nachdem wir drei Tage in der großen Halle im zweiten Stockwerk neben soeben verhafteten jüdischen Familien verbrachten, erlebten wir das déjà-vu, zur lauten Stimme desselben Soldaten geweckt zu werden. Wir eilten nach draußen und stellten uns geordnet in einer Dreierreihe auf.

Die deutschen Soldaten marschierten uns zum Bahnhof.

Der Zug brachte uns zu einem Durchgangslager, das sich Nováky nannte. Wir verblieben zwei Tage unter einem großen Zelt und warteten auf einen weiteren Zug.

Als wir kurz davor waren, das Lager zu verlassen, wurden Männer und Frauen getrennt. Man befahl uns, in den Zug zu steigen. Vater und ich waren in einer Gruppe. Mutter wurde zu einem anderen Waggon gebracht.

„Ich liebe dich, Mutter, pass auf dich auf! Wir treffen uns bald in Bratislava, im Haus deiner Schwester", rief ich, als sie von uns weg und zur anderen Seite des Gleises lief. Seitdem wir vor drei Jahren untergetaucht waren, waren wir nicht voneinander getrennt gewesen und ich war nicht bereit, sie gehen zu lassen.

„Pass auf ihn auf, er braucht dich", antwortete sie mit einer verzerrten Stimme.

Ich versprach es, aber meine Stimme ging in Schreien unter und ich verlor Mutter aus den Augen.

Wir stiegen in den Viehwaggon, zusammen mit Hunderten anderen Männern.

„Nimm meine Hand, Sanyi. Wir müssen zusammenbleiben."

Ich hielt seine Hand so fest ich konnte. Der Menschenstrom zog an uns und drängte uns in eine der Ecken des Waggons. Wir wussten nicht, wohin es ging. Wir wussten nicht, wohin man Mutter brachte.

Der Zug setzte sich in Bewegung.

Wir fuhren nach Norden, raus aus der Slowakei. Noch nie zuvor hatte ich das Land meiner Geburt verlassen. Für diese Reise brauchte es keinen Reisepass.

5   IM LAGER

Die viertägige Zugfahrt war die Hölle auf Erden. Die Albträume, die ich über meine Freunde aus Sečovce hatte, wie man sie zusammentrieb und zu einem Zug marschierte, der sie nach Polen brachte, verblassten im Vergleich zu der erschütternden Wirklichkeit.

Wir waren ein Menschenbrei. Wir konnten uns kaum bewegen. Vater und ich waren fest aneinandergedrückt, Brust an Brust. In siebzehn Jahren hatte ich seinen Körper noch nie so nah an meinem gespürt. Mindestens ein Dutzend Männer drückte gegen meinen Körper. Meine Beinmuskeln waren angespannt, um mich aufrecht zu halten. Zu unseren Füßen war unser kleiner Koffer, darin etwas Essen und ein paar Kleidungsstücke.

Das Atmen fiel schwer. Es stank nach Kot, Schweiß, Schmutz und Urin, vermischt mit dem Geruch von Maultieren und Kühen, die wahrscheinlich für gewöhnlich in diesem Waggon transportiert wurden. Der Waggon verfügte über ein einziges kleines, vergittertes Fenster und einen großen Stahleimer, in dem man sich erleichtern konnte. Nach ein paar Stunden war er voll und wir konnten ihn nicht leeren. Der Gestank war so unerträglich, dass manche sich übergaben.

Zu Beginn der Reise flüsterten die Leute. Deutsch, Russisch, Ungarisch, Polnisch, Tschechisch, Slowakisch und Jiddisch.

„Wissen Sie, wo der Zug hinfährt?"

„Haben Sie ein wenig Brot übrig? Gott segne Sie."

„Ich kann kaum atmen. Ich habe Asthma, kann ich etwas mehr Platz haben?"

„Du tust meiner Hand weh. Geh runter."

„Ich muss dringend austreten. Ich leide unter einer Krankheit. Bitte lassen Sie mich zum Eimer durch."

„Kennst du Lipa Horowitz? Ist er im Zug? Wann hast du ihn zuletzt in Bratislava gesehen?"

Der Zug fuhr weiter.

Die Person, die gegen das Fenster gedrückt wurde, beschrieb den restlichen Passagieren auf Deutsch, was sie sah, und teilte ihre eigenen Interpretationen und Gedanken. „Die Zugschilder und Straßenschilder sind jetzt alle auf Deutsch. Wir müssen in Deutschland sein."

„Massive Zerstörung in dieser Stadt. Die alte Kathedrale ist zerstört. Das muss ein kürzlicher Luftangriff der Alliierten gewesen sein. Überall laufen Pferde frei herum. Leblose Körper auf dem Boden neben den Gleisen."

„Drei Panzer und ein paar gepanzerte Fahrzeuge sind in die entgegengesetzte Richtung unterwegs. Sie tragen das Zeichen der Waffen-SS."

„Militärische Straßensperre mit Soldaten auf Motorrädern, die Papiere von Leuten in Autos überprüfen. Eine lange Schlange, soweit das Auge reicht."

Ab und zu hörten wir, wie jemand zu Boden sackte. Ein paar der Älteren und Schwächeren hielten es nicht mehr aus. Sie kollabierten. Nachdem sie gefallen waren, tot, schleiften ihre Nachbarn sie in eine Ecke des Waggons.

Zwei, drei Mal täglich kam der Zug zum Stillstand und die Person am Fenster mit der besten Aussicht erstattete Bericht über die Geschehnisse draußen. „Eine Reihe Gefangener wird zum hinteren Teil des Zuges geführt. Sie steigen in einen Waggon ein. Alles junge Männer."

„Deutsche Soldaten sind ausgestiegen. Sie betreten ein Büro."

„Gefangene schleppen große Kisten in den Nachbarwaggon."

Bei jedem zweiten Halt öffnete sich die Waggontür und das Sonnenlicht blendete uns. Zwei oder mehrere Soldaten richteten ihre Waffen auf uns. „Du", sagten sie und zeigten auf einen beliebigen Gefangenen, „nimm den Eimer Scheiße und klettere heraus, um ihn auf den Gleisen zu entleeren."

Bei einem dieser Halts oblag es mir, den Eimer zu leeren. Meine Beine waren taub und ich wäre beim Versuch, auszusteigen, fast mit dem Gesicht voran aus dem Waggon gestürzt. Ein großes Schild über dem Bahnsteig verkündete *Dresden*.

„Es sind ein paar Tote im Waggon. Dürfen wir die Leichen herausholen?", wagte ich es zu fragen.

„Halt den Mund und klettere mit dem Eimer zurück in den Waggon."

Ich hob den leeren Eimer auf und kletterte zurück.

In den vielen Stunden, Tagen und Nächten, die wir aneinandergedrängt verbrachten, dachte ich an Vater. So lange war er eine unbestrittene Führungspersönlichkeit in der Gemeinde und Wirtschaft gewesen, ein Familienoberhaupt, ein begnadeter Geschäftsmann und Immobilienbesitzer – jetzt war er ein stinkendes Nichts zwischen Dutzenden anderen stinkenden Nichts. Er mochte es nie, seine Gedanken zu teilen, also versuchte ich, sie zu erraten. Ich musste mir sicher sein, dass er nicht aufgab, denn mir wurde klar, wie einfach es war, hier in diesem Viehwaggon aufzugeben.

„Geht es dir gut?", flüsterte ich.

„Mir geht es gut, Sanyi. Geht es dir gut?"

„Ja, wir sind zusammen. Oder? Bis zum bitteren Ende, stimmt's?"

„So ist es, Sanyi."

Allmählich gab es mehr Platz. Stündlich starben andere Gefangene. Ihre Körper bildeten einen Leichenhaufen. Wir hatten mehr Platz, um unsere Beine zu strecken und uns zu setzen. Ich legte meinen Kopf gegen Vater und schlief ein. Als ich aufwachte, begriff ich, dass mein Albtraum mich noch immer umgab, und Tränen liefen mir über die Wangen. Ich verbarg mein Gesicht und trocknete sie.

In der vierten Nacht erreichte der Zug seine Endhaltestelle. Die Tür wurde geöffnet und Soldaten starrten in den stinkenden Waggon.

„Schnell, alle raus!", rief einer von ihnen.

„Bildet eine Einerreihe parallel zum Waggon. Tempo!"

„Vorwärts marsch!"

Alle sprangen herunter. Ihre wenigen Habseligkeiten in der Hand. Alle außer die Toten. Mindestens dreißig Leichen stapelten sich in der Ecke des

Waggons. Sie waren alt und abgemagert. Gemischte Gefühle überkamen mich bei dem Anblick der leblosen Körper, als ich aus dem Waggon kletterte. In gewisser Weise waren sie die Glücklichen.

Wir wussten, dass wir uns irgendwo im Herzen des Dritten Reiches, in Norddeutschland, befanden. Wo genau, wussten wir jedoch nicht.

Die Nachtluft war eisig und kräftige Windstöße stießen Schneeflocken von den Bäumen und dem Bahnhofsdach. Wir waren nicht warm genug angezogen und zitterten beide, als wir weitermarschierten. Die lange Reihe der Häftlingsflüchtlinge entfernte sich vom Bahnhof und lief durch ein großes, mahnendes Eingangstor mit klarer deutscher Beschriftung. Wir hatten das Konzentrationslager Sachsenhausen erreicht, am Rande der Hauptstadt.

Mutter, ich habe es nach Berlin geschafft! Oder zumindest in einen Vorort. Ich hatte mir unsere Bar-Mitzwa-Familienreise nach Berlin immer mit bunten Farben und glitzernder Kleidung vorgestellt, mit breiten von Bäumen gesäumten Alleen, schicken Cafés, gutem Essen, feierlichen Steaks, Schokoladentrüffeln und Designerschuhläden. Stattdessen war es eine frostige, dunkle Nacht und ich war von Tod und Krankheit umgeben, während ich in einer elendigen Menschenmenge marschierte.

Die Soldaten führten uns zu einem riesigen Sammelplatz in der Mitte des Lagers. Sie befahlen uns, uns in ordentlichen Reihen aufzustellen, bestehend aus ein paar Dutzend Mann, und gingen sicher, dass die Reihen parallel und ordentlich waren. Wir warteten dort fast anderthalb Tage. Die Leute kippten buchstäblich um. Wann immer jemand am Tag umfiel, erschien ein Soldat und brüllte ihn an, gefälligst wieder aufzustehen.

Zum ersten Mal sah ich, von SS und Soldaten abgesehen, Menschen in Häftlingskleidung und Armbändern, die frei im Lager herumliefen, mit den Deutschen interagierten und Häftlinge herumkommandierten.

„Wer sind die?", fragte ich Vater. „Sind sie Gefangene wie wir?"

„Ich weiß es nicht", antwortete er.

„Das sind Kapos", sagte die Person neben Vater in Jiddisch. „Mein Nachbar hat mir von ihnen erzählt. Er hat einige Monate in einem Arbeitslager verbracht. Den Deutschen fehlen die Leute. Also suchen sie sich vertrauenswürdige Gefangene aus, die sich für sie die Hände schmutzig machen. Dafür erhalten die Kapos mehr Essen und bessere Unterkünfte. Ich spucke auf sie. Verfluchte Verräter!"

Kapos kamen und gingen, sprachen mit den Soldaten. Am Morgen des zweiten Tages trugen die Kapos alle Koffer und Rucksäcke, die mit uns im Zug gekommen waren, davon. Wir hatten auf der Zugfahrt unser Bestes gegeben, unsere Habseligkeiten zu behalten. Jetzt wurden sie weggebracht. Vater und mir blieben nur unsere dünne Kleidung und die leichten Mäntel, die wir trugen.

„He, du!" sprach mich einer der Kapos an, nachdem er meine Doxa-Armbanduhr gesehen hatte. „Her damit."

Ich sah Vater an und nahm die Uhr ab. Der Verlust der Uhr fühlte sich im Zusammenhang mit dem kometenhaften Zusammenbruch unseres Lebens völlig bedeutungslos an.

„Wo du hingehst, junger Mann, wirst du sie nicht brauchen", sagte der Kapo mit einem sardonischen Lächeln, schnappte sich die Uhr und lief davon.

Wo ging es hin? Mich überkam der amüsante Gedanke, dass wir alle in einem See schwimmen gingen, aber ich ahnte, dass der Kapo etwas ganz anderes im Sinn hatte.

Am Abend des zweiten Tages traf eine Gruppe Soldaten ein. Einer von ihnen befahl dem linken Teil der Gruppe, dem wir angehörten, eine ordentliche Marschkolonne zu bilden, und führte uns in dieselbe Richtung, aus der wir gekommen waren. Wir waren zirka achtzig Mann, begleitet von sechs Soldaten und ihren bellenden Hunden.

Wir marschierten weg vom Sammelplatz, durch das Haupttor und auf die Hauptstraße. Wir überquerten einen unbefestigten, schlammigen Pfad, der von hohem Schnee und Eis bedeckt war. Es wurde immer schwerer, einen Schritt vor den anderen zu setzen.

Nach etwa drei Stunden des Stapfens fühlte ich eine starke deutsche Hand auf meiner Schulter. „Raustreten, jetzt", rief er. „Sprichst du Deutsch?"

Ich nickte.

Es war stockdunkel, wahrscheinlich war es längst nach Mitternacht. Nachtaktive Tiere, Vögel und Säugetiere machten Geräusche. Ich hegte keinerlei Zweifel, dass dieses wohlgenährte, großgewachsene arische Monster mich umbringen würde und mein Herz schlug schnell. Er befahl mir, ihm zu folgen. Wir liefen zum Straßengraben, wo wir anhielten. Die Marschkolonne war beinahe außer Sichtweite.

„Junge, siehst du den alten Mann, der dort im Graben liegt?", bellte er auf Deutsch. „Lauf hin, hebe ihn auf, trage ihn und kehre sofort zur Kolonne zurück. Wenn du Dummheiten machst, erschieße ich dich."

Voller Erleichterung rannte ich zurück, um dem alten Mann aufzuhelfen. Der Arme lag auf dem Rücken, stöhnte und weinte im verschneiten Schlamm. Ich hob seinen so leichten Körper auf, hievte ihn auf die Schulter und ging mit schnellen Schritten, um mit der Marschkolonne aufzuschließen. Der große Soldat behielt uns aufmerksam im Blick und lief in geringem Abstand hinter uns. Rasch holten wir die Häftlingskolonne ein und ich trug den alten Mann über mehrere Stunden hinweg. Sein Weinen wurde zu leisen Seufzern, die im Einklang mit meinen Schritten kamen. Ich lauschte ihnen, um sicherzugehen, dass er noch atmete.

Im Morgengrauen erreichten wir ein kleines, heruntergekommen Flugfeld am Rande der Stadt Oranienburg. Laut der verfallen Beschilderung war das Flugfeld Teil einer Heinkel-Flugzeugfabrik, die durch Luftangriffe fast vollständig zerstört worden war. Wir marschierten in einen halb verschlossenen Hangar, der mich an eine Szene aus einem apokalyptischen, deutschen Buch erinnerte, das ich zu Beginn des Krieges gelesen hatte. Der größte Teil des Daches fehlte. Überall lagen Trümmer. Der Teil, der noch stand, wurde zu einem Ad-hoc-Gefangenenlager, wahrscheinlich weil andere Lager überfüllt waren, voller erbärmlicher, ehemaliger Menschen, wie wir es waren. Dort sahen wir andere Häftlinge, die meisten von ihnen dünn, blass und gebrechlich. Man wies uns Etagenbetten zu und alteingestandene Häftlinge servierten uns zum ersten Mal seit unserer Ankunft in Deutschland eine Mahlzeit. Jeder von uns erhielt eine kleine Metallschüssel mit lauwarmer, wässriger Suppe und ein paar kleinen, farblosen Kartoffeln, die darin schwammen.

Ich setzte mich auf mein Etagenbett und begann, die Kartoffeln sorgfältig zu schälen und ließ die Schalen auf den Fußboden fallen, um sie zum Mülleimer zu tragen, sobald ich mit essen fertig war. Ohne dass ich es wusste, beobachteten mich die anderen Häftlinge ganz genau. Kaum hatte die letzte Schale den Boden berührt, sprangen sie auf mich zu und stürzten sich auf die Kartoffelschalen. Chaos brach aus. Zwei bemitleidenswerte Kerle versuchten sich praktisch wegen meiner Schalen umzubringen. Wieder etwas gelernt. Ich lernte, nie wieder eine Kartoffelschale oder die eines anderen Gemüses oder überhaupt irgendetwas Essbares wegzuwerfen. Für einen Gefangenen war keine Kalorie unbedeutend.

In dieser Nacht schlief ich zum ersten Mal seit vielen Tagen wieder ein paar Stunden im Liegen.

Am Morgen nahmen sie uns beim Appell die Kleidung ab. Es war das erste Mal, dass ich Vater splitterfasernackt sah. Ich dachte mir nicht viel dabei. Mir war kalt und ich hatte Hunger.

Man befahl uns, zusammen mit einer Gruppe von etwa zweihundert anderen Gefangenen in einen großen Duschraum tiefer im Hangar zu gehen. Der Raum hatte große metallene Wassersprinkler, die von der Decke hingen. Bevor Wasser herauskam, trat eine Gruppe von Soldaten mit langen, industriellen Pinseln ein. Sie schmierten uns aggressiv mit desinfizierender Seife und Anti-Läuse-Creme ein. Mit den metallischen Bürsten schrubbten sie uns von oben bis unten. Es war die schmerzhafteste Erfahrung, die ich bis dato gemacht hatte. Nachdem sie gegangen waren, kam kochend heißes Wasser aus den Duschköpfen und verbrühte unsere Körper. Jeder schrie vor Schmerzen, doch glücklicherweise dauerte die Tortur keine dreißig Sekunden lang. Als wir den Duschraum verließen und in das eisige Winterwetter gingen, durfte jeder von uns ein kleines Stück Stoff verwenden, um sich abzutrocknen. Dann wurden wir aufgereiht und warteten auf den Barber. Dieser rasierte meinen ganzen Körper mit einem elektrischen Rasierer.

Uns wurde neue Häftlingskleidung ausgehändigt. Sehr zügig erhielt jeder ein Hemd, eine Hose, Schuhe mit Holzsohlen und einen Flanellstreifen, um unsere Nieren zu schützen und zu wärmen.

„Verdammte Deutsche. Selbst wenn sie uns quälen und versklaven, sind sie noch wissenschaftlich", murmelte Vater.

„Was meinst du?", fragte ich.

Er war zu erschöpft, um mir zu antworten. Er war wahrscheinlich genauso überrascht wie ich über die Flanellstreifen. Es war eine intelligente und kostengünstige Möglichkeit, die lebenswichtigen Organe von Zwangsarbeitern im eiskalten deutschen Winter zu schützen.

Die Kleidungsstücke hatten größtenteils die falsche Größe und es kam zu einem erbitterten Austausch der Bekleidung. Nackte, große Gefangene mit kindergroßen Hemden und Hosen suchten verzweifelt nach kleineren Leuten, mit denen sie tauschen konnten.

Im Zentrum dieses türkischen Basars stand ein gut gekleideter deutscher Zivilist. Dieser schrie lauthals: „Beeilt euch, ihr Maden! Zieht euch an und tretet zurück ins Glied! Tempo!"

Er hielt einen langen Holzstock mit einem metallenen Kopf in der Hand, mit dem er die Leute schlug, um sie zur Eile anzutreiben.

Zum Glück erhielten wir Kleidungsstücke in angemessenen Größen. Die Ärmel meines Hemdes waren zwar etwas kurz, aber ich verzichtete darauf, mein Glück in der Tauschbörse zu riskieren.

Desinfiziert, sauber, rasiert und in frischen Uniformen, erhielten wir unsere persönliche Identifikationsnummer, die auf der Vorderseite unseres Hemdes angebracht wurde. Tagträumend stellte ich mir vor, dass diese Szene Teil der Verleihung der Schulabschlusszeugnisse war. Ein paar Sekunden lang grinste ich. Doch da waren keine Blumen, keine emotionalen Großmütter und kein festlich eingelegter Fisch, den man auf Holztischen im Kirchhof servierte. Stattdessen erhielten wir dreieckige Winkel, die uns den Gefangenenkategorien zuteilten. Unsere Nummern standen über den Winkeln.

Juden trugen gelbe Winkel.

Zigeuner trugen Braun.

Homosexuelle Rosa.

Kriegsgefangene Blau.

Die Gefangenen, die sich als Bibelforscher identifizierten (hauptsächlich Zeugen Jehovas), trugen Lila.

Diese Zeremonie zur Vergabe der Nummern und Winkel dauerte nur wenige Minuten. Dann wurden wir zum nächsten Appell in Reihen aufgestellt.

Ein paar Tage lang blieben wir in dem Hangar und mein Körper wurde mit jedem Tag schwächer, weil er von wässriger Suppe und ein paar schwimmenden Kartoffeln lebte. Die Tage vergingen und ich begann schnell, die Schalen zu essen. Am dritten Tag begannen die Soldaten den Appell, indem sie Namen aufriefen und die Gefangenengruppen voneinander trennten. Mit jedem Tag wurden es weniger Gefangene.

An Tag fünf wurden unsere Namen aufgerufen, zusammen mit denen einiger hundert anderer. Minuten später marschierten wir zum nächstgelegenen Bahnhof in Oranienburg. Eine Stunde später bestiegen wir einen Viehwaggon und der Zug setzte sich in Bewegung.

Es war ein Déjà-vu. Wieder waren wir Teil einer Gruppe stinkender Männer, die lediglich dünner und jünger waren als jene zuvor. Mir machte es weniger aus als beim ersten Mal.

Diese Zugfahrt war viel kürzer als die von Bratislava nach Sachsenhausen. Sie dauerte nur ein paar Tage und es gab keine Sterbefälle. Die Schwachen und Alten hatten Glück – sie waren nicht mehr unter uns.

Wir kamen an einem großen Bahnhof mit mehreren parallel liegenden Gleisen an. Das Gebäude stand auf einer erhöhten Ebene. Wir stiegen aus. Der Tag war der eisigste, den wir bisher in Deutschland erlebt hatten. In ordentlichen Reihen marschierten wir schon bald durch die eisernen Tore eines breiten Backsteingebäudes mit einem bedrohlichen Glockenturm in der Mitte.

JEDEM DAS SEINE stand über dem Tor.

„Was meinen sie damit?", fragte ich Vater, als wir mit der Marschkolonne Schritt hielten. Mein Verstand konnte die Philosophie nicht mit der nicht einladenden Umgebung vereinbaren.

„Es bedeutet, dass sie glauben, sie könnten uns zu Zwangsarbeitern machen oder uns alle ungestraft abschlachten. Aber du wirst leben, um unsere Geschichte zu erzählen, Sanyi. Dessen bin ich mir sicher", antwortete er.

Wir waren im größten aller deutschen Konzentrationslager während des Zweiten Weltkrieges. Buchenwald befand sich am Rande von Weimar, der Hauptstadt der Weimarer Republik, die von den Nazis zerschlagen wurde. Das Lager wurde zumeist KLB genannt (kurz für: Konzentrationslager Buchenwald). Ich sah mich nach Buchen oder einer Art Wald um, aber alles, was ich sah, waren Stacheldraht, Zelte, große Holzbaracken, zahllose deutsche Uniformen und den Schornstein des Krematoriums, der Tag und Nacht weißen Rauch ausstieß.

Wir marschierten durch das Tor zum Sammelplatz und schlossen uns einer langen Reihe von Häftlingen an, die in vorausfahrenden Zügen eingetroffen sein mussten. Zivilbeamte registrierten die Neuankömmlinge, und uns wurden erneut die Haare rasiert, dieses Mal, ohne dass wir uns ausziehen mussten. Während der Stunden dort hörten wir von anderen Gefangenen über den Vormarsch der Russen im Osten, dass die Rote Armee in Polen kurz davor war, das berüchtigte Vernichtungslager Auschwitz zu befreien und dass daher keine Transporte mehr dorthin fuhren. Uns war klar, dass dies höchstwahrscheinlich der Grund dafür war, dass wir noch lebten und in Buchenwald waren. Wir diskutierten darüber, ob uns Vaters Bestechungsgeld in Bratislava unschätzbar wertvolle Wochen geschenkt hatte, die uns vor einem Ende in den Gaskammern in Polen bewahrt hatten.

Man erzählte uns, dass Buchenwald, so groß es auch war, seit mehr als zwei Jahren überfüllt war. Auf keinen Fall würden die neuen Transporte in die riesigen Holzbaracken des Stammlagers passen.

Um der Überfüllung entgegenzuwirken, hatte die SS ein angrenzendes Zeltlager konstruiert und nannte es Kleines Lager. Diesem Lager wurden wir zugewiesen, zusammen mit etwa 10.000 weiteren Neuankömmlingen.

Unsere Zelte hatten keine Betten, nur hohe Holzkojen mit vier Etagen, ohne Matratzen oder sonstige Polsterung. In den Kojen war bei Weitem nicht genug Platz für alle Häftlinge, sodass sich mehrere Gefangene auf jeder Koje zusammendrängen mussten.

Tagsüber durften wir uns nicht in den Zelten aufhalten und mussten im kalten Schnee herumlaufen, mit nichts weiter am Körper als unseren dünnen Hosen und Hemden. Täglich liefen mehr als 10.000 Mann für einen Großteil des Tages zwischen dem doppelten Stacheldrahtzaun im Kleinen Lager im Kreis, um sich warm zu halten. Wir durften uns nur sammeln, wenn wir für Essen anstanden.

Jeden Tag führten die Soldaten am späten Nachmittag einen Appell in der Mitte des Platzes durch, danach durften wir in die Zelte.

Am ersten Tag, kurz nachdem uns die Soldaten entlassen hatten, sahen wir, dass die Gefangenen wie verrückt auf die Zelte zustürmten. Vater begriff sofort, was geschah und sagte: „Lauf so schnell du kannst, lass meine Hand nicht los."

Jeder wollte als Erster im Zelt sein, um sich einen Platz in den Kojen oder auf dem Boden zu sichern. Es gab schlichtweg nicht genügend Platz auf den Kojen und in den Zelten für alle Häftlinge, und viele, besonders die Älteren und Langsamen, hatten keine Chance. Die Nacht im Freien bei der extremen Kälte wurde für viele zum Todesurteil.

In dieser Nacht schafften wir es mit knapper Mühe ins Zelt. Als wir zusammengekauert mit zwei anderen Häftlingen auf einer Koje lagen, dachte ich an die Elendigen, die die Nacht draußen verbringen mussten. Wie bald würde das unser Schicksal bei den eisigen Temperaturen sein?

Am nächsten Tag gingen wir zusammen am Zaun entlang. Vater hielt mich an, während er angestrengt auf einen Punkt in der Nähe des Zaunes starrte.

Ich sah förmlich, wie sich die Zahnräder in seinem Kopf drehten.

„Sanyi, siehst du das dünne Holzbrett, das an der Wand des Wachturms lehnt?"

„Ja." Ich sah ihn an und konnte kaum den eleganten, stolzen Geschäftsinhaber mit guten Manieren in ihm sehen, der hinter dem Tresen in *Solomon Rosenberg* stand und mit seinen vornehmen Kunden plauderte und ihnen Pralinen und Ceylon-Tee anbot. Vor mir stand ein Wrack aus Knochen in Häftlingskleidung. Wir waren beide erschöpft und geschwächt.

„Hole es und bring es her. Schnell, aber ohne Aufmerksamkeit auf dich zu ziehen. Ich warte hier auf dich."

„Warum soll ich das Holzbrett holen?"

„Tue einfach, was ich dir sage, und mach schnell. Hör auf, Fragen zu stellen."

Ich tat wie geheißen und holte das leichte Brett. Es war fast einen Meter lang und etwas mehr als einen halben Meter breit. Das Holz war sehr dünn.

„Von jetzt an wirst du dieses Brett immer mit dir führen. Verstanden?"

„Ja." Ich fragte nicht weiter nach.

Ich konnte sehr schnell rennen, aber er nicht. Die Tatsache, dass wir zusammen waren, machte jeden Vorteil, den meine Schnelligkeit mir einbrachte, zunichte. Am Abend konnte ich nach dem Appell nicht einfach losrennen, um mir einen Platz in den Kojen zu sichern, ohne ihn in der Menge zu verlieren und zu riskieren, dass er die Nacht in der Kälte verbrachte.

„Halte am Ende des Appells meine Hand fest und wir rennen wieder zusammen", sagte ich zu ihm.

Beim abendlichen Appell standen wir fast auf der von den Zelten am weitesten Seite der Gefangenenformation. Ich hielt seine Hand mit der einen und das dünne Holzbrett mit der anderen Hand. Als wir am Zelt ankamen, war der Eingang bereits vollkommen von Körpern blockiert und wir wussten, dass wir es nicht nach drinnen schaffen würden. Es war an der Zeit, den Inbegriff des Abenteuers im KLB zu erleben: eine Nacht in der winterlichen Luft, ganz ohne Schutz.

Schweigend entfernten wir uns von dem Zelt. Die Temperaturen lagen unter dem Gefrierpunkt, und ich machte mir Vorwürfe, weil es mir nicht gelungen war, uns ins Zelt zu bringen. Zum Glück war die Nacht windstill.

„Hör mir zu, Sanyi. Wenn wir in den kommenden Stunden nicht intelligent handeln, wird uns die Kälte umbringen. Wir müssen schlafen und gleichzeitig dürfen wir nicht im Schnee erfrieren."

„Wie stellen wir das an?"

„Wir werden abwechselnd auf dem Holzbrett schlafen. Derjenige von uns, der wach ist, wird den Körper des anderen warm reiben, von Kopf bis Fuß, sodass wir nicht erfrieren. Es ist von absoluter Wichtigkeit, dass du nicht während der Wache einschläfst, oder wir sterben beide."

Erst in diesem Moment verstand ich, warum er darauf bestanden hatte, dass wir uns das Holzbrett sicherten. Sein Plan klang völlig verrückt, aber ich konnte mir keinen besseren ausdenken. Wir fanden eine Ecke im Hof, wo der Schnee teilweise weggeschippt und der Boden weniger steinig war, und legten das Holzbrett auf den Boden, nachdem wir sichergingen, dass es gut lag.

Nicht weit von uns stand eine Gruppe orthodoxer Juden, die es für die Nacht nicht ins Zelt geschafft hatte. Ihr Haar war abrasiert und sie rezitierten laut Psalmen auf Hebräisch. Vater trat auf einen von ihnen mit seinem perfekten Jiddisch zu.

„Guten Abend."

Keine Reaktion.

„Guten Abend, mein Name ist Zoli Rosenberg. Es wird eine sehr kalte Nacht und sie wird für Sie alle gefährlich werden, weil Sie hier erfrieren können. Möchten Sie ein Schlafbrett mit uns teilen und abwechselnd schlafen? Zwei können auf dem Brett schlafen und sich dabei die Körperwärme teilen, während der Dritte sie mit dem Reiben ihrer Körper warmhält. Wir können alle von so einer Partnerschaft profitieren."

„Nein, danke sehr, Herr Rosenberg", sagte der Mann. „Mein Name ist Aaronson. Gott ist mächtig, er wird uns wärmen, uns von diesem Ort befreien und unsere Not rächen." Der Mann betete weiter, verstärkte sein Gebet sogar, sein Körper wie in einer Art Trance.

„Irgendwann heute Nacht, Herr Aaronson, werden sich Ihre Augen schließen. Und dann werden Sie erfrieren, Herr Aaronson. Schlafen Sie mit uns auf dem Brett."

Keine Antwort. Vater zog sich zu unserem Schlafort für die Nacht zurück.

„Schlaf, Sanyi. Ich werde die erste Massagewache übernehmen."

Ich legte mich mit meinem gebrechlichen, abgemagerten Körper auf das kleine Brett und er rieb meinen Körper. Mir fiel auf, wie anders mein Körperbau wurde, als es mir gelang, mich auf diesem Brett in die Fötusposition zu falten. Er weckte mich Minuten später, so fühlte es sich an, und wir tauschten die Plätze.

„Ich werde dich heute Nacht wärmen, keine Sorge. Ich werde dich beschützen, wie ich es Mutter versprochen habe. Uns wird es gut gehen." Er hörte mich nicht, schlief bereits und schnarchte leicht. Sein Schnarchen glich dem eines Welpen und ich lachte. Ich rieb seine kalten Zehen und bewegte meine Arme schnell über seinen Körper. Nach wenigen Minuten schmerzten meine Muskeln und meine Hände wurden schwer. Ich änderte die Position, den Abstand und die Haltung meiner Hände und verlagerte mein Körpergewicht zwischen Händen, Ellenbogen, Füßen und Schultern, um Kraft zu sparen. Irgendwann fühlte es sich so an, als sei meine Energie aufgebraucht und als könnte ich ihn nicht länger wärmen. Ich weinte und hatte Angst. Diese erste Stunde fühlte sich wie die Ewigkeit an. Um mir die Zeit zu vertreiben, zählte ich alle Gewürze aus unserem Laden von A bis Z auf. Ich stellte mir vor, wie ich sie säuberlich in die Holzschubladen gab. Vater war da und ermutigte mich. Er korrigierte mich, wann immer ich ein Gewürz vergas.

Es war die längste Nacht meines Lebens. Dreimal wechselten wir einander ab, jeder von uns schlief zweimal. Meine letzte Wache war weniger stressig und mein Herzschlag hatte sich beruhigt. Ich sah mich um, während ich meine Hände über Vaters Körper bewegte. Mir schien, dass außer mir nur die Wachen auf den umliegenden Wachtürmen wach waren. Das ganze Lager und die angrenzende Natur waren wie ausgestorben.

Ich nahm an, dass die Wachen ungefähr in meinem Alter waren. Wie überbrückten sie die langen Stunden ihrer Wache? Schrieben sie Briefe an ihre Eltern und Freundinnen? Machten sie im Dienst ein Nickerchen? Ich träumte von ihren warmen Mänteln und Decken. Was hätte ich nicht alles für eine Decke getan. Ihre Namen waren Hans oder Franz oder vielleicht sogar Alexander. Sie kamen aus München, Frankfurt und Berlin und einem kleinen Dorf außerhalb Stuttgarts. Sie sammelten Briefmarken und liebten Welpen und Apfelstrudel. Und jetzt trugen sie die Wehrmachtsuniform und zielten mit ihren langen Gewehren auf mich. In welch grausamer Welt wir doch lebten.

Als die Soldaten am Morgen in unserer Nähe waren, weckte ich Vater und wir liefen ein kleines Stück, um uns die Beine zu vertreten. Um uns herum lagen ein paar Leichen, Gefangene, die in der Nacht erfroren waren. Unter ihnen der arme Aaronson, seine Augen offen und die Lippen bläulich, lag er neben zwei anderen toten Juden.

Fast jeden Morgen, doch besonders in den kalten Nächten, wurden Leichen innerhalb und außerhalb des Zeltes entfernt und von Häftlingen in Schubkarren ins Krematorium im Stammlager gebracht. Ich erlebte die ausgeprägteste Form von Charles Darwins Theorien. Nur die am besten Angepassten, körperlich und mental, überlebten die KLB-Nächte, während die anderen starben. Wahrhaftig eine „natürliche Selektion".

Nach jedem Abendappell hielten wir uns an den Händen und rannten so schnell wir konnten zum Zelt. Meist waren wir in der Lage, in einer der Kojen oder auf dem Boden zu liegen. In anderen Nächten lagen wir außerhalb des Zelts, wie Hunderte andere. Manche Nächte waren fast zu lang und zu hart, um sie zu überleben. Andere waren einigermaßen erträglich. Wir massierten einander und wechselten Schlaf und Wache ab. Keine der Nächte draußen war so schrecklich wie die erste. Meine Aufgabe und mein täglicher Fokus war es, das Brett zu bewachen und vor Diebstahl zu schützen.

Ohne es zu bemerken, wurden wir zunehmend apathisch, wie jeder um uns herum.

„Ich glaube nicht, dass ich das noch lange durchhalte." Vater verlor den Halt und kam mit dem Knie auf. „Ich bin so müde. Dieser Krieg will einfach nicht enden. Eigentlich ist es mir egal, ob ich heute Nacht draußen sterbe."

„Sag das nicht." Ich fühlte mich zu kränklich, um weiter im Kleinen Lager herumzulaufen. Hunger und Schwindel waren meine ständigen Begleiter und ich spürte die Spitzen meiner gefrorenen Zehen nicht wirklich.

„Wie lange können wir so überleben? Der Winter wird immer schlimmer. Wir sollten diesen Albtraum beenden. Diesen Nazi-Monstern macht unser Leiden Spaß und ich möchte ihnen keinen Grund zur Freude geben."

„Du liegst falsch. Verlier den Glauben nicht. Ich bin mir sicher, dass die Russen auf dem Weg sind, um ihre zahlreichen Kriegsgefangenen hier zu befreien", sagte ich. Ich hatte keinerlei Ahnung, wo die Russen waren, und ob sie sich um ihre gefangengenommenen Soldaten scherten oder ob sie überhaupt die Absicht hatten, das KLB zu befreien, aber es fühlte sich richtig an, es zu behaupten.

„Denkst du, Mutter geht es gut?", änderte ich das Thema.

„Ich weiß es nicht, aber ich bin mir sicher, dass sie wie wir in diesem Moment kämpft, um am Leben zu bleiben, sodass wir uns in Bratislava wiedersehen können, wenn wir hier rauskommen."

Sanft umarmte ich ihn.

Rauch stieg über dem Schornstein des Krematoriums auf, Tag und Nacht. Obwohl Buchenwald kein Vernichtungslager war, sorgten Mangelernährung, der grausame Winter und die mörderische Brutalität der Wachen für unzählige Tote. Ich stellte mir das Feuer in den Öfen vor. Es musste in diesem Gebäude so warm sein.

Am nächsten Tag erschien ein unbekannter SS-Offizier während des Appells und rief Namen von einer Liste auf. Er befahl den Leuten, deren Namen fielen, hervor und zur Linken zu treten. Der letzte Name war Vaters. Es war das erste Mal seit unserem Arrest, dass wir nicht auf derselben Liste standen.

„Komm mit", flüsterte er und zog kräftig an meiner Hand.

„Aber ich stehe nicht auf der Liste. Sei nicht verrückt!", wehrte ich mich.

„Du kommst mit mir und hältst den Mund!", blaffte er mich mit gesenkter Stimme an, seine Augen auf den dreckigen Boden gerichtet.

Ich musste eine Blitzentscheidung treffen und verließ meinen Platz. „Sie werden mich erschießen!", flüsterte ich vor mich hin. „Hast du vollkommen den Verstand verloren?"

Ich folgte ihm mit gesenktem Blick und schloss mich der Gruppe der etwa dreißig Männer an, die sich auf der linken Seite versammelt hatten. Die Wachen führten keine zweite Zählung durch und so stellte niemand meine Anwesenheit in Frage. Wir marschierten aus dem Kleinen Lager und durch das Eisentor in das Stammlager bis hin zur Hauptverwaltung.

Man befahl uns, in fünf Reihen vor einem der Büros anzutreten, zwei Kapos überwachten uns.

Die Tür öffnete sich und ein Offizier trat heraus. „Gibt es hier jemanden, der Dokumentenübersetzungen vom Deutschen ins Polnische und Russische anfertigen kann? Und vice versa? Vergeudet nicht unsere Zeit und meldet euch nur, wenn ihr wirklich ein Meister des Handwerks seid. Ihr seid gewarnt."

Vater hob sofort die Hand. „Ich kann das tun! Ich kann es! Ich bin ein

Experte! Nehmen Sie mich!", rief er mit einem Stammeln. Sein schwaches Rufen war kaum hörbar.

Er wurde direkt zum Büro gewiesen, während ich in den Reihen zurückblieb.

Der Offizier las weiter Namen von seiner Liste vor und jeder der Aufgerufenen verschwand in dem Büro. So wie die zwei Kapos.

Am Ende standen wir zu dritt auf dem Kleinen Platz: ein rehäugiger SS-Offizier und zwei abgemagerte Gefangene. Nur ein Gefangener und der Offizier hätten hier stehen sollen.

Ich war einer zu viel.

Mein Verstand versuchte, meine Chancen zu beurteilen, aber ich sah keine Möglichkeit, das Hindernis zu überwinden. In ein paar Sekunden würde der Offizier mich entlarven. Mein müder Kopf war leer.

Der SS-Offizier betrachtete einige Minuten lang schweigend seine Notizen. Natürlich sah er meine Häftlingsnummer auf keiner der Listen und das musste seine Routine gestört haben.

Kurz darauf brach es aus ihm heraus: „Du dreckiges Judenschwein! Du sollst im Nebenlager sein", brüllte er mich an und trat näher. „Was tust du hier? Wer hat dir gesagt, dass du zu dieser Gruppe sollst? Ich habe heute Morgen weder deinen Namen noch deine Nummer aufgerufen!"

Er würde mich zweifellos schlagen. War er einer der übermäßig gewalttätigen Soldaten? Würde er mich erschießen?

„Es tut mir leid, Herr Offizier, bitte … Ich muss den falschen Namen gehört haben. Bitte verzeihen Sie. Mein Gehör ist seit meiner Verletzung nicht mehr so gut." Ich plapperte, schwafelte, flehte um mein Leben. Nie im Leben kaufte der Mann mir das ab.

Sein erster Tritt traf meine Rippen und da war keine Luft mehr in meinen Lungen. Ich fiel zu Boden und rollte mich zusammen, hielt mir die Hände vor meinen Kopf und mein Gesicht und kreuzte meine Beine, um meinen Schritt zu schützen. Fünfzehn Minuten lang, so fühlte es sich an, thronte er wütend über mir, drehte mich herum und trat meinen Oberkörper. Ich schrie: „Vater! Hilf mir! Hilf mir! Er tötet mich!"

Hörte er mich in dem Büro?

„Schrei doch! Niemand kann dich hören! Du dreckiger, dummer, hässlicher Jude", rief der Offizier und trat mich erneut. Er klang außer Atem. „Dafür wirst du büßen."

„Hilfe! Irgendjemand!"

Mein Kopf blutete und mir war schwindelig. Meine Hände waren nicht mehr auf meinen Ohren. Ich ergab mich meinem Schicksal.

Dann stieß jemand die Bürotür sperrangelweit auf und brüllte in einer tiefen Stimme: „Was ist das hier für ein Lärm?" Der Mann trug Zivilkleidung und Vater stand direkt hinter ihm. In diesem Moment gab es keinen Zweifel, wer der Chef war.

Ein eindrucksvoller, großer Mann in einer Wildlederjacke hielt seine Pfeife mit klarer Selbstgefälligkeit und Ungeduld. „Untersturmführer Hermann, würden Sie mir erklären, warum Sie meinen armen Arbeiter zu Tode prügeln?"

Die Tritte stoppten augenblicklich. Ich nahm einen tiefen Atemzug, aber mein Körper zitterte unkontrollierbar.

„Der Name des Schweins wurde bei der Selektion nicht aufgerufen. Er sollte nicht hier sein", antwortete Untersturmführer Hermann.

„Ja, ich weiß. Er ist fälschlicherweise seinem Vater gefolgt, der in den letzten Stunden exzellente Übersetzungsarbeit für mich geleistet hat. Lassen Sie den armen Jungen sein und schicken Sie ihn sofort in mein Büro. Falls er nur halb so talentiert wie Stefan ist, wäre es eine wirkliche Schande, ihn zugrunde gehen zu lassen. Mit bestem Dank, Untersturmführer Hermann."

Ich hörte die Worte aus dem Mund dieses Mannes, doch verstand nicht, was vor sich ging. Ich musste halluzinieren. Ich erinnere mich nur daran, dass Vater zu mir rannte, meinen Arm über seine Schulter legte, mir aufhalf und langsam mit mir zu dem Büro lief. Sanft half er mir, mich auf einen Holzstuhl zu setzen.

„Dürfte ich fünf Minuten haben, um mich um die Verletzungen meines Sohnes zu kümmern? Er blutet stark. Sie hätten nicht zufällig einen Erste-Hilfe-Koffer?"

„Selbstverständlich, Stefan. Nehmen Sie das kleine Zimmer und kommen Sie in fünfzehn Minuten zurück. Mein Assistent wird Ihnen Jodid, Verbandsmaterial und etwas Wasser bringen. Ich entschuldige mich für das Missverständnis."

Wir saßen in dem Raum für Equipment und Vater reinigte und bandagierte mein Gesicht und meine Arme.

„Geht es dir gut?" Er umarmte mich und hielt seine Tränen zurück.

„Das wird wieder." Mit meiner linken Hand ertastete ich ein schlagendes Pulsieren an meinem Schädel, während meine rechte Hand Druck auf meinen Unterleib ausübte, um sicherzugehen, dass nichts Wichtiges dort kaputt war. „Die Beule an meinem Hinterkopf tut wirklich weh und ich spüre so ein Brennen in meinem Magen, wo er mich wiederholt getreten hat. Die anderen Schnitte und Wunden sind nichts. Wer ist dieser Mann, der mit dem SSler gesprochen hat?"

„Sein Name ist Günter. Basierend auf den Unterlagen, die ich in der letzten Stunde übersetzt habe, gehe ich davon aus, dass er der Zivilist ist, der die Verantwortung über die Gustloff-Waffenfabrik in Weimar hat. Er sprach mit mir, als ich hereinkam, und war von meinem Sprachentalent und meinen Schreibfähigkeiten beeindruckt. Er scheint mir ein anständiger Mann, aber wir sollten sehr vorsichtig sein. Er kam heute her, um eine neue Gruppe Arbeiter für die Fabrik auszuwählen."

„Ich dachte, der Offizier würde mich umbringen. Du kamst gerade rechtzeitig."

„Mein liebes Kind, es ist gut, dass du so starke Lungen hast. Deine Schreie waren so laut! Ich habe das Geschrei gehört und wusste, dass du es bist. Zu unserem Glück hat Günter mein Flehen erhört. Er könnte unser Schlüssel sein, um dieses Lager zu überleben. Wir müssen klug handeln. Bitte folge meinen Anweisungen sorgfältig. Dein Körper steht unter Schock und du könntest eine Gehirnerschütterung haben. Sag nichts, außer dir wird eine direkte Frage gestellt oder du bist dir nicht hundertprozentig sicher, was du tun musst."

Wir kehrten in das Zimmer zurück, wo Günter mit seinem Assistenten saß, und Vater übersetzte Dokumente. Ich humpelte zur Seite des Raumes, besorgt, dass meine Milz oder meine Leber gerissen waren.

„Lass mich einen Blick auf den Jungen werfen", sagte Günter und trat auf mich zu. „Naja, dort draußen sahst du scheiße aus, aber gewaschen sieht es besser aus. Wie lautet dein Name?"

Es war selten, dass ein gebildeter Deutsche sich Schimpfwörtern bediente.

„Alexander."

Günter lächelte. Es war die erste warme, menschliche Gesichtsregung, die ich bei einem unserer Gefängniswärter sah. „Ich habe zu Hause einen Sohn namens Alexander, aber alle nennen ihn Lexa. Also werde ich dich Lexa nennen. Bitte gehe zu den anderen Arbeitern und warte mit ihnen, Lexa. Stefan hat noch etwas für mich zu tun, bevor wir gehen."

Zusammen mit den anderen für die Fabrik ausgewählten Arbeitern saß ich in der Ecke des Büros.

Als Günter und Vater ihre Arbeit beendet hatten, stand Günter auf und streckte sich. „Zurück zur Gustloff. Augenblicklich." Er alarmierte die Soldaten am Eingang mit den Händen.

Alle Häftlinge verließen das Büro und marschierten zu den zwei Lastwagen, die auf dem angrenzenden Hof parkten. Wir wurden zu einem kleinen Nebenlager außerhalb von Weimar gefahren, wo die Zwangsarbeiter unweit der Waffenfabrik untergebracht waren. Die ganze Gruppe wurde zu den Schlafbaracken geführt, es waren einfache Holzhütten. Jeder Häftling bekam sein eigenes Bett. Mein eigenes Bett! Vater und ich teilten ein Doppelstockbett. Er schlief unten und ich oben. Wir wurden von alteingesessenen Fabrikarbeitern begrüßt. Die meisten von ihnen waren kriegsgefangene Soldaten der Roten Armee, aber auch aus anderen Ländern. An diesem Abend wurde ich Soldaten aus Russland, Frankreich und Polen, und gefangenen Polizisten aus Dänemark und den Niederlanden vorgestellt; eine Plethora der Sprachen, doch größtenteils wurde in gebrochenem Deutsch miteinander kommuniziert. Einige andere trugen die Winkel für Homosexuelle und Zeugen Jehovas.

„Ich dachte, ich hätte dich dort heute verloren", sagte Vater, als die Lichter ausgeschaltet wurden. „Versprich mir, dass du gut auf dich aufpasst."

„Ich werde sichergehen, dass du überlebst."

„Ich? Mach dir um mich keine Sorgen. Achte darauf, dass du keine dummen Fehler machst. Denk immer nach, bevor du handelst. Ein Fehler könnte den Tod bedeuten."

„In Ordnung."

Zum ersten Mal seit Langem fiel es mir schwer, einzuschlafen. Irgendetwas fühlte sich komisch an. Es war, als übersehe ich etwas oder als fehle ein Puzzleteil.

„Was ist das für eine Gustloff-Fabrik, in der wir sind?"

„Nun, laut den Dokumenten, die ich heute las, ist die Gustloff-Fabrik wohl einer der größten Militärkomplexe Deutschlands. Sie beschäftigen viele tausend Arbeiter. Hier wird alles von Kleinwaffen und Munition bis hin zu Kanonen und Flakabwehr hergestellt. Ich denke, dass es für uns ein sehr gefährlicher Ort ist, Sanyi. Die Alliierten werden die Fabrik mit Sicherheit früher oder später bombardieren, bis sie zerstört ist. Zum ersten Mal habe ich mehr Angst vor den amerikanischen und englischen Piloten als vor den deutschen Soldaten. Schlaf gut und träume nicht von Fünfhundert-Kilo-Bomben. Hoffentlich haben wir unser Glück noch nicht aufgebraucht."

Das war das fehlende Puzzleteil. Jetzt waren wir Kanonenfutter. Die Chancen, dass dieser Militärkomplex nicht in Grund und Boden gebombt werden würde, um den Krieg gegen Nazi-Deutschland zu gewinnen, waren gleich null.

Wir befanden uns zwischen Baum und Borke. Ein Sieg der Nazis konnte nicht gut für die Welt sein und ganz sicher nicht für unsere Familie. Die Zerstörung des industriellen Militärkomplexes in Weimar wäre hingegen fantastisch für die Welt, aber wir würden leider unter den Toten sein, begraben unter Tonnen von Trümmern, hergeführt durch Teppichbombardements. In dieser Nacht mochte ich unsere Überlebenschancen nicht.

6   DER LEHRLING

Ich erwachte am nächsten Morgen für meinen ersten Tag als Fabrikarbeiter. Die ganze neue Gruppe, die am Vorabend aus dem Nebenlager gekommen war, marschierte gemeinsam nach dem Frühstück in die Gustloff-Fabrik. Die Schlafbaracken waren nur einen kurzen Fußweg von dem streng bewachten Fabrikeingang entfernt. Das Gebäude war über der Erde gebaut und ich sah eine Stahlkonstruktion, die aus einem Feld hinter dem Hauptgebäude hervorragte. Wahrscheinlich war es der Eingang eines Luftschutzbunkers.

Wir bildeten eine Schlange in dem weiten und leeren Foyer. Ich starrte auf gepflegte Chrysanthemen in Pflanzentöpfen, die ein gewisses Gefühl an Normalität und Kleinstadtleben vermittelten. Ein geschickter Gärtner musste sich unter den Nazis oder den Gefangenen befinden.

Günther betrat wenige Minuten nach uns das Foyer, begleitet von drei Soldaten. Einer von ihnen begrüßte uns und stellte uns vor vollendete Tatsachen. „Zukünftig werden Sie Arbeiten an dem Fließband für die Mauser 337 in der Gustloff verrichten."

An diesem Tag lernte ich, dass die Mauser 337 die gebräuchlichste Waffe in der Wehrmacht war. Ich erkannte sie direkt: Man hatte sie in Sečovce und Bratislava auf mich gerichtet, und mit dem Kolben Vater vor nicht allzu langer Zeit bei unserer Verhaftung geschlagen.

„Sie werden hier in zwei Zwölf-Stunden-Schichten arbeiten, Tag und Nacht. Man wird Sie entweder der Tag- oder der Nachtschicht zuweisen.

Sie werden arbeiten oder in den Schlafquartieren verbleiben – ein Aufenthalt woanders ist verboten ..."

Die Produktionshalle war riesig. Ich sah Hunderte Arbeiter in der hunderte Meter langen Halle; sie saßen, standen, lehnten oder trugen Equipment und Kisten. Die Decke war hoch und die Akustik erzeugte ein beständiges, überwältigendes Echo.

„Wo sind Stefan und Alexander Ružiak? Treten Sie sofort hervor."

Es überraschte mich, dass Günter so laut sprach. Er erinnerte sich an uns.

Vater gab mir einen Klaps in den Nacken und wir traten vor.

„Guten Morgen, ihr beiden. Folgt mir schnell." Günter ging mit langen Schritten voraus.

Wir eilten ihm nach.

„Ich habe euch beide dem Ersatzteillager zugeteilt", fuhr Günter fort, ohne in unsere Richtung zu schauen. „Stefan, Sie werden Schichtleiter im Lager. Ich werde Sie den anderen Schichtleitern vorstellen, sodass diese Ihnen alles zeigen. Lexa, du wirst im Lager arbeiten, aber bist auch dafür verantwortlich, mein Büro jeden Tag aufzuräumen und zu reinigen." Er nahm mich mit in sein Büro, wo er mir Besen, Reinigungsmittel, Tücher und einen Mopp in die Hände drückte. „Du beginnst deinen Tag damit, indem du diesen Raum makellos hältst und gut riechen lässt. Wenn du nach dem Krieg zurück zu Hause bist, wird deine Mutter mir eine Dankeskarte und Blumen schicken. Das versichere ich dir. Sie wird stolz darauf sein, wie geschickt ihr Sohn putzen kann."

Zurück zu Hause? Nach dem Krieg? Mutter, die Blumen schickt? Günters Worte glichen einem Märchen. Mein Zuhause gab es nicht mehr. Lebte meine Mutter noch? Eine Dankeskarte? *Wenn meine Mutter hier wäre, würde sie Sie mit bloßen Händen töten, Herr Günter.*

„Nachdem du damit fertig bist, wirst du zum Fließband gehen und Teile aus dem Ersatzteillager zu den Montagearbeitern bringen."

Günters Büro befand sich auf der höchsten Ebene der Halle und bot mit seinen großen, hohen Fenstern einen Rundumblick auf die gesamte Produktionshalle. Er sah alles und war immer auf dem Laufenden. Sah er etwas, das ihm nicht gefiel oder er eine Frage hatte, rief er den Schichtleiter mit einem Telefon an. Er managte alles bis ins kleinste Detail, rund um die Uhr.

Ich tat mein Bestes und gab Muskeln, Herz und Seele, um das Büro zu putzen. Jeden Morgen schrubbte ich ohne Pause jeden Zentimeter des Raumes, meine Hände unaufhaltsam. Es wurde der sauberste Raum in der Gustloff und wahrscheinlich in ganz Buchenwald, wenn nicht sogar im ganzen Nordosten Deutschlands. Selbst hinter den Büchern im Regal gab es kein einziges Staubkorn.

Günter schätzte meine Bemühungen und war sehr nett zu mir, dennoch ließ er sich kaum zu einem Plausch hinreißen. Es half sicherlich, dass ich perfektes Deutsch sprach. Manchmal teilte er seine Schnitten mit mir, die seine Frau ihm machte, und erlaubte mir, seine Tageszeitung an Vater im Lager zu bringen, sobald er sie gelesen hatte.

„Danke, dass du mein Büro so hingebungsvoll reinigst, Lexa. Ich wusste, dass du mich nicht enttäuschen würdest", sagte er nach etwa zwei Wochen.

„Natürlich."

„Ich meine das wirklich ernst. Selbstverständlich zwingen die Umstände dich zu so einer Arbeit und ich bedauere es aufrichtig. Aber du gehst weit über deine Pflichten hinaus, und das ist nicht unbemerkt geblieben, weder von mir noch von der Fabrikleitung."

Nun, dachte ich mir, es ist besser ein anerkannter und wertgeschätzter Sklave zu sein als, naja, nur ein Sklave. Nette Worte hatten Gewicht, auch in einem Zwangsarbeiterlager. Gab es am Ende des Jahres einen Bonus für außergewöhnlich gute Reinigungskräfte?

„Danke sehr." Ich zögerte, dann fuhr ich fort: „Ich hoffe, dass Sie es mir nicht übelnehmen, aber die Schnitten, die Sie ab und zu mit mir teilen, sind die letzten Reste eines guten Lebens, das keines mehr ist."

Günter lächelte. „Ich werde es Helga sagen, sie wird sich freuen. Ich werde sie bitten, dir ab und an eine Schnitte zu schmieren, die nur für dich ist. Habe keine Angst. Der Krieg wird enden und dann wirst du nach Hause zurückkehren, eine Familie gründen und gutes Essen essen. Das hoffe ich aufrichtig."

Immer ruhig mit den jungen Pferden. Erst eine Schnitte, Günter, danke schön. Ein anderes Mal können wir gerne über meine Rückkehr und die Familiengründung sprechen.

Was für einen Unterschied ein paar Wochen doch machten! Von meiner Gefangennahme in einen Viehwaggon zu eisigen Nächten außerhalb des

Zeltes im Nebenlager und zu einem beinahe Tottreten zu einem angenehmen Leben als Häftlingslehrling in einer Fabrik.

Meine andere Aufgabe bestand daraus, Ersatzteile aus dem Ersatzteillager zu verteilen. Ich bediente einen niedrigen, schweren Karren, der einer Schubkarre glich, aber vier Stahlräder hatte, auf dem ich Kisten mit Ersatzteilen an die Arbeitsplätze entlang des Fließbandes brachte. Das Platzieren der Kisten und das Schieben des Karrens erforderte erhebliche Kraft und Mühe. Die Mauserteile wogen Tonnen, wie ich schnell erfuhr. Nach nur einigen Tagen waren meine Arm- und Schultermuskeln unter meiner Haut sichtbar.

Mein größtes Privileg, neben dem täglichen Kontakt mit Günter, seinen höflichen Komplimenten und Helgas gelegentlichen Schnitten, war die Tatsache, dass ich aufgrund meiner Reinigungstätigkeiten nur tagsüber arbeiten musste. Alle anderen Arbeiter wechselten wöchentlich zwischen zwölfstündigen Tages- und Nachtschichten. Sobald die Schicht vorüber war, begleiteten bewaffnete Soldaten die Arbeiter zu den Schlafbaracken, in denen wir bis zur nächsten Schicht eingesperrt waren.

Außerdem war ich der einzige Arbeiter, der die Erlaubnis hatte, allein durch die Anlage zu laufen, um meine Aufgaben zu erfüllen. Alle anderen Häftlinge durften ihren Posten nicht ohne Erlaubnis und einen bewaffneten Soldaten verlassen. Wenn sie zur Toilette mussten, hatten sie den Arm zu heben, um eine der Wachen zu alarmieren, die sie dann zu den Toiletten und wieder zurückbegleitete. Darüber hinaus durften die Gefangenen entlang des Fließbandes nicht miteinander sprechen. Zur weiteren Trennung sorgte die SS dafür, dass die Arbeiter der angrenzenden Arbeitsplätze nicht in Kontakt kamen, indem sie in ihren Schlafräumen getrennt untergebracht waren. Trotz der Bemühungen der Deutschen kannten sich einige Gefangene, die bei unserer Ankunft bereits hier waren, gut und hatten enge Beziehungen zueinander aufgebaut. Sie gingen zusammen zu den Duschen und den Toiletten. Sie standen zusammen in der Essensschlange. Mit dem Schichtwechsel lief die Tagesschicht in die eine Richtung und die Nachtschicht in die andere – zur selben Zeit. Als die Gruppen einander passierten, gab es zuvor vereinbarte Signale, dass alles gut und nichts Außergewöhnliches während der Schicht passiert war. Schon bald wurde mir bewusst, dass es in der Fabrik eine Art Untergrundsbewegung gab. Meine Neugierde wuchs und ich wollte in die Geheimnisse eingeweiht sein.

„Vater, warum ist es den Deutschen so wichtig, dass die Leute, die nebeneinander in einer Schicht arbeiten, sich nicht in den Baracken sehen?", fragte ich ihn spät nachts.

„Gute Frage. Ich glaube, sie wollen sichergehen, dass die Gefangenen sich nicht gegen sie verschwören."

„Gegen sie verschwören? Für was?"

„Um auszubrechen, zu rebellieren, sich gegen die Wachen zu stellen, die Waffenproduktion zu sabotieren. Alles, was Kriegsgefangene so tun, wenn sich die Gelegenheit bietet."

„Aber es wäre dumm, zu rebellieren. Wahrscheinlich ist der Krieg bald zu Ende. Warum würde jemand das Risiko eingehen, erwischt und exekutiert zu werden? Was haben sie davon?"

„Nun, Sanyi, wir können nicht mit Sicherheit sagen, dass der Krieg seinem Ende naht. Und die Leute sind wütend und stolz und wollen sich an ihren Feinden rächen. Diese Gefangenen sind Soldaten und Polizisten. Sie wurden für Kampf und Revolution ausgebildet."

„Wir sollten uns auf keinen Fall an solchen Aktivitäten beteiligen. Wir sollten Günters Vertrauen nicht ausnutzen, nach allem, was er für uns getan hat. Gute Nacht."

Wissenschaftler gaben dem Stockholm Syndrom seinen Namen; es war ein Zustand, in dem Geiseln eine emotionale Bindung zu ihren Entführern während der Gefangenschaft aufbauen. In diesen ersten Wochen wäre ich wahrscheinlich ein Lieblingskandidat für eine Forschungsarbeit zum Stockholm Syndrom gewesen. Günter war die erste Person, die mich in diesen langen und surrealen Jahren, die wir als untergetauchte Flüchtlinge und jetzt als niederträchtige Gefangene verbrachten, wie einen Menschen behandelte. Gleichzeitig war Günter ein wahrer, stolzer Deutscher, der die Nation verkörperte, die unsere Familie versklavt und ermordet hatte. Ich war reif genug, um zu verstehen, dass nicht alle Deutschen Nazis waren, nicht alle Nazikollaborateure schlechte Menschen, und nicht jeder war mutig genug, um sich der grausamen und gefährlichen Welle des Faschismus zu stellen, die Europa verschlang. War Günter ein Nazi, der seinen Willen bekam, weil er nett war? Oder war Günter nett, wenn auch nicht mutig, und tat sein Bestes, um diese „Nazisituation" zu bewältigen, mit der er gezwungen war, sich auseinander zu setzen? Nachts auf dem Etagenbett hoffte ich für mich, dass es das Letztere war. Ich überzeugte mich davon, dass es Millionen weitere Menschen wie ihn gab. Oder, genauer gesagt, wollte ich sicher sein, dass es Millionen wie ihn gab. Das musste der Fall sein. Was hatte es sonst für einen Sinn, zu kämpfen und die Welt zu retten, wenn sie voller Übel war? Und gab es einen Weg, gegen die Deutschen zu kämpfen und sie zu besiegen und zugleich alle Günters zu schützen, die uns umgaben? Wie konnte ich sicher sein, dass Günter im Grunde ein guter Mensch war? Ich wusste, dass es nicht möglich war.

Ich wurde ziemlich kompetent in meinen Aufgaben und wusste genau, wo ich mich am Fließband positionieren musste, und wie ich die Ersatzteile an den verschiedenen Stationen an andere Gefangene übergab. Da ich die einzige Person war, die mit den Männern sprechen durfte, lernte ich viele von ihnen kennen. Die Wachen standen weit von den meisten Stationen entfernt, wodurch ich zahlreiche Chancen hatte, ein paar Worte mit den Arbeitern zu wechseln.

Diese Gespräche lehrten mich viel über die Waffen, die wir produzierten: Wenn die Mauser mit den Buchstaben *bcd* oder den Nummern 337 markiert war, bedeutete das, dass das Gewehr in der Gustloff Fabrik produziert worden war. Bcd und 337 waren ähnliche Modelle, die vom Mauser Prototyp 98K abstammten. Die verschiedenen Waffenteile wurden in unterschiedlichen Anlagen in ganz Deutschland hergestellt und dann in der Gustloff zusammengebaut. Die Mauser 337 war ursprünglich ein tschechisches Design und wurde in den 1930ern aus der Tschechoslowakei nach Deutschland gebracht.

Eines frühen Nachmittags, es war unsere zweite Woche in der Gustloff, drehte ich wie gewöhnlich meine Runden entlang des Fließbandes. Als ich meinen Karren anhielt, um die Bolzen an der ersten Station zu verteilen, starrte der Gefangene an der Station mich an und begann russisch zu sprechen.

„Mein Name ist Grischa." Er zeigte auf sich selbst. „Was ist dein Name?"

„Ich bin Lexa", antwortete ich. Ich verstand ihn, weil das Slowakische dem Russischen ähnelt.

Grischa war ein majestätisches Exemplar eines russischen Armeeoffiziers. Er war ungefähr fünfunddreißig Jahre alt. Sein Körperbau, seine Haltung, seine direkte Sprache und seine artikulierten Sätze implizierten Führungskraft, Autorität und Stärke. Höchstwahrscheinlich war er ein hochrangiger Offizier in der Roten Armee. Er hatte ein helles, blondes und europäisches Aussehen, anders als viele der russischen Arbeiter in der Fabrik, die dunklere Haut und Augen hatten.

„Komm näher, Lexa. Ich will leise sprechen." Er gestikulierte mit den Fingern.

Ich trat näher und drehte mich weg, sodass ich Grischa nicht ins Gesicht sah, und damit ich nicht das Misstrauen der Wachen erregte, machte ich mich an den metallenen Teilen auf meinem Karren zu schaffen.

„Hör zu, Lexa. Du läufst durch das Gebäude, siehst jede Ecke, jeden Tag. Ich will, dass du etwas für mich tust."

Es lief mir eiskalt den Rücken herunter. Tagelang hatte ich darauf gewartet, von jemandem aus dem „Untergrund" in der Fabrik kontaktiert zu werden, aber ich hatte mir nie vorgestellt, wie diese Kräfte mir begegnen würden. Jetzt war es soweit.

„Am Ende des Fließbandes gibt es einen Russen namens Yosipov." Diskret zeigte er auf ihn. „Er ist die Person, deren Aufgabe es ist, die Läufe mit dem Visier zu verlöten. Sag Yosipov, dass Grischa sagt, er solle die Menge an Zinn, die er unter die offene Visierung legt, halbieren, wenn es mit dem Lauf verlötet wird." Mit der Hand gab er an, was die übliche Menge und was die Hälfte war.

Es war ein langer und komplizierter russischer Satz, den ich entziffern musste, und ich schüttelte mit dem Kopf, um zu zeigen, dass ich nicht alles verstand. Immer wieder sagte er „Zinn" und irgendwann begriff ich es und setzte meine Arbeit mit dem Karren fort.

Mir blieben einige Stunden, um über meinen nächsten Schritt nachzudenken. Ging ich auf Nummer sicher und verweigerte die Kollaboration und riskierte den Zorn der Untergrundbewegung in der Fabrik, oder wurde ich zu einem Soldaten dieser zusammengewürfelten Armee, um die Nazis zu vernichten, allen Risiken zum Trotz? Diese Frage ging mir Nacht für Nacht durch den Kopf, doch es war keine theoretische Frage mehr. Ich musste eine Entscheidung treffen. Es gab keine Gelegenheit, meinen Vater um seinen Segen zu bitten, und auch keine Zeit für eine innerliche Debatte. Eigentlich war ich erleichtert, dass die Antwort in meinem Kopf glasklar war.

Am Ende meiner Runde erreichte ich Yosipov, der seine Station am Fließbandende hatte. Ich war bereits mit seiner Arbeit vertraut. Yosipov war dafür verantwortlich, das Visier an das Gewehr zu löten. Er klemmte den

Gewehrlauf und den Bolzen in einer Zange fest, sodass nur der Lauf sich noch drehen konnte. Unterhalb seiner Station befand sich ein Ofen, der eine starke, orangene Flamme erzeugte und genau den Bereich des Laufs erhitzte, wo das Visier angeschweißt werden sollte. Yosipov hielt ein dünnes Zinnstäbchen auf die Kontaktstelle des sich drehenden Laufs und, nachdem das Zinn geschmolzen war, befestigte er das Visiergehäuse mit einer Zange, um die Genauigkeit der Visierposition zu überprüfen. Das obere Visier hatte ein kleineres, viel empfindlicheres Visier, das nach links oder nach rechts verstellt werden konnte. Als ich erneut die Arbeit von Yosipov studierte, begriff ich, dass sich das Visier durch einen schweren Schlag im Kampf lösen würde, sollte beim Löten weniger Zinn verwendet werden. Dadurch wurde die Mauser völlig unbrauchbar, weil der Schütze nicht mehr genau zielen konnte. Ich verstand das Genie hinter Grischas Plan, der offensichtlich auf jahrelanger militärischer Erfahrung beruhte. In der Fabrik würde die Mauser nie einen solchen Schlag abbekommen, sodass der Sabotageakt nicht sofort zum Fließband zurückverfolgt werden konnte. Der Schlag gegen das Gewehr und somit der Schaden würden erst später, im Gefecht, auftreten.

„Yosipov, mein Name ist Lexa. Du hast eine Nachricht von Grischa." Ich gestikulierte dramatisch, während ich leise slowakisch sprach und deutete instinktiv auf Grischas Station.

Yosipov wandte nicht einmal den Kopf. Ich wusste, dass ich seine volle Aufmerksamkeit hatte, denn er legte seine Geräte ab, als er Grischas Namen hörte.

„Er bittet dich, die Menge des Zinns für jeden Gewehrlauf zu halbieren." Ich nutzte die gleiche Handgeste wie Grischa, um zu zeigen, was *halbieren* bedeutete. Er drehte den Kopf, sah mich an und nickte. Sein Blick verriet mir, dass er die Botschaft klar und deutlich verstand.

In dieser Woche arbeitete Vater in der Nachtschicht und so sahen wir einander kaum. Nach dem Abendessen ging ich auf die Toilette. Thomas kam mit mir, ein dänischer Polizist, dessen Koje neben unserer lag. Wir hatten noch nie ein Wort miteinander gesprochen, aber er war einer der Männer, die sich an unserem ersten Abend vorgestellt hatten. Ich sah ihn auch entlang des Fließbandes.

„Dein Name ist Lexa, nicht wahr?", fragte er auf Deutsch.

Ich nickte.

„Sei sehr vorsichtig, Lexa. Es gibt überall Ohren und Augen, die uns immer im Blick haben." Er verließ den Raum, bevor ich mich ihm zuwenden konnte.

Ich ging zurück zu meiner Koje. Mein Herz raste. Was wusste Thomas? War er ein Denunziant oder ein Freund? Handelte ich fahrlässig? Welche meiner Handlungen hatte mich entlarvt? Was würde passieren, wenn man mich erwischte? Ich hatte Mutter versprochen, auf Vater aufzupassen. Ich konnte nichts Dummes tun, wie Kriegsgefangenen bei ihren Sabotageplänen helfen. Außerdem hatte Günter unser Leben gerettet und hatte Vertrauen in Vater und mich. Es wäre dämlich, dieses Vertrauen zu missbrauchen.

In dieser Nacht tat ich kein Auge zu.

Am Tag darauf war ich fest entschlossen, meine Arbeit professionell zu erledigen, ohne mich auf riskante Machenschaften mit meinen Mitverschwörern einzulassen. Ich war so verwirrt. Ich wollte Grischa und Yosipov und den anderen Saboteuren helfen, weil sie den guten Kampf, unseren Kampf, kämpften. Doch gleichzeitig konnte ich mein Leben nicht riskieren, weil ich wusste, dass Vater nie ohne mich überleben würde. Ich brauchte dringend seinen Rat.

Zwei Tage später war Vater wieder in der Tagesschicht.

In dieser Nacht flüsterte ich in sein Ohr: „Ich brauche deinen Rat. Ich habe ein paar der Arbeiter geholfen, die versuchen, die Waffen zu sabotieren."

Seine Augen weiteten sich.

Ich beschloss, ihm nicht von meiner Begegnung mit Thomas zu erzählen oder Grischas und Yosipovs Namen zu nennen. „Ich bin sehr vorsichtig. Es sind Russen. Ich denke, dass sie schlau genug sind, um zu wissen, was sie tun. Ich will ihnen helfen, die Nazis zu besiegen, aber ich brauche deinen Segen. Ich werde damit aufhören, wenn du nicht einverstanden bist, weil es uns beide in Gefahr bringt."

Er umarmte mich und küsste meine Wange. Selten nur küsste er mich. „Ich bin stolz auf dich, Sanyi. Tu es. Tu es und habe keine Angst. Ich weiß nicht, ob wir das hier überleben, aber wir schulden es deiner Mutter und unseren toten Familienmitgliedern, dass wir gegen diese Hurensöhne kämpfen."

Ich hatte erwartet, dass er genau so etwas sagen würde, und trotzdem konnte ich mich nicht weiter an diesen Aktivitäten beteiligen, ohne jene Worte von seinen blassen Lippen vorher zu hören. Er war so schwach und seinem komfortablen Bourgeoisleben in seinem Heimatland so fern.

„Ich werde dich stolz machen. Wir beide werden Mutter wiedersehen."

Diese Nacht, und zum ersten Mal, träumte ich davon, wie ich eine Massensabotage ausführte. In meinen Traum lief ich neben einer asphaltierten Straße, während Reihen deutscher Panzer, gepanzerter Fahrzeuge, und von Pferden gezogene Kanonen an mir vorbeifuhren. Als sie direkt neben mir waren, streckte ich die Hand aus und bog mit bloßen Händen die Kanonenläufe, demontierte Panzerketten, riss Flammenwerfer auseinander und warf Jeeps um. Dieser Traum kehrte, in verschiedenen Formen, immer wieder.

Als ich am Fließband umherging, dachte ich daran, wie ich selbst die Mauser sabotieren könnte. Ein paar Tage später war ich bei Grischa. Er zeigte auf eine Schachtel mit Patronenausziehstiften, die ich auf meinem Karren hatte.

„Wenn du das nächste Mal bei Yosipov bist, wirst du diese kleinen Stahlteile nehmen und sie für ein paar Sekunden in die Flamme des Ofens halten, wenn die Wachen nicht gucken. Hast du verstanden?"

Ich nickte. Am Tag zuvor hatte ich den gleichen Gedanken. Grischa musste nicht einmal seinen Satz beenden.

Der Patronenausziehstift war ein kleines, zahnähnliches Ding aus Stahl, extrem robust, und im Inneren des Bolzens angebracht. Nach dem Feuern der Mauser öffnete sich der Verschluss, der Stift fuhr in die verschossene Patrone und spuckte sie aus. Der Stift war so robust, dass es besonders schwierig war, ihn während des Zusammenbaus überhaupt in den Bolzen einzusetzen. Nur ein paar Sekunden in der Nähe von Yosipovs Ofen würden ausreichen, um den Stahl weicher und weniger robust zu machen. Nach ein paar geschossenen Ladestreifen, vielleicht ganzen zehn -Schuss-Ladestreifen, würde der Stift brechen und die Mauser unbrauchbar machen. Grischas Genius verblüffte mich erneut. Diese Manipulation würde den Deutschen weder in der Produktionshalle noch nach ein, zwei Schüssen am Schießstand auffallen. Erst im Kampf würde sie sich zeigen, im schlimmsten Moment für den Schützen.

Alle paar Tage erwärmte ich diese Stahlstifte an Yosipovs Ofen. Ich plante und perfektionierte, wo und wie ich mich hinstellte, damit keiner Wache auffiel, was meine Hände in der Nähe des Ofens taten.

In der Zeit, die wir zusammen verbrachten, lehrte mich Grischa alles, was es über Feuerwaffen so zu wissen gab. Er hatte die seltene Fähigkeit, seine kurzen, täglichen Lehreinheiten so herunterzubrechen, dass sie mir im Kopf blieben und für viele kreative, zerstörerische Ideen sorgten. Ich lernte, dass ein langer Rückstoß, wie bei einer Mauser 337 üblich, Lauf und Bolzen komplett zurückschoss. Diese Rückwärtsbewegung wurde von einer Rückstoßfeder aufgefangen und der Lauf durch die Feder wieder nach vorne gedrückt, wo er entriegelt und wieder schussbereit war. Nachdem die Rückstoßfeder von dem Bolzen zusammengedrückt wurde, nahm dieser die hinterste Stellung ein, bis der Lauf wieder zum Einsatz kam. Zu diesem Zeitpunkt wurde die geschossene Patrone herausgezogen und ausgeworfen und eine neue Patrone dem Magazin entnommen. Der Bolzen wurde durch den Rücklauf des Laufs freigegeben und durch die Rückstoßfeder geschlossen.

„Bist du bereit für unser nächstes Projekt?", fragte Grischa und lächelte.

„Das bin ich, Kommandeur Grischa."

Er wollte sich nun an den Schaft des Gewehrs ranmachen. „Hör zu, das wird wegen der Sprachbarriere schwieriger. Der Mann, der mit dem Schaft arbeitet, ist Franzose, und bisher konnte ich mich nicht mit ihm verständigen. Du wirst herausfinden müssen, wie du dieses Sprachproblem überwindest."

Christophe, der französische Gefangene, verwendete Luftdruckschraubenzieher, um den Bolzen mit langen Schrauben an den Holzschäften zu befestigen. Die Nuten, in die die Schrauben eingedreht wurden, wurden an die Fabrik geliefert, nachdem sie bereits in das Holz geschnitzt waren. Christophes Aufgabenbereich verfügte über einen großen, runden Luftdruckmesser, wie man ihn bei Tankstellen sah.

„Du musst einen Weg finden, um Christophe anzuweisen, dass er den Luftdruck der Pumpe von 300 auf 400 erhöhen soll, wenn er die Schrauben eindreht", wies Grischa mich an. Er erklärte, dass dadurch ein übermäßiger Druck auf die sich drehenden Schrauben ausgeübt wurde, was zu einer Ausweitung der Nuten führe. Je höher der Luftdruck, desto lockerer die Schraube in der Nute. Nach nur einigen Stößen und Schlägen gegen den Holzschaft würde die Mauser dann ihre Stabilität verlieren.

Ich sprach Deutsch, Ungarisch, Tschechisch, Slowakisch, Jiddisch, etwas Englisch und mittlerweile auch etwas Russisch, aber Französisch sprach man leider nicht, wo ich herkam. Als ich bei Christophes Station ankam, probierte ich es in allen Sprachen, die ich kannte, doch er schüttelte nur den Kopf. Ich musste mich der Pantomime betätigen, um Grischas neusten Plan zu erklären, indem ich mit meinen Fingern 300 und 400 zeigte. Christophe sah mich an und grinste listig. Er hob die rechte Hand und drehte den runden Luftpumpenregler langsam nach rechts, bis dieser 400 anzeigte. Ich lächelte und ging.

Am nächsten Tag erstattete ich Grischa Meldung.

„Gute Arbeit, Lexa. Wir sind ein gutes Team."

Wir sahen einander an. In was für einem Paralleluniversum würden ein bald Siebzehnjähriger, ein verzogenes Einzelkind und ein jüdischer Junge aus der dörflichen Ostslowakei und ein hochrangiger, kommunistischer Offizier zusammen Pferde stehlen? Nur in Buchenwald.

„Bei deiner letzten Runde sah ich dich mit Christophe und dem Luftpumpenregler und mir ging ein Licht auf. Ich habe die ultimative Sabotageidee." Er lächelte.

Ich dachte ohnehin, dass Grischa die schlauste Person war, die ich kannte. Doch was hielt er jetzt für die Deutschen bereit?

„Das Zusammenbauen des Laufs und des Bolzens ist ein äußerst kritischer Moment. Wir werden uns daran zu schaffen machen", sagte er. „Komm morgen wieder und ich erzähle dir meinen Plan."

An diesem Abend sah ich Thomas in den Baracken laufen, aber er wandte seinen Blick ab. Ich suchte nach einem Signal, sah jedoch keines.

Am Morgen ging Grischa mit mir seinen neuen Plan durch. Ich mochte es, Zeit an seiner Arbeitsstelle zu verbringen und lud die Ersatzteile nur langsam ab, sodass wir uns bis ins Detail unterhalten konnten. Mein Russisch war seit dem Beginn unserer Unterhaltungen sehr viel besser geworden. Grischa erklärte mir, dass der nackte Lauf, mit einem konischen Abrieb am Rand, von einer riesigen Drehbank gehalten wurde. Der Bolzen wurde dann von der Drehbank auf einer anderen Seite eingespannt und rotierte mit hoher Geschwindigkeit. Beide Teile lagen sich gegenüber, ein Motor bewegte den Lauf Richtung des Bolzens zum Verschrauben. Dieser Vorgang wurde mit einem Luftdruckmessgerät geregelt, wie Christophe eines benutzte. Ein extrem hoher Rotationsdruck würde zur Zertrümmerung des Bolzens führen, dafür genügte ein leicht erhöhter Druck, um den Bolzen anzubrechen, ohne ihn zu zerstören. Bei einem höheren Druck würde das Metall einen Punkt erreichen, an dem es nicht mehr rotieren konnte und die Kraft des drehenden Motors würde zu Rissen führen. Eine Mauser mit starken Rissen im Bolzen hätte durch den Energieverlust aufgrund der Risse eine kleinere Schussweite; ein Soldat mit einem Ziel auf siebenhundert Meter Entfernung würde sicherlich enttäuscht sein, wenn sein Gewehr durch den schwächeren Antrieb nur dreihundert Meter weit schoss.

„Die Person mit dem Druckmessgerät ist Vladimir." Er zeigte für mich auf ihn. „Geh und sag Vladimir, er soll den Druck von 150 auf 180 erhöhen."

Anders als unsere bisherigen Vorhaben fühlte sich dieses gefährlicher an.

„Werden sie das nicht schnell rausfinden, wenn sie die Mauser auf dem Schießstand testen?", fragte ich.

„Daran habe ich auch gedacht. Falls meine Vermutung stimmt, testen sie die Waffen nur für kurze Schussweiten, also etwa hundert Meter. Das wird nicht auffallen", versicherte mir Grischa.

Zu diesem Zeitpunkt vertraute ich seinem Urteil vollends.

Es war so viel einfacher mit Vladimir, einem weiteren russischen Kriegsgefangenen, zu kommunizieren als mit Christophe, dem Franzosen. Kaum erwähnte ich Grischas Namen, richtete sich Vladimir auf und schenkte meinen Anweisungen seine volle Aufmerksamkeit. Dann nickte er, wandte sich mir zu und zwinkerte.

„Keine Sorge", sagte er auf Russisch. „Wird gemacht."

Wochen verstrichen. Ich übte und verbesserte mein Russisch mit Hilfe von Grischa und unterhielt mich außerdem mit Yosipov und Vladimir. Schnell sprach ich die Sprache fließend.

Das Visier, Patronenauszieher, Holzschäfte, Läufe und Bolzen wurden nun nach Grischas Vorschlägen modifiziert, je nachdem wie sich die Schichten zusammensetzten, scheinbar unbemerkt.

Eines Abends lag ich auf meiner Koje und versuchte, eine Statistik aufzustellen, wie viele Gewehre, die von unserem Fließband kamen, mindestens einen Produktionsmangel vorwiesen. Meiner Schätzung zufolge war es ein Großteil der gesamten Produktion. Die Vorstellung, dass die Gewehre Hunderter deutscher Soldaten beim Sturm auf amerikanische oder russische Stellungen den Geist aufgaben, sorgte für einen Moment wahrer Glückseligkeit.

Das Leben in der Fabrik war hart, doch verglichen mit unserer Zeit im Nebenlager in Buchenwald um Längen besser. Wir widmeten uns den belanglosen Aspekten des Lebens, die man als Zwangsarbeiter so haben konnte. Es war einfach zu vergessen, dass wir in einer Waffenfabrik der Nazis waren und sich daneben ein Konzentrationslager befand – alles in einer ständig bombardierten Gegend, in der Rote Armee und die Alliierten gegen SS und Wehrmacht kämpften.

Jeder Häftling bekam wöchentlich zwei Zigaretten, mit freundlicher Genehmigung der Fabrikleitung. Weder Vater noch ich rauchten und so horteten wir unsere Zuteilungen für Tauschzwecke und erhielten einen ansehnlichen Vorrat an Zigaretten. Schließlich half ich ihm, unseren gesamten Vorrat gegen einen dicken, dunklen Wintermantel mit weißen Knöpfen einzutauschen. Im Gegensatz zu mir litt Vater schrecklich unter der Kälte. Der Mantel machte seine Tage und Nächte, in die die meisten seiner Arbeitsschichten fielen, erträglicher.

Mit der Zeit freundete ich mich mit einem tschechischen Gefangenen namens Zdeněk an, der ursprünglich aus Prag kam. Er hatte meistens Tagschicht und schlief in einer Koje ganz in der Nähe von unserer. Er war kein Jude. Er erzählte mir nicht, warum er hier war, und ich fragte nicht nach. Er fragte mich auch nicht. Wir unterhielten uns über alles Mögliche, außer über die wichtigen, schmerzvollen Sachen. Wir sprachen über den Schnee, geschmacklose Suppe, die Ratten in den Baracken und unsere Pläne nach dem Krieg. Zdeněk, der vor dem Krieg an der Universität studiert hatte, wollte Mathematiklehrer werden. Ich wollte Schlosser werden und meinen eigenen Laden in Bratislava eröffnen.

Eines Morgens während des Schichtwechsels lief ich in der Reihe der Tagschicht und wir waren neben der Nachtschicht, die soeben die Fabrik verließ und in die entgegengesetzte Richtung unterwegs war. Plötzlich löste sich Vater aus der Reihe der Nachtschicht und kam auf mich zu. Einige Sekunden lief er neben mir, weinend, umarmte mich und gab mir einen Kuss. Er schwitzte und zitterte, ich war vollkommen sprachlos.

„Sei stark, Sanyi, mein lieber Junge", sagte er mit Tränen in den Augen. „Wir werden uns nicht wiedersehen. Ich war es nicht! Ich liebe dich. Achte auf Mutter."

Es waren nur wenige Sekunden. Dann riss er sich los und rannte seiner Gruppe hinterher, die zu den Schlafbaracken unterwegs war.

Ich stand unter Schock. Was hatte ihn dazu gebracht, so etwas zu tun und zu sagen? Was hatte er „nicht getan"? Verlor er den Verstand? War einer von uns in Todesgefahr? Hatten die Deutschen etwas von meinen Untergrundaktivitäten erfahren? Es gab nur eine Person, an die ich mich wenden konnte, die vertrauenswürdig genug war und die Antworten auf meine Fragen haben konnte.

Ich betrat die Fabrikhalle und anstatt die Treppen zu Günters Büro hinaufzusteigen, brachte ich den Karren direkt zu Grischas Arbeitsplatz, um ihn auszuhorchen.

„Grischa, ist mein Vater in Gefahr?", fragte ich und versuchte, meine Gefühle zu verstecken. „Er leitet das Ersatzteillager."

„Hmm. Gerüchten zufolge gelang es zwei Gefangenen während der Nachtschicht aus der Fabrik auszubrechen. Weißt du etwas davon?"

Mit weit aufgerissenen Augen starrte ich ihn an.

„In Ordnung. Die Wachen haben im Ersatzteillager ein eingeschlagenes Fenster gefunden und gehen davon aus, dass die Gefangenen Hilfe hatten, um ins Lager zu kommen und dann durch das Fenster auszubrechen. Sie konnten keine Beweise finden, dass in das Lager eingebrochen wurde. Falls dein Vater die Nachtschicht leitet, befindet er sich jetzt in einer sehr prekären Lage. Es tut mir leid, Lexa."

Mein Mund war trocken. Vater würde so etwas nie ohne mein Wissen tun. Oder doch? Wollte er unsere Bemühungen vielleicht unterstützen? Warum hatte er mir nichts gesagt?

Es war Zeit, zum nächsten Arbeitsplatz zu laufen, bevor ich unerwünschte Aufmerksamkeit auf uns zog. Ich dankte Grischa und machte weiter. Allerlei Gedanken schwirrten mir durch den Kopf. Falls Grischa die Wahrheit sagte, war Vater verloren. Konnte es wahr sein? Hatte er jemandem zur Flucht verholfen und war dabei entdeckt worden? Das klang nicht wirklich nach ihm. Er würde so etwas schlichtweg nicht tun. Doch was jetzt? Als ich meine Runde am Fließband beendete, konnte ich wieder klar denken. Egal, ob er mit den Geflüchteten zusammengearbeitet hatte oder nicht – es gab nur eine Sache, die ich für ihn tun konnte.

Ich ging zu Günters Büro.

„Guten Morgen, Lexa", sagte er.

„Guten Morgen."

Ich brach in Tränen aus, erzählte ihm, was Vater während des Schichtwechsels getan hatte, und erwähnte die Gerüchte, ohne Grischas Namen zu nennen, und sagte, dass Vater auf keinen Fall dahinter steckte. Günter bestätigte den Wahrheitsgehalt der Gerüchte.

„Ich bedauere, dir mitteilen zu müssen, dass ich heute Morgen von dem SS-Kommandanten benachrichtigt wurde, dass Stefan verdächtigt wird, sich an dieser Straftat beteiligt zu haben, Lexa. Dieser SS-Kommandant wird ihn morgen zum Tod durch ein Erschießungskommando verurteilen. Es war äußerst entmutigend für mich, all das zu hören, nach allem, was ich für euch getan habe. Ich hatte Respekt für Stefan. Dachte nicht, dass er etwas so Törichtes tun würde."

„Sie müssen mir glauben. Vater würde so etwas nie tun. Er ist ein ehrenvoller und disziplinierter Mann. Er würde niemals Ihr Vertrauen ausnutzen." Ich kniete vor ihm. „Er ist ein Familienmensch. Er würde seinen Sohn nie so einem Risiko aussetzen. Bitte, Sie müssen mir glauben!"

Günter hielt inne und lehnte sich in seinem Stuhl zurück, als beriete er mit sich selbst.

„Du hast recht, so wie ich Stefan kenne. Ich muss sagen, dass es sehr schwierig für mich war, diesen schrecklichen Neuigkeiten Glauben zu schenken, als ich sie zum ersten Mal hörte. Stefan ist extrem professionell und hat sich meinen Respekt verdient und ich schulde es ihm, andere Erklärungen für den Ausbruch zumindest in Betracht zu ziehen."

Ich wagte es nicht zu atmen, und starrte ihn an. Zum zweiten Mal war Günter für Vater und mich Gott, Geschworener und Richter.

„Komm mit", blaffte Günter mich an. Er eilte die Treppe hinab und ich lief dicht hinter ihm.

Wir umrundeten das Ersatzteillager im Inneren der Produktionshalle. Die beiden Räume waren von einer Mauer getrennt. Der untere Teil der Mauer bestand aus dicken Holzbrettern, an denen Tische befestigt waren. Der obere Teil war aus dickem, unzerstörbarem Glas.

Günter untersuchte alles ganz genau und teilte seine Gedanken. „Die einzige Möglichkeit, das Lager von der Produktionshalle aus unbemerkt zu betreten, ist durch die Holzbretter unterhalb der Tische", sagte er wie ein Detektiv.

Wir liefen entlang aller Tische und Günter beugte sich unter jeden einzelnen, um zu prüfen, ob alle Bretter intakt und mit den tragenden Wänden verbunden waren. Plötzlich, in der Ecke der Produktionshalle, fand er ein loses Brett. Kaum hatte er es berührt, fiel es mit einem lauten Geräusch ins Lager.

Günter stutzte.

„Lexa, du hast soeben Stefans Leben gerettet." Er richtete sich wieder auf, ein stolzes Grinsen auf den Lippen. „Die geflüchteten Häftlinge sind durch ein lockeres Brett in das Lager gekommen. Bitte geh in mein Büro und warte dort auf mich."

Günter vergeudete keine Zeit und suchte den SS-Offizier auf, um ihn auf den neusten Stand seines Fundes zu bringen, das lockere Holzbrett unterm Arm. Am selben Morgen war Vaters Name wieder im Reinen.

Als Günter in sein Büro zurückkehrte, bat ich ihn, eine Wache zu organisieren, die mich zu den Baracken brachte, damit ich Vater sagen konnte, was vor sich ging. Vater erwartete, dass ein Erschießungskommando ihn holen würde, und ich befürchtete, dass er sich etwas antun würde.

„Du bist ein guter Sohn, Lexa. Ich werde dafür sorgen, dass du den Rest der Schicht frei hast und mit Stefan verbringen kannst. Im Namen der Fabrikleitung entschuldige ich mich aufrichtig. Bitte teile dies auch Stefan mit."

Ich konnte meine Gefühle Günter gegenüber noch immer nicht einordnen. Zweifellos war er auf der Seite des Teufels, doch jetzt wusste ich, dass es auch in der Hölle Engel gab.

Die Rosenbergs lebten weiter.

7 LUFTANGRIFF

Täglich erklangen in unserer Zeit als Fabrikarbeiter die Luftschutzsirenen. Vater und ich erschraken, als wir sie das erste Mal hörten. Unsere Kojennachbarn erklärten, dass das gang und gäbe war. Während der ersten Monate unseres Aufenthalts war die Fabrik jedoch noch kein einziges Mal bombardiert worden.

Die lauten Sirenen wurden zur Hintergrundkulisse in der Fabrik, zusammen mit Maschinen- und Arbeitsgeräuschen. Ich stellte mir die britischen und amerikanischen Piloten hoch über mir vor. Wussten sie von uns Kriegsgefangenen, Homosexuellen, Juden, Zigeunern und allen anderen Gefangenen, die lebende Schießscheiben in Deutschland waren? Es schien nachvollziehbar, dass unsere Leben hinzunehmende Kollateralschäden waren, um Hitler und das Dritte Reich zu stürzen. Ihr dummen Führer, Generäle, Piloten – ihr hättet die Vernichtungslager, die Krematorien, die Verwaltungsgebäude, wo Angestellte Tee tranken und rauchten, als sie monatelang Listen mit Juden und Zigeunern erstellten, vor Jahren bombardieren sollen. All das waren riesige Ziele auf der Europakarte, kaum zu verfehlen. Noch war es nicht zu spät!

Noch waren keine Bomben gefallen, aber wir vernahmen die fernen Detonationen, die nur Luftangriffe sein konnten. Laut Grischa war die Zeiss-Fabrik in Jena, dreißig Kilometer entfernt, 1944 mehrmals bombardiert worden.

Am Morgen des 9. Februars 1945 wurde alles anders.

Es war einer der kältesten Tage des Jahres. Der Boden war mit einer dicken Schicht Eis und Neuschnee bedeckt, als wir zur Tagschicht marschierten. Der Himmel war klar und blau. Wir waren noch nicht in der Fabrik, als sie auftauchten. Flugzeuge, direkt über uns. Dutzende waren es, wenn nicht gar Hunderte. Die Sirenen hatten einige Minuten zuvor aufgeheult, doch wir hatten uns nichts dabei gedacht, hörten wir sie doch fast täglich.

Laut Luftschutzprotokoll blieben unsere Wachen auf ihren Posten, damit wir nicht wegliefen oder uns bewaffneten, während das restliche deutsche Personal, Zivilisten und SS, einen Luftschutzbunker aufsuchte.

Dann hörten wir das Pfeifen der ersten Bomben, ein einzigartiger, hoher Ton.

Dem Pfeifen folgten Explosionen, überall um uns herum. Panik brach aus.

Das Luftschutzprotokoll wurde unmittelbar über den Haufen geworfen: Die Wachen verließen ihre Posten und rannten Richtung Bunker. Natürlich lief ich ihnen nach. Der Bunkereingang war offen und eine große Anzahl Gefangener, ich unter ihnen, gelangte hinein. Einer der Arbeiter neben mir war Zdeněk. Ich wusste nicht, wo Vater war. Er hatte am Vortag Nachtschicht und schlief wohl in den Baracken, als die Flieger kamen. Ich konnte nicht zu ihm und konnte nur hoffen, dass er wach war und auf dem Weg zum Bunker.

Der Bunker befand sich unter der gepflasterten Straße, die zur Fabrik führte, und war aus massivem Beton. Um den Bunker zu betreten, musste man von der Straße aus durch einen Sandhügel im Fabrikhof. Der Bunker war ein riesiges, U-Boot-artiges Gebäude, mit mehreren Kammern, die versiegelt werden konnten. Jede Kammer hatte eine Stahltür mit einem runden Metallschloss, das zum Öffnen gedreht werden musste.

Im Inneren des Bunkers herrschte absolutes Chaos. Soldaten, Zivilisten und Gefangene, alle riefen und rannten herum. Zdeněk und ich fanden uns in einer Gruppe von etwa fünfzig Mann wieder; SS, deutsche Zivilisten und ein paar Gefangene, alle in einer Kammer. Zwei SS-Soldaten verriegelten den Raum. Es war offensichtlich, dass wir bei einem direkten Bombentreffer alle das gleiche grausige Schicksal teilen würden. Der Beton konnte einer 500-Kilogramm-Bombe keinen Widerstand bieten. Alle schauten wir zur Raumdecke, als könnten wir die Bomben hypnotisieren und von ihrem Weg abbringen.

Das Pfeifen kam näher und näher. Die Explosionen wurden lauter und lauter. Über eine Stunde lang hörten wir Explosionen. Dann war da ein lauter, schriller Pfiff, und alles passierte wie in Zeitlupe. Dem Pfeifen folgte ein ohrenbetäubendes Dröhnen.

Ich schloss die Augen und wurde gegen die Wand geschleudert. Instinktiv klemmte ich den Kopf zwischen meine Beine, unter meine Arme. Meine Ohren schmerzten und mir war übel. Nach einigen Momenten, die sich wie die Ewigkeit anfühlten, wurde es eiskalt. Langsam öffnete ich die Augen. Über mir war der blaue Himmel. Die Bunkerdecke gab es nicht mehr. Überall waren Trümmer und Staub. Der Himmel war klar, keine einzige Wolke war zu sehen. Geschweige denn Flugzeuge. Dunkler Rauch erhob sich von dem kolossalen Gebäude, das am Morgen noch die Gustloff-Waffenfabrik gewesen war.

Die Stille wurde von einem lauten Brausen begleitet. Wahrscheinlich waren das meine Ohren.

Zuerst zählte ich meine Finger. Dann tastete ich meinen gesamten Körper ab, von Kopf bis Fuß, um sicherzugehen, dass da nichts fehlte oder verletzt war. Alles war da.

Zdeněk saß neben mir mit weit aufgerissenen Augen. Er blinzelte. Er lebte und sah unverletzt aus, auf den ersten Blick.

Ich sah mich in der großen, zertrümmerten Kammer um. Gliedmaßen und Blut. Über das Brausen in meinen Ohren hörte ich herzzerreißende Hilferufe der Verletzten.

Tränen liefen mir über die Wangen. Leute, die nur wenige Minuten zuvor neben mir gestanden hatten, Deutsche und Gefangene, lagen tot um mich herum, zerstückelt, von großen Betonstücken erschlagen und von Bombensplittern zerfetzt.

„Lass uns hier wegkommen, bevor die Flugzeuge zurückkehren", sagte ich zu Zdeněk. Ich hörte mich selbst nicht und schrie wahrscheinlich.

Er war weiß wie ein Geist und nickte lediglich. Er folgte mir, als ich über die Trümmer und Leichen, verstümmelt und unerkennbar, voller Dreck und Blut, kletterte. Wir kamen durch ein weites Loch in der äußeren Betonwand in den eisigen Fabrikhof.

Kaum waren wir draußen, kam die zweite Bomberwelle und der Luftangriff ging weiter. Bomben pfiffen. Zdeněk und ich rannten so weit weg von der Fabrik, wie unsere Füße uns trugen, zu den Bauernhäusern eines kleinen, nahegelegenen Dorfes. Neben einer großen, alten Scheune blieben wir stehen, um zu Atem zu kommen. Eine alte deutsche Frau stand auf der

Vordertreppe eines Nachbargebäudes. Sie sah, dass wir von der Fabrik wegrannten, und verfolgte unseren Weg zurück.

„Wartet einen Moment, wartet einen Moment, meine Kinder!", rief sie in unsere Richtung. „Ich habe was zu essen für euch!"

Vorsichtig näherten wir uns. Sie kam auf uns zu, frisch gebackenes Pumpernickelbrot in den Händen und ein Glas eingelegter Gurken. Der Geruch des warmen Brotes vermischte sich mit dem von Schwarzpulver und verbranntem Fleisch.

Als ich näherkam und meine Hand ausstreckte, um das Essen zu nehmen, konnte sie ganz leicht meine Häftlingsnummer über dem gelben Winkel sehen.

„Möge Gott euch segnen und retten, meine Kinder", sagte sie, bekreuzigte sich und verschwand in ihrem Haus.

Wir rannten weiter, als die Explosionen nachließen. Plötzlich war alles still. Wir waren etwa sieben Kilometer weg von der Fabrik. Ich dachte an Vater und mich beschlich das schreckliche Gefühl, dass er nicht entkommen, sondern schwerverletzt oder tot war.

„Was nun?", fragte Zdeněk. „Ich denke, wir sollten weiterlaufen. Lass uns ein Versteck finden. Dann können wir darüber nachdenken, wie es weitergeht."

„Ich kann nicht mit dir mitkommen, Zdeněk. Mein Vater ist in der Fabrik und ich muss zurück und sehen, ob er meine Hilfe braucht." Kein Zögern lag in meiner Stimme und es gab für mich keinen Zweifel. „Und wenn ich ehrlich bin, glaube ich nicht, dass wir in dieser Kälte den Deutschen entkommen können. Ich glaube, dass du mit mir zurückgehen solltest."

Nach einigen Minuten stimmte Zdeněk mir zu.

Wir warteten eine halbe Stunde, um sicherzugehen, dass die Flieger nicht zurückkamen. Dann machten wir uns auf den Weg zurück zur Fabrik. Auf dem Weg traf Zdeněk auf einige seiner tschechischen Kameraden und ich lief allein weiter.

Überall waren riesige Bombenkrater.

Ich lief langsam. Meine Füße versanken in Schnee und Schlamm. Ich war in Gedanken so sehr mit Vater beschäftigt, dass ich nicht merkte, wie ich einen meiner Schuhe im Tiefschnee verlor. Ich drehte mich herum, aber fand ihn nicht wieder. Irgendwann war ich zurück bei der Fabrik. Alle der hölzernen Schlafbaracken waren zerstört. Und obwohl die Gebäude nicht direkt von den Bomben in Mitleidenschaft gezogen worden waren, hatten sie dem Luftdruck der Bomben nichts entgegensetzen können. Übrig blieb nur Schutt. Es gelang mir, unsere Schlafbaracke zu identifizieren und ich versuchte, Holzteile, die einst das Dach gewesen waren, aus dem Weg zu stemmen. Ich kletterte hinein und fand unsere Koje. Vater schlief immer im unteren Bett. Er war nicht da.

Stunden waren seit diesem schicksalhaften Morgen vergangen. In den Trümmern waren Tote und Geröll. Ich rief nach ihm, weinte, rief seinen wirklichen und seinen ausgedachten Namen, trat auf menschliche Überreste. Außerhalb der zerstörten Ruine sah ich einige französische Gefangene und erkannte Christophe. Als er mich sah, rief er meinen Namen.

„Lexa ... Papa!" Mit Händen und Füßen signalisierte er mir, dass man ihn zu einer der letzten intakten Hütten gebracht hatte und wies mir den Weg.

Ich rannte so schnell ich mit einem Schuh rennen konnte. Nur wenige Hütten standen noch. Anscheinend hatten die Gefangenen alle Betten und Equipment aus einer der Hütten entfernt, um Platz für die Toten und Verwundeten zu machen. Ich betrat die Hütte und passierte lange Reihen von Körpern und Schwerverletzten. Ich sah sie alle zweimal an. Der arme Yosipov lag dort, tot, das Gesicht farblos, die Augen offen. Ich versuchte, das Gesicht aus meinem Kopf zu verbannen und suchte nach Vater.

Nirgends sah ich sein Gesicht. Doch Christophe meinte, er sei hier. Verzweifelt hielt ich meinen Kopf und wusste nichts mehr. Bis es mich traf wie ein Schlag: der Mantel. Die weißen Knöpfe. Niemand in der Fabrik hatte so einen Mantel, nur er. Ich hatte nur die Gesichter angesehen, nicht jedoch ihre Kleidung.

Ich drehte um und rannte zurück in die Hütte, die Augen auf die Reihen auf dem Boden gerichtet, bis ich weiße Knöpfe sah. Ich wusste, dass er es war. Doch sein Gesicht war nicht zu erkennen. Die Augen waren geschlossen und alles war voller kleiner, blutiger Schnitte. Ich untersuchte ihn. Er hatte die gleichen Schnittwunden auf allen unbedeckten Körperteilen. Ich öffnete seinen Mantel und drückte mein Ohr auf seine Brust. Er atmete, war ohne Bewusstsein. Sein Herz schlug. Ich wusste nicht, was ich tun sollte, aber ich wusste, dass ich zunächst ein neues Paar Schuhe brauchte.

Ich verließ die Baracke und kam mit frischem Schnee zurück, um Blut und Dreck von seinem Gesicht, den Händen und seinen Füßen zu waschen. Ich riss Kleidung von den toten Gefangenen neben ihm in Stücke. Mit einigen versuchte ich, ihn zu wärmen, andere zog ich selbst an. Ich fand ein Schuhpaar, das mir passte. Der Mann, dem ich sie abnahm, würde sie nicht mehr brauchen. Vater benötigte medizinische Hilfe und so machte ich mich auf den Weg.

Nahe der Baracke stand ein russischer Häftling, der als Medizinassistent in der Fabrik arbeitete. Ich rannte zu ihm. „Mein Vater. Er stirbt. Sie müssen ihm helfen, schnell. Bitte."

Er kam mit mir und untersuchte den Patienten kurz. „Er wird es schaffen", sagte er. „Ich weiß nicht, warum er bewusstlos ist, aber er wird wieder."

Ich massierte Vaters Hände und Füße, wie wir es in den kalten Nächten in Buchenwalds Nebenlager getan hatten, um ihn wachzubekommen.

Er wachte nicht auf.

Draußen schrien Leute.

„Das Rote Kreuz des Buchenwaldlazaretts ist hier! Sie parken auf der Hauptstraße!"

Die Baracke mit den Verwundeten war am anderen Ende der Hauptstraße. Es würde ein langer Weg mit einem Verwundeten durch den Schnee werden.

Ich hob eine Tür auf, die nicht mehr dort war, wo sie hingehörte, und rannte damit los, suchte nach den französischen Gefangenen, die ich zuvor gesehen hatte. Sie rauchten einige hundert Meter entfernt.

„Papa!" rief ich und hielt die Tür in meinen Händen und versuchte, es wie eine Trage aussehen zu lassen.

Sie begriffen sofort und kamen schnell zu mir, halfen mir, Vater auf die Tür zu legen, und drei von ihnen trugen Vater zusammen mit mir aus der Baracke. Schnellen Schrittes ging es durch den tiefen Schnee und den Schlamm zu der behelfsmäßigen Rot-Kreuz-Station.

Wie wir so durch den Schnee liefen, bewegte sich Vaters Körper auf und ab und nach links und rechts. Auf einmal öffnete er die Augen. Überraschenderweise schien es ihm gut zu gehen.

„Vater, geht es dir gut? Hast du Schmerzen?"

„Mir geht es gut, denke ich. Aber meine Schulter bringt mich um", antwortete er und versuchte, sich mit einer Hand an der Tür festzuhalten.

Wir erreichten einen Rot-Kreuz-Wagen und luden Vater mit der Tür auf die offene Ladefläche. Als ich versuchte, ebenfalls hinaufzuklettern, stieß mich einer der deutschen Soldaten hinunter.

„Hier ist kein Platz für die Gesunden. Verschwinde!"

Die Ladefläche war voller verwundeter Häftlinge und der Wagen fuhr später an diesem Nachmittag nach Buchenwald.

Ich war allein und wusste nicht, ob ich Vater je wiedersehen würde. Ich schaute mich um. Die Fabrik gab es nicht mehr. Nur ein Trümmerhaufen war übrig. Die Wachen waren verschwunden. Dutzende Körper stapelten sich auf dem Erdboden. Es gab kein Wasser, keine Vorräte, nichts, um der Kälte zu entkommen, wo die Schlafbaracken geplättet waren. Ich sah niemanden von den Leuten, mit denen ich in der Fabrik zu tun gehabt hatte. Niemanden außer Christophe. Dann fiel mir ein, dass ich Günter seit dem Luftangriff nicht mehr gesehen hatte, und Traurigkeit beschlich mich. Ich nahm das Schlimmste an.

„Hey, Lexa! Komm mit. Wir holen was zu essen", rief Christophe mir zu und ahmte mit den Händen eine Mahlzeit nach.

Ich schloss mich den französischen Gefangenen an, als sie auf die schneebedeckten Felder zuliefen. Für eine Weile liefen wir und ich verstand nicht, wonach wir suchten. Was sollten wir hier mitten im Winter finden? Immer wieder beugten sie sich runter und gruben Löcher in den Schnee, legten grüne Blätter frei.

„Schau, Lexa", sagte Alain, einer der französischen Gefangenen, der vernünftiges Deutsch sprach.

Ich kniete mich neben ihn auf den kalten Boden.

„Diese Blätter sind gut für dich. *Stellaria Media* oder Winterkraut", sagte er und zeigte auf kleines Gewächs das ich als Kind in den Feldern von Sečovce gesehen hatte. „Sie enthalten viele Nährstoffe."

Ich nahm eine Handvoll der Blätter und stopfte sie mir in den Mund. Es war der beste Salat, den ich je gegessen hatte.

„Komm mal mit", sagte er und lief los. Bevor ich ihm folgte, steckte ich mir mit den Blättern noch zwei Taschen voll.

„Guck dir die mal an. Das ist *Nasturtium*, eine Art Wasserkresse, die in dieser Gegend häufig vorkommt." Er deutete auf dicke Stängel mit größeren, grünen Blättern, die er im Schnee freilegte. „Die sind gut für dich. Voller Vitamine."

Die Blätter schmeckten noch besser als die der ersten Pflanze. Ich leerte meine Taschen mit dem Winterkraut, steckte mir so viel Blätter wie ich konnte in den Mund und füllte meine Taschen mit meinem neuen Lieblingsgewächs.

„Steh auf. Ich will dir noch etwas zeigen", sagte Alain und lief schneller, als ich je eine Person hatte laufen sehen, die nicht mit einer deutschen Mauser bedroht wurde.

Er räumte den Schnee von einer etwa zwanzig Meter entfernten Stelle. „Was du auch tust, egal, wie hungrig du bist. Iss diese Pflanze niemals – sie bringt dich um." Mit dem Zeigefinger fuhr er sich über die Kehle. „Diese Pflanze gehört zur Familie der *Aconitum*."

Ehrlich gesagt, sahen alle Blätter gleich aus. Ich dankte Alain und ersann eine Überlebensstrategie. Mit Steinen markierte ich die Stelle der Wasserkresse und des Winterkrauts. Ich wollte nicht durch verfluchtes *Aconitum* sterben.

Im Laufe der nächsten Stunden brachten mir die Franzosen wertvolle Überlebenstricks bei, und ich stopfte mir den Bauch voller Blätter. Ich wurde, zumindest vorübergehend, einer der Franzosen. Ich nahm große Stücke der zerstörten Holzwände und blockierte damit einen kleinen Bereich, in dem wir vor Wind und Schnee Schutz fanden, sodass wir schlafen konnten. Wir hielten uns nachts mit Decken und Mänteln warm, die wir den Toten abgenommen hatten. Am Tag suchten wir nach Essen. Ansonsten lief ich neugierig umher, begutachtete die Trümmer und blieb für mich. Wir standen kaum unter Aufsicht. Das Chaos des Krieges und Verwüstung umgaben uns. Der Geruch von verbranntem Fleisch und Rauch verweilte bei den eisigen Temperaturen.

Ein weiterer Tag verstrich.

Die Deutschen kamen und gingen und versuchten, etwas Ordnung wiederherzustellen. Bewaffnete Wachen waren keine in Sicht, aber keiner der Gefangenen machte Anstalten zu fliehen. Wir waren mental erschöpft, unterernährt und in der Kälte des Winters hätten wir nirgends hingekonnt. Ich wollte den Deutschen keinen Vorwand liefern, um mich zu erschießen. Das Einzige, was ich wollte, war, Vater zu finden.

Am dritten Tag auf dem Fabrikgelände kam ich an einem

Verwaltungsgebäude in der Ecke des Geländes vorbei, als ein deutscher Offizier aus der Tür trat und mich anbrüllte: „Jude! Sofort herkommen."

Ich hatte keine Wahl, außer seinem Befehl zu folgen und ich schlug mich mental dafür, in diese Situation geraten zu sein. Noch nie konnte ich stillsitzen. Meine Neugier gewann immer die Überhand und so lief ich umher, suchte praktisch nach Ärger und fand ihn stets.

Ich ging zu dem Offizier und folgte ihm. Er führte mich in ein angrenzendes Gebäude, das anscheinend nach dem Luftangriff eine improvisierte Küche war. Wir betraten einen riesigen Kühlraum. Der Offizier holte eine große Kanne frischer Milch hervor und schenkte mir eine großzügige Tasse ein. Er musste mich draußen gesehen haben, wie ich herumlief, mitleiderregend und abgemagert, und sein Gewissen sorgte dafür, dass er mir die Milch anbot.

„Trink!", befahl er.

Von allen Überlebenden hatte der Deutsche ausgerechnet denjenigen ausgewählt, der laktoseintolerant war. Zu einer Zeit, in der noch niemand wusste, was Laktose war, und ob manche eine Unverträglichkeit hatten. Darüber hinaus hatte ich die vergangenen drei Tage nichts als Gräser und dünne Blätter gegessen. Mein Magen hätte die Milch niemals ertragen.

„Bitte um Verzeihung, aber das geht nicht", murmelte ich.

„Was stimmt mit dir nicht, Jude?", fragte der erstaunte Offizier.

„Es tut mir furchtbar leid. Vielen Dank für Ihre außergewöhnliche Großzügigkeit, aber ich kann keine Milch trinken. Ich vertrage sie seit meiner frühen Kindheit nicht", erklärte ich.

Ich drehte mich um, entfernte mich von ihm und verließ das Gebäude langsamen Schrittes. Was für ein surreales Erlebnis.

Am nächsten Tag traf eine Delegation hochrangiger Offiziere auf dem Fabrikgelände ein. Sie riefen alle verbliebenen Zwangsarbeiter aus ihren improvisierten Unterkünften zum Appell.

„Arbeiter der Gustloff! Wir zählen ab!", verkündete ein Offizier.

Zwei Unteroffiziere teilten uns in Reihen ein und zählten zweimal.

„Ab heute werdet ihr den Bombenräumungskommandos und dem Ingenieurskorps helfen. Es gilt, Sprengstoffe zu identifizieren und nicht detonierte Bomben und Sprengstoffe auf dem Fabrikgelände zu entschärfen."

Dann liefen die Soldaten durch die Reihen der Gefangenen und vergaben dutzende Stahlschaufeln und Eimer von der Ladefläche eines LKWs.

Man beauftragte uns, jeweils dreißig Meter in die Bombenkrater zu graben und nicht detonierte Bomben zu bergen. Die Soldaten markierten etwa fünfzig Krater mit scharfen Bomben.

Sie brachten uns bei, wie man eine Eimerkette bildete und teilten uns in Gruppen ein. Die erste Gruppe stand im niedrigsten Teil des Kraters, grub und grub, während die zweite Gruppe die Erde mit Schaufeln nach oben beförderte. Die dritte Gruppe stand am Kraterrand und brachte die Erde weg. Die Arbeit war schwer, für alle Häftlinge, viele hatten seit der Zerstörung der Fabrik nur wenig oder gar kein Essen zu sich genommen. Einige brachen vor Erschöpfung zusammen; andere konnten ihre Schaufel nur wenige Stunden am Stück halten.

Gegen Ende des ersten Arbeitstages identifizierte meine Gruppe die erste Bombe. Ein deutsches Bombenkommando stieg in den Krater, um sie zu entschärfen. Dann entfernten deutsche Ingenieure die entschärfte Bombe mit einem Kran.

Am nächsten Tag war ich Teil einer anderen Gruppe. Auch wir waren in der Lage, eine Bombe zu entschärfen und aus der Erde zu lösen, nachdem wir stundenlang gegraben hatten.

Für uns verbliebene Häftlinge begann eine neue Zeit der Bombenräumung. Es gab keine Rüstungsfabrik mehr, in der wir arbeiten konnten. Die Lagerverwaltung ließ alle Häftlinge zwei Mal täglich antreten und leitete die Arbeit der Bombenkommandos und Ingenieure an.

Vater, lebst du? Wo bist du?

Ich stand tief in einem Bombenkrater, am ganzen Körper verdreckt, und ich wollte die Antworten auf meine Fragen so gerne wissen. Doch es gab niemanden, den ich hätte fragen können.

8 NESTLÉ

Jetzt war ich Lagerhäftling Alexander vom Bombenräumungskommando.

Meine Muskeln schmerzten. Täglich schaufelte ich Hunderte Kilogramm Erde aus den Kratern auf der Suche nach Bomben. Ich vermisste meine Runden im Lager und entlang der Montagebahn für Mausergewehre wie auch meine Reinigungsaufgaben und verfluchte die Amerikaner für den Luftangriff auf die Fabrik und das Ende unserer erfolgreichen, internationalen Waffensabotage. Wenn sie nur wüssten. Würde irgendeiner von uns jemals davon erzählen können?

Während eines Appells erschien ein dicker deutscher Offizier mit beginnender Glatze. Er trug einen schicken Fellmantel, trat hervor und brüllte in ein Megafon, das er in der Hand hielt: „Häftlinge! Wenn einer von euch ein geschickter und ausgebildeter Schreibmaschinenmechaniker ist — sofort vortreten! Das ist ein Befehl!"

Keine Reaktion.

Ich träumte im Stehen, war mit den Gedanken völlig woanders.

„Schreibmaschinenmechaniker, sofort einen Schritt vortreten!", wiederholte der Offizier mit dem Megafon.

Zum ersten Mal hörte ich die Frage deutlich. Unbewusst dachte ich zurück an meine schöne Lehrzeit bei Miloslav Schweska in Bratislava. Was waren das für Tage. Nun, es gab keine andere Freiwilligen.

Ich trat einen Schritt vor.

Der dicke Offizier und ein paar Soldaten kamen auf mich zu. Zwei der Soldaten traten und schlugen auf mich ein, und ich fiel zu Boden und bereute meine Entscheidung, mich freiwillig zu melden, direkt.

„Du Saujude, warum hast du mich warten lassen?", fragte der Offizier mit einem angeekelten Blick.

„Ich war nur ein Lehrling! Ich war nur ein Lehrling!", rief ich entschuldigend, als sie mich traten.

„Kannst du Schreibmaschinen reinigen und reparieren?"

„Ja! Ja! Natürlich. Ich war ein guter Lehrling."

Die Tritte verebbten und man eskortierte mich weg von den anderen Häftlingen.

„Wascht ihn!", befahl der Offizier den Soldaten, die mich begleiten. „Er soll den Dreck und die Krankheiten wegwaschen. Sorgt dafür, dass er seine dreckige Kleidung loswird! Gebt ihm neue Schuhe! Schneidet seine Haare!"

Sie führten mich zu verlassen aussehenden Holzgebäuden außerhalb des Gustloff-Zauns. Ein Soldat öffnete die Tür und wir betraten allesamt eines der Gebäude.

„Das ist dein Arbeitsplatz, Jude", brüllte der Soldat.

Der Raum war ziemlich klein und lag am Rande des langgestreckten Gebäudes. Eine verschlossene Tür trennte meinen Raum vom größeren Rest des Hauses. Auf der einen Seite des Raumes standen ein großer Schreibtisch, zwei Stühle entlang der Wand, und es gab ein Fenster, das den Blick auf eine weitere Holzhütte freigab. Auf der anderen Raumseite befand sich ein aufgetürmter Haufen kaputter Mercedes-Schreibmaschinen. Ihrem Zustand nach zu urteilen, nahm ich an, dass sie während des Luftangriffes in Mitleidenschaft gezogen worden waren. Es waren Dutzende, wahrscheinlich aus mehreren Büros und Standorten.

„Was benötigst du, um sofort mit der Reinigung und Reparatur zu beginnen?", fragte der zweite Soldat.

„Ich bitte Sie freundlichst um einen kleinen Schraubendrehersatz der Größen 0 bis 4, eine Spitzzange, eine Sprengringzange, gewöhnliches Reinigungsmittel, eine kleine weiche Bürste, eine kleine harte Bürste, mehrere Reinigungstücher und eine große Flasche Wasser. Vielen Dank."

Der Soldat notierte alles ganz genau und las mir die Wunschliste noch einmal vor, damit ich es bestätigte.

„Das ist besser alles, Jude. Sonst wirst du die Konsequenzen zu spüren kriegen, wenn ich später noch mal etwas besorgen muss. Kapiert?"

„Das ist alles, was ich brauche. Danke."

Nachdem ich alles bestätigt hatte, ließ er mich mit dem anderen Soldaten sitzen, der diese Zeit nutzte, um mich ausgiebig zu betrachten. Er brachte mich zu den Soldatenduschen und schaute mir beim Duschen zu. Als ich fertig war, reichte er mir eine neue Häftlingsuniform und ein neues Paar Schuhe. Er entschuldigte sich, dass der Barber erst am nächsten Tag konnte. Selbstverständlich regte ich mich darüber nicht auf. Zurück ging es zu meinem neuen Schreibmaschinenstudio.

Minuten später kehrte der erste Soldat mit allem, was ich aufgezählt hatte, zurück.

„Bestätigst du, dass du alles hast, worum du gebeten hast, Jude?"

Auch in den komischsten Situationen musste Ordnung sein. Wie deutsch er doch war.

„Hiermit bestätige ich es", antwortete ich förmlich, nachdem ich sorgfältig alle Gegenstände zu seiner offensichtlichen Zufriedenheit begutachtete.

Die Soldaten stellten mir dann Hans vor, einen älteren Mann in der Uniform eines Soldaten, der vorübergehend als meine Wache eingesetzt wurde. Der Mann konnte kaum laufen und ich war mir unsicher, ob er überhaupt mehr als einen Meter weit mit seinen dicken Brillengläsern sehen konnte.

„Schön Sie kennenzulernen, Hans. Mein Name ist Alexander. Ich werde Ihnen keine Umstände machen."

„Sehr gut", sagte Hans und setzte sich. Die anderen beiden Soldaten gingen.

An meinem zweiten Tag an diesem Arbeitsplatz kam der dicke, bald kahlköpfige Offizier vom Appell, um meine Arbeit zu inspizieren. Anscheinend war er von Maschinen, analogen Geräten im Allgemeinen und insbesondere deutschen Schreibmaschinen begeistert. Er wollte sichergehen, dass ich tatsächlich wusste, was ich tat.

Mercedes-Schreibmaschinen hatten, wie ich in meiner Lehrzeit gelernt hatte, für Techniker einen großen Vorteil. Indem man zwei Schrauben an der Seite entfernte, konnte die gesamte Schreibmaschinentastatur auseinandergenommen werden. Die Wagenrücklaufhebel waren im Vergleich zu anderen Schreibmaschinentypen, nämlich der amerikanischen Remington oder Smith Corina, viel einfacher herauszunehmen. Folglich ließ ich den dicken, zur Glatze tendierenden Offizier sehen, wie ich problemlos eine komplett zerlegte Mercedes-Schreibmaschine innerhalb weniger Sekunden wieder zusammensetzte.

„Junge, du bist keineswegs ein Lehrling. Du bist ein Meister." Der Offizier war beeindruckt.

„Herr Offizier, wenn Sie möchten, dass ich die Maschinen auch poliere und makellos und neu aussehen lasse, dann bräuchte ich einen Kanister Benzin, Motoröl und etwas Fett." Ich versuchte, etwas Momentum von meinem unerwarteten Erfolg zu gewinnen.

Innerhalb einer Stunde wurde alles an meinen Schreibtisch gebracht.

Nach einem halben Arbeitstag, in dem ich auseinander- und wieder zusammenbaute, reparierte, reinigte und ölte, war die erste generalüberholte Mercedes-Schreibmaschine bereit, um der deutschen Armee präsentiert und übergeben zu werden. Sie sah aus wie neu. Der Offizier war so glücklich, ich war mir sicher, dass er mich gleich küssen würde. Oder schlimmer.

„Was hast du für talentierte Hände, mein Junge!" Er war begeistert. „Darf ich dir etwas, irgendetwas, zu essen bringen? Wie kann ich deine Arbeit angenehmer gestalten?", fragte er. „Wir wissen deine Arbeit wahrhaft zu schätzen."

Er war der zweite hochrangige Deutsche, der im Rollenspiel so tat, als wären wir Angestellter und Chef und als gäbe er mir eine professionelle Einschätzung meiner Fähigkeiten. *Soll ich um einen Jahresendbonus bitten?*

„Dürfte ich Ihren Namen erfahren, Herr Offizier?"

„Major Maximilian Steiger. Du kannst mich mit Major Steiger ansprechen."

„Vielen Dank, Major Steiger. Sie waren sehr gütig zu mir. Ich habe genug Essen und Utensilien, um Ihre Befehle und Anforderungen in zufriedenstellender Weise zu erfüllen."

„Nun gut. Dann komme ich morgen wieder." Er deutete eine Verbeugung an und verließ die Hütte.

Hans, Zeuge dieser Anbetung eines deutschen Offiziers und eines jüdischen Häftlings, war sichtlich beeindruckt.

„Wo warst du in Lehre, Junge?", fragte er. „Ich dachte, alle Juden hätten ungeschickte Hände."

„Als Kind war ich Schlosserlehrling in meiner Heimatstadt in der Tschechoslowakei. Später war ich Technikerlehrling in Bratislava, bevor ich verhaftet und hierhergebracht wurde."

„Hmm. Und warum sprichst du so gutes Deutsch?"

„Wir wurden so gut wie als Deutsche erzogen. Zuhause sprachen wir hauptsächlich Deutsch. Meine Großeltern sprachen nur Deutsch mit uns. Ich hatte einen deutschen Tutor, der mich täglich besuchte. Seit ich denken kann, lese ich klassische deutsche Literatur."

„Hmm. Sehr beeindruckend."

„Falls ich fragen darf, was haben Sie vor dem Krieg getan?"

„Ich komme aus einer Bauernfamilie in Bayern. Meine beiden Söhne fielen an der Ostfront. Vergangenes Jahr musste jeder unter sechsundfünfzig Jahren Teil der Wehrmacht werden. Also habe ich das getan. Seitdem bin ich hier als Wache im Lager."

„Mein Beileid zum Verlust Ihrer Söhne. Wir haben auch viele Familienmitglieder verloren. Ich hoffe, dass der Krieg bald endet, damit Sie und ich wieder zu unseren Familien zurückkehren und unser Leben neu aufbauen können."

„Das wünsche ich dir auch. Jeden Tag bete ich zu Gott."

Hans begleitete mich jedes Mal, wenn ich rausging, um zusätzliche technische Hilfsmittel zu besorgen oder zur Latrine zu gehen. Mittlerweile war es den Gefangenen streng verboten, das Areal der zerbombten Fabrik zu betreten oder sich darin aufzuhalten. Hans und ich schlenderten durch die Trümmerlandschaft in der Nähe des abgerissenen Apothekengebäudes und des Versorgungszentrums, auf der Suche nach Reinigungsmitteln und Stoffresten.

Binnen weniger Tage gelang es mir, eine kleine, gut ausgestattete Werkstatt aufzubauen. Ich begriff, dass diese Werkstatt wichtig war, um die Kommunikations-, Kontroll- und Kommandozentralen zu reparieren, die beim letzten Luftangriff beschädigt worden waren.

Einerseits verbesserte sich meine Lebensqualität über Nacht nach diesem Appell: Ich hatte Essen. Man brachte mir Reste aus der Soldatenküche und zum ersten Mal seit vielen Monaten aß ich Gemüse und Schweinefleisch. Mit Hans durfte ich durch das Lager laufen, frei und ohne Verletzungen davon zu tragen. Andererseits hielt man mich die meisten Nächte lange wach, um meine Arbeit zu verrichten.

Nach meiner ersten Nachtschicht übergab ich fünf generalüberholte Mercedes-Schreibmaschinen.

Major Steiger traute seinen Augen nicht. Als Zeichen seiner Dankbarkeit brachte er mir immer mehr zerstörte Schreibmaschinen. Mein Arbeitspensum verbesserte sich in den nächsten Tagen und ich konnte endlich einige Nächte zurück zu meinen Mitgefangenen und schlafen.

Vater war ständig in meinen Gedanken. Noch immer hatte ich kein Wort über sein Schicksal vernommen. Behandelte man ihn ärztlich in Buchenwald? War er schwer verletzt? Hatte man ihn zurück ins Nebenlager gebracht, wo er um sein Überleben kämpfte und bei Frost des Nachts im Freien verblieb?

Meine einzigen Kontaktpersonen im Lager waren Günter und Major Steiger. Günter war wie vom Erdboden verschluckt und ich befürchtete, er sei beim Luftangriff ums Leben gekommen. Ich besaß nicht das Selbstbewusstsein, um Major Steiger mit persönlichen Anliegen zu belangen. Mir war bewusst, dass ich erst mehr Vertrauen aufbauen musste, bevor ich ihn nach Vater fragen konnte. Doch mein Selbstbewusstsein wuchs Tag für Tag.

Eines Morgens tauchte Hans ohne Vorankündigung nicht auf. Niemand sagte mir irgendetwas und ich fragte nicht nach. Mir wurde keine neue Wache für die Werkstatt zugeteilt. Ich war ein freier Häftling und wurde nur von und zu den improvisierten Schlafräumen eskortiert.

Ich war in der Schreibmaschinenwerkstatt auf mich allein gestellt, aber ich achtete darauf, nicht unvorsichtig zu werden. Vielleicht beobachtete man mich. Vielleicht tauchte jemand unerwartet auf. Ich konnte es nicht riskieren.

Eine Woche ging ins Land und Soldaten waren keine in Sicht, außer um mir Essen zu bringen. Es fühlte sich an, als hätte die Gefahr nachgelassen, und ich konnte meine Neugierde nicht länger unterdrücken. Ich musste wissen, was sich hinter der verschlossenen Tür in der Werkstatt befand.

Ich starrte die Tür an und stellte mir vor, was sich in der großen, verbotenen Halle dahinter verbarg: An einem Tag enthielt sie Informationen zu jüdischen Gefangenen in ganz Europa. Im Index fand ich Mutters Namen und wohin man sie gebracht hatte. Ich schrieb ihre persönlichen Angaben und ihren Aufenthaltsort auf. An einem anderen Tag standen dort riesige Medizinschränke mit Arzneien, Impfungen und Verbänden. Ich fand Vitamine und heilte meinen Körper, sodass ich Vater retten konnte. Doch was versteckten die Deutschen dort wirklich?

Mit meinem Werkzeugsatz, zu dem mittlerweile auch ein schwerer Hammer gehörte, Metallteilen und unzähligen Saiten, die ich auf dem Fabrikgelände gesammelt hatte, baute ich mir ein dünnes Brecheisen, mit dem ich die Tür leicht aufbekommen sollte.

Zwei Mal täglich, zu festgelegten Uhrzeiten, bekam ich etwas zu essen, und am Ende eines Arbeitstages wurden die generalüberholten Schreibmaschinen abgeholt. Ich fürchtete mich nicht vor unangekündigtem Besuch. Nachdem mein Essen kam, wartete ich, dass die Soldaten außer Sichtweite waren. Es war elf Uhr morgens und im Umkreis von Hunderten von Metern gab es nur mich. Es war Zeit, die Tür aufzubrechen. Mein Brecheisen tat seinen Dienst und die Tür ging, beinahe augenblicklich, auf.

Ich stand in einem unbeleuchteten Lagerhaus. Die einzige Lichtquelle war das Fenster meiner Schreibmaschinenwerkstatt. Die kleine Werkstatt war das Hinterzimmer dieses großzügigen Stauraumes. Ich sah nur die Rückseite der letzten Reihe großer, schwer aussehender Pakete. Die Kartons trugen die englischen Worte *Red Cross*, in riesigen Lettern waren sie auf die Pakete geschrieben. Was war in diesen Paketen?

Meine Neugier siegte. Mit einem Metallstück öffnete ich einen der Kartons, darin befanden sich dutzende flache, braune Schokoladentafeln von Nestlé. Ich glaubte meinen Augen nicht und schloss sie, zählte bis drei und öffnete sie erneut. Die Nestlé-Riegel waren noch immer da – es war kein Traum. Dasselbe Paket enthielt Instantkaffee in Gläsern, Waffeln in Papier und Tüten mit Zucker und Milchpulver. Meine Augen wanderten zurück zur Schokolade.

An diesem Nachmittag stopfte ich mehr Schokolade in mich, als ich bisher in meinem ganzen, jungen Leben zu mir genommen hatte. Ich war in Aladdins Schatzkammer gelandet.

Scheinbar hatten die Deutschen meine Werkstatt in dem gleichen Gebäude untergebracht, wie heimlich versteckte Hilfslieferungen des Internationalen Roten Kreuzes, die vermutlich für die alliierten

Kriegsgefangenen in Buchenwald und sonst wo gedacht waren. Die Deutschen hatten die Pakete beschlagnahmt und sie in einer gottverlassenen Holzhütte nahe eines kleinen Dorfes versteckt.

Der junge jüdische Gefangene betrat das Versteck wie eine Maus: von der dunkelsten Ecke der Hintertür. Die Pakete, die ich öffnete, befanden sich im hintersten Regal in der langen Hütte bei dem Eingang, der gegenüber dem meiner Werkstatt lag. Keiner, der von der Vorderseite des Regals die Kartons sah, würde wissen, dass eine Maus sie aufgerissen und Nestlé-Riegel geschlemmt hatte. Niemand würde etwas bemerken. Wenn ich meine tägliche Dosis Schokolade gegessen hatte, würde ich mein Bestes tun, um zu verbergen, dass die Pakete geöffnet waren. Nur für den Fall der Fälle.

Es fühlte sich an, als hätte ich im Lotto gewonnen. Wieder einmal hatte ich Mittel, um etwas zu erreichen. Aber wie lang? Ich musste meine Mittel sofort nutzen, um Vater zu finden. Aber es war unsinnig, die Sachen aus den Rot-Kreuz-Paketen mit in die Schlafbaracke zu bringen. Ein Informant könnte mich innerhalb von Sekunden an die Deutschen verraten. Doch meine engsten Kameraden waren praktisch am Verhungern, während ich wie Raupe Nimmersatt war und Zucker auf den Lippen hatte. Ich nahm einige Schokoladenriegel und kehrte an diesem Abend zum Gustloff-Gelände zurück.

„Zdeněk, komm mal kurz her", sagte ich. „Hier. Nimm und versteck es schnell. Wenn du sie gegessen hast, musst du die Verpackung im Boden vergraben."

Er fiel beim Anblick der Nestlé-Riegel, die ich ihm in die Hand drückte, beinahe in Ohnmacht. „Aber, aber wie?"

„Erzähl es niemandem. Die Deutschen geben mir diese Leckereien als Zeichen der Wertschätzung meiner treuen Arbeit. Ich werde dir mehr besorgen."

Er umarmte mich und rannte zurück zu seiner Koje, um die Schokolade zu essen. Ich fürchtete, dass er sich daran verschlucken würde, aber nichts geschah. Für den Rest des Abends trug er ein Lächeln im Gesicht.

Christophe gab ich auch zwei Schokoladenriegel und seine Reaktion war ähnlich. Ich beschloss, mein Glück nur mit denen zu teilen, denen ich voll und ganz vertraute – und das waren nur die beiden.

Der Schokoladenfund gab mir die Chance, Vater zu finden. In diesem gottverlassenen Land war ich praktisch der einzige Händler mit harter

Währung im Umkreis von vielen Kilometern in Form von Schokolade. Wie ging ich diesen Handel an?

Entscheidend war die richtige Ausführung meines Planes. Ich verbrachte viele Stunden in der Werkstatt, in denen ich Optionen abwog und Strategien entwickelte. Mein Plan war weit hergeholt, doch es waren dunkle Tage, und jeder Plan war weit hergeholt. Mein Plan basierte auf zwei Faktoren: Der erste Faktor war kulturell bedingt. Denn obwohl wir in wahrhaft herausfordernden und unsicheren Zeiten lebten, achteten die Deutschen darauf, dass einwandfreie Ordnung herrschte. Zu jedem Zeitpunkt hatte die Lagerverwaltung den Überblick über alle Häftlinge in der Region rund um Buchenwald. Zweifellos gab es dort Informationen zum Verbleib meines Vaters, brandaktuell, akkurat und zugänglich. Der zweite Faktor war logistisch. Das Lager funktionierte wie eine gut geölte Maschine, in der dieselben Leute Tag für Tag dieselben Aufgaben in einem vorhersehbaren und sich wiederholendem Muster erledigten. Sorgfältig studierte ich den Ankunfts- und Abfahrtsplan der Kraftwagen, die das Essen aus dem Stammlager Buchenwald brachten. Jeden Morgen sah ich denselben Kapo, der den Fahrer begleitete. Wie viele andere war dieser Kapo ein deutschsprachiger Jude und ich glaubte, problemlos mit ihm kommunizieren zu können. Er hatte mich ein paar Mal mit Major Steiger gesehen, gehört, wie ich perfektes Deutsch sprach, und war mit meiner einzigartigen Stellung im Lager vertraut. Er war meine beste Chance.

Eines Morgens näherte ich mich ihm und stellte mich ganz dicht neben ihn.

„Mein werter Herr, wie Sie wissen, arbeite ich für Major Steiger. Stefan Ružiak, mein Vater, wurde für medizinische Behandlung nach dem Bombenangriff von der Gustloff nach Buchenwald gebracht. Seine Häftlingsnummer ist 98663. Falls Sie ihn finden können, bekommen Sie das." Ich holte einen glänzenden, verschlossenen Nestlé-Riegel hervor.

Die Augen des Kapos sprangen fast aus ihren Höhlen und er atmete schwer.

„Das ist unmöglich. Wo hast du das her?" fragte er geschockt.

„Nun, ganz unter uns Juden, Sie wissen ja, wie sehr die Deutschen mich und meine technischen Fähigkeiten für ihre Kriegsanstrengungen lieben. Sie belohnen mich auf viele Arten, wie mit dieser Schokoladentafel", antwortete ich nonchalant.

Ich schrieb Vaters Häftlingsnummer auf ein Stück Papier und reichte es dem Kapo.

Wir hatten eine Abmachung.

Der Kapo nahm das Papier, und der Kraftwagen fuhr zurück zum Stammlager.

Eine schlaflose Nacht in den Baracken folgte. War der Kapo begierig genug, um mitzuspielen? Würde er mich an die Deutschen verraten? War das mein letzter Tag als pseudo-freier, unternehmerischer Häftling? Würde der Kapo mich zu Vater bringen? Alles in allem hatte ich für den nächsten Tag ein gutes Gefühl.

Am Morgen war der Kraftwagen zurück – und mit ihm die Antwort. Durch das Werkstattfenster sah ich den aufgeregten Kapo, der sich umsah. Zweifellos suchte er nach mir, um seinen Schokoladenriegel einzufordern.

Ich ging nach draußen, um ihn zu grüßen.

„Ich habe deinen Vater gefunden. Zeig mir meine Schokolade."

Ich griff in meine Tasche und ließ ihm den Riegel ein wenig hervorschauen.

„Aus dem Verwaltungsindex geht hervor, dass dein Vater in Block 29 ist."

„Gute Arbeit. Das gehört Ihnen", sagte ich und überreichte ihm den verdienten Lohn.

Hastig versteckte der Kapo die Schokolade unter seinem Mantel.

Weiter ging es mit der zweiten Phase meines Plans. An diesem Nachmittag schrieb in einen Brief in der Werkstatt.

Vater, es ist Sanyi. Ich lebe und mir geht es gut. Wie geht es dir? Bitte antworte mir auf der Rückseite dieses Papiers und gib es der Person, die es dir gebracht hat. Ihm kann vertraut werden.

Ich erinnerte mich daran, wie aufgeregt sich der Kapo über die erste Schokoladentafel gezeigt hatte, und nahm an, dass der nächste Schritt ein Kinderspiel sein würde.

Am nächsten Morgen ging ich zu dem Kapo, der mit dem Kraftwagen ankam. „Möchten Sie zwei weitere Tafeln?", fragte ich und wedelte sie vor dem Kapo umher. „Sie bekommen sie, wenn Sie mit einer geschriebenen Antwort von Stefan Ružiak aus Block 29 zurückkommen."

Ich übergab den Brief und wir hatten eine weitere Abmachung miteinander.

Den Tag darauf hatte ich zwei Schokoladentafeln weniger, dafür aber einen handgeschriebenen Brief meines Vaters: *Mein liebster Sanyi, wie glücklich ich bin, dich am Leben zu wissen! Ich bin sehr dünn, habe kaum noch Kraft. Bitte komm zu mir. Papa.*

Ich wusste sofort, dass ich ihn wiedersehen würde.

Die Kriegslage veränderte sich stündlich rund um das Lager. Es war Anfang April. Rund um die Uhr hörten wir Gefechtslärm und begriffen, dass die Front jeden Tag näherkam und die Deutschen sich der unausweichlichen Niederlage näherten. Explosionen, Kanonenfeuer, leichte Artillerie und sogar Handwaffenfeuer, all das hörten wir. Es überraschte nicht, dass die Deutschen ein paar Tage später beschlossen, alle Gefangenen aus den kleineren Nebenlagern zurück nach Buchenwald zu bringen.

Major Steiger besuchte mich am Morgen zuvor.

„Mein junger Alexander, heute ist dein letzter Tag in der Werkstatt. Morgen wird alles in dieser Werkstatt, einschließlich der beschädigten Maschinen, ins Stammlager gebracht und ich werde mit dir in Kontakt treten, sobald du zurück bist und dich an die neue Umgebung gewöhnt hast, damit du deine wichtige Arbeit fortsetzen kannst. In der Zwischenzeit bitte ich dich, heute so viele Maschinen wie möglich zu reparieren."

„Jawohl, Major Steiger. Bitte erlauben Sie mir, die Nacht hier zu verbringen, sodass ich so viele Maschinen wie möglich schaffen kann."

„Natürlich, mein Kind. Der Kraftwagen wird dich am Morgen draußen abholen."

Meine Zeit im Nestlé-Königreich fand ihr Ende. Nur wenige Stunden verblieben in der Nähe meiner wertvollen Währung. Ich hatte keine Zeit zu verlieren.

In dieser Nacht arbeitete ich an so vielen Schreibmaschinen, wie es nur ging, und füllte meine Kleidung, die Hosen, das Hemd und den Mantel mit bis zu zwanzig Schokoladenriegeln. Mit einem langen, dünnen Faden band ich sie fest und ging sicher, dass sie beim Laufen nicht sichtbar waren oder gar herausfielen.

Am nächsten Morgen wurden alle verbliebenen Häftlinge des Gustloff-Geländes, an die eintausend geschwächte Männer, nach Buchenwald verlegt. Jedem, der unsere Marschkolonne beobachtete, hätte es nicht entgehen können, dass da ein Gefangener lief, der deutlich gesünder und dicker als der Rest aussah, der Mantel gut ausgefüllt. Nach meinem neulichen Schokoladenrausch war ich an diesem Tag stärker und besaß mehr Körpergewicht als die meisten Jugendlichen, die ich vor dem Krieg kannte.

Zdeněk und ich liefen zusammen und erlebten fast den gleichen Empfang wie Vater und ich bei unserer Ankunft im Lager vor knapp sechs Monaten: Wir bildeten Reihen und unsere Häftlingsnummern und Informationen wurden auf den Karteikarten aktualisiert. Nach der Registrierung kamen die Blockältesten, um so viele Gefangene mitzunehmen, wie in jeden Block passten.

Meine Gedanken weilten bei Block 29.

Ich wartete darauf, dass sie diesen Block aufriefen. Einer nach dem anderen kamen die Blockältesten und gingen mit Gruppen von Gefangenen. Viele standen nicht mehr und noch immer wartete ich vergebens auf Block 29. *Wie konnte das sein?*

Hatte der Kapo gelogen? Und wenn ja, wie war es ihm gelungen, einen Brief von Vater in dessen bekannter Handschrift in die Finger zu bekommen? Irgendetwas stimmte nicht.

Zdeněk versuchte mich zu überreden, dass wir uns einer anderen Gruppe anschließen sollten. „Sei nicht dämlich", sagte er. „Offensichtlich gibt es keinen Block 29. Du wirst am Ende keinen Block haben."

„Aber ich weiß, dass er in Block 29 ist. Er selbst hat mir einen Brief geschrieben, dass er dort ist!"

„Alex, du wirst ihn heute nicht finden. Bitte komm mit mir, und wir werden ihn morgen suchen."

Er hatte recht. Widerwillig schloss ich mich ihm und der letzten Gruppe an, die den Appellplatz verließ.

Der Block, der uns im Stammlager zugewiesen wurde, war überfüllt. Es gab einen Schlafbereich für nachts und einen Tagesbereich, möbliert mit ein paar Stühlen und einem Ofen. Der Hochwinter lag hinter uns, doch es war ziemlich kalt, besonders in den Nächten. Die Gefangenen drängten sich in den Block und so nahe wie möglich an den Ofen, um sich warm zu halten.

Die Bedingungen waren nicht mit unserem elenden Dasein vor unserem Transport zur Gustloff-Fabrik zu vergleichen, dennoch teilten sich sechs Gefangene ein doppelstöckiges Bett, drei oben und drei unten. Es gab nur wässrige Suppe. Der Blockkapo befahl uns jeden Morgen, den

Schlafbereich zu verlassen und erlaubte uns erst am Nachmittag dorthin zurückzukehren.

In der Schlange für die Suppe fing ich mit dem Kapo ein Gespräch an und binnen weniger Tage wusste er, wer ich war. Ich hatte nur ein Ass im Ärmel, wortwörtlich im Ärmel. Zweimal hatte es gut funktioniert und es war Zeit für einen dritten Versuch.

Nach dem Mittagessen bat ich den Kapo um ein Gespräch außerhalb des Blocks.

„Hätten Sie Interesse an einem köstlichen Schokoladenriegel von Nestlé?", fragte ich den Mann und sah ihm in die Augen.

„Du elender Idiot, du musst vor Unterernährung halluzinieren. Lass mich in Ruhe. Ich glaube dir nicht und habe keine Zeit für so einen Quatsch", antwortete der Kapo.

„Ich dachte, dass Sie das sagen würden. Hier ist ein Stück. Genießen Sie es." Ich überreichte ihm ein Stück der Schokolade.

Er begutachtete es, roch zweimal daran und nahm es in den Mund. Dann brach er in Tränen aus und trocknete sein Gesicht sofort mit dem Ärmel.

„Ich will den Schokoriegel, gib ihn mir", sagte er.

„Sie bekommen den Rest, wenn Sie mir helfen. Mein Vater ist in Block 29. Ich vermute, dass er wahrscheinlich sehr krank ist. Ich weiß, dass er lebt. Er hat mir vor Kurzem einen Brief geschrieben. Ich möchte ihn sofort sehen."

„Block 29 ist ein geschlossener, isolierter Block, der von Stacheldraht umgeben ist. Dort gibt es nur Schwerverletzte und Kranke", sagte der Kapo.

Nun war mir klar, warum kein Kapo diesen Block beim Appell ausgerufen hatte, als wir im Lager ankamen.

Der Kapo dachte über den nächsten Schritt nach und betrachtete mich eingehend. „Komm mit", sagte er nach wenigen Sekunden.

Ohne Zögern entfernte sich der Kapo von dem Block und ich blieb unweit hinter ihm. Es war ein wunderschöner, sonniger Tag, als wir uns einem großen, rechteckigen Hof näherten, der von Stacheldrahtzaun umgeben war. Die Gefangenen dort, die zum Stehen und Gehen stark genug waren, näherten sich dem Zaun, als sie uns sahen. Vater war nicht unter ihnen.

„Ich gebe Ihnen zwei Schokoriegel, wenn wir ihn finden und mit uns mitnehmen", sagte ich und erhöhte den Einsatz.

Mein sanfter, selbstbewusster Ton und die scheinbare Fülle an Schokolade im Herzen eines deutschen Konzentrationslagers überforderten den verwirrten Kapo, aber er sagte nichts.

„Folge mir."

Wir betraten den Hof von Block 29. Dank meiner vergangenen Erfahrung suchte ich nur nach glänzenden weißen Mantelknöpfen.

Ein Mann, in einen dunklen Mantel mit weißen Knöpfen gehüllt, lehnte gegen die Blockwand. Er sah meinem Vater überhaupt nicht ähnlich, aber ich wusste, dass er es war. Dieser Mann war der dünnste Erwachsene, den ich je gesehen hatte. Er mochte nicht mehr als fünfunddreißig Kilogramm auf die Waage bringen, bestand nur aus Haut und Knochen. Man nannte diese lebendigen Leichen im Lager „Muselmänner". Ihre schwache Beinmuskulatur ließ ein Stehen nicht zu und so fand man sie typischerweise auf den Knien, wie betende Muslime. Mein Vater war ein *Muselmann*.

Vater hinkte zum Zaun und der Kapo und ich liefen auf ihn zu. Vorsichtig umarmte ich seinen zerbrechlichen Körper. „Ich bin hier, Vater, du bist in Sicherheit. Ich werde mich um dich kümmern."

„Sanyi, mein liebes Kind, ich wusste, du würdest kommen. Es ist zu spät, es ist zu spät", murmelte er und fuhr fort: „Ich weiß nicht, ob mir noch viel Zeit bleibt. Ich wollte dich sehen, bevor ich sterbe."

Beim Versuch den letzten Satz auszusprechen, erblasste er.

„Dir wird es wieder besser gehen. Ich habe Mutter versprochen, dass wir beide wohlbehalten zurückkommen, und ich habe vor, mein Versprechen zu halten. Ich habe genauso viel Angst vor Mutter wie du. Sie bringt mich um, wenn du stirbst. Hab Erbarmen mit mir. Sie wird dich auch umbringen!"

Er schenkte mir ein schwaches Lächeln und ich wusste, dass er genug Kraft hatte, um weiterzukämpfen.

Der Kapo betrat den Block und kam fünf Minuten später mit einem unterschriebenen, offiziellen Transferschein für Stefan Ružiak zurück, der ihn unserem Block zuteilte.

Die drei Komplizen – Vater, der Kapo und ich – machten sich auf den Weg. Unterwegs zu unserem Block drückte ich dem Kapo zwei Schokoladenriegel in dessen offene Hand. Vater lief auf mich gestützt und ganz langsam.

Dann wurde vor aller Augen eine Regel gebrochen. Trotz der neugierigen Augen der Blockinsassen führten der Kapo und ich Vater während der Tageszeit in den Schlafbereich. Wir hoben eines der Betten an und machten darunter Platz, sodass er sich hinlegen konnte. Der Kapo ließ uns in Ruhe und ich nahm einen Schokoriegel hervor, den ich langsam an Vater verfütterte. Sein Verstand war glasklar. Doch sein Körper war gebrochen. Am Abend gab mir der Kapo bei der Suppenausgabe die doppelte Menge, sodass ich Vater füttern konnte. Stunde um Stunde gewann er an Kraft.

Kampfgeräusche, Maschinengewehrfeuer, Bombenangriffe und Kanonenfeuer – alles wurde lauter und rückte täglich näher. Die unausweichliche Niederlage der deutschen Armee lag in der Luft. Wir hatten Hoffnung, aber keine Idee, was eine Niederlage für uns bedeuten würde. Die Körpersprache des deutschen Personals zeugte davon, dass die Soldaten von Angst und Nervosität heimgesucht wurden. Sie wussten, dass der Krieg auf sein Ende zuging. Würden sie uns mit sich vernichten?

Ich hörte nicht noch einmal von Major Steiger. Anscheinend waren meine glorreichen Tage als Schreibmaschinenlehrling im Dienst des Dritten Reiches vorbei. Nun ja.

9 SCHWEINEFLEISCH

Nachdem ich Vater tagelang mit Suppe und Schokolade gefüttert hatte, gewann sein Gesicht wieder an Farbe und sein Körper an Form. Er begann, wieder wie er selbst auszusehen. Sein Körper bildete etwas Fett und Muskelmasse. Ich zwang ihn zu kurzen Spaziergängen mit mir, um seine Ausdauer zu verbessern. Den ersten Tag konnte er nicht mehr als ein paar Minuten am Stück gehen. Am nächsten Tag dauerte unser Nachmittagsspaziergang zehn Minuten. Meine Konzentration und meine Zeit galten nur seiner Gesundheit.

„Sanyi, schau mal die Kraftwagen und Automobile." Er deutete zum Verwaltungsgebäude, als wir über den Hof liefen. „Irgendwas liegt in der Luft. Ich glaube, sie schwenken die weiße Fahne und bereiten ihre Flucht vor."

Unser Spaziergang im Schleichtempo kam zu einem Stopp und wir beobachteten Offiziere und Soldaten, wie sie große Dosen mit Dokumenten trugen, sie auf die Fahrzeuge luden und damit aus dem Lager fuhren.

„Verlassen sie wirklich das Lager?" Ich traute meinen Augen nicht, ebenso wenig meiner Stimme. „Ziehen die Deutschen jetzt den Schwanz ein?"

„Ich kann es nicht glauben", sagte Vater und klang misstrauisch. „Lass uns äußerst vorsichtig sein. Wir sollten den Kopf unten halten und drinnen warten. Bitte bring mich zurück."

Zurück ging es zum Block. Die Suppenportion war pünktlich und nicht anders als sonst. Kein einziger der Gestapo und kein deutscher Soldat patrouillierte an jenem Abend um den Block. Doch wir sahen die Soldaten auf ihren Wachtürmen und ich konnte mir darauf keinen Reim machen. Unsere Peiniger hatten das Lager also noch nicht vollständig verlassen.

Explosionen waren ein ständiges Hintergrundgeräusch.

Der Tag danach war der 11. April 1945. Lauter Artilleriebeschuss weckte uns. Ansonsten war es sehr still, aber die Wachen standen mit den Stahlhelmen auf den Köpfen und den Gewehren nach außen gerichtet auf ihren Türmen.

Dann war es am frühen Nachmittag vorbei, wie aus dem Nichts. Das Buchenwaldlager fand sein Ende.

Auf einmal kletterten alle deutschen Wachen von den Türmen. Ein einziger Panzer brach durch das stählerne Haupttor, schleppte es unter seinen Ketten und kam mitten im Lager, nahe unserem Block, zum Stehen. Dem Panzer folgten Bodentruppen. Unsere innigsten Wünsche waren erfüllt.

„Vater, die Soldaten sind hier. Die Deutschen fliehen!", rief ich.

„Sind es Russen oder Amerikaner? Bitte, bitte, lass es Amerikaner sein!", entgegnete er, unfähig, seine Aufregung und Nervosität zu verbergen.

Ich schaute genauer hin und sah die Buchstaben auf dem Panzer. „Amerikaner, glaube ich!"

Er setzte sich auf den Boden, hielt sich den Kopf. Er weinte und lachte.

Die Wachen rannten, aber niemand nahm Notiz von ihnen. Vor mir warf ein junger deutscher Wachmann sein Gewehr und seine Munitionstaschen zu Boden, nahm seinen Helm ab und zog sein Armeehemd aus, als er mich passierte, als würde er sich unter die Gefangenen mischen wollen. Ich bezweifle, dass es ihm gelang. Doch es war egal, ich wollte nur den Panzer anfassen, um zu wissen, dass ich nicht träumte.

„Bleib hier, Vater. Ruhe dich im Bett aus. Ich komme zurück. Ich werde mir den amerikanischen Panzer ansehen."

Ich rannte zu dem Sherman. Eine ganze Gruppe von Häftlingen hatte die gleiche Idee, zumindest jene, die sich auf den Beinen halten konnten. Wir umzingelten den Panzer. Wir brüllten, jubelten, riefen, pfiffen. Das reinste Chaos. Und das schönste Chaos, das man sich vorstellen kann. Wir fühlten uns, als könnten wir diesen Stahlkoloss mit bloßen Händen hochheben.

Zwei GIs kamen aus dem Panzer zum Vorschein und setzten sich auf die Lafette. Nichts hatte sie darauf vorbereitet, von Tausenden halblebendigen, halbtoten, knochendürren Überlebenden wie antike Götter begrüßt zu werden. Ich drängte mich durch die Masse und erreichte den Panzer. Meine Hand zitterte, als ich sie gegen das heiße Metall drückte.

„Mutter! Mutter! Wir kommen! Hörst du mich?", rief ich auf Ungarisch.

Ein junger amerikanischer Soldat, der einen halben Meter über meinem Kopf saß, hörte meine Rufe und schenkte mir ein breites, amüsiertes Lächeln. Ganz offensichtlich verstand er kein Wort. Ich hielt meine Hände über mein Herz und beugte den Kopf im Dank. Er beugte den Kopf ebenfalls. Es war mein Zeichen, zu Vater zurückzukehren.

Dutzende amerikanische Truppen stürmten nun zu Fuß in das Lager. Kein einziger Deutscher war mehr in Sicht.

Sechs Monate Gefangenschaft, Hunger, Eiseskälte und Tortur lagen hinter uns. Jetzt waren wir frei, wie zehntausende Überlebende um uns herum. Aber wir waren krank und verwirrt, hungerten und starben. Wir saßen auf unseren Betten und warteten darauf, dass etwas geschah und dass jemand uns sagte, was wir zu tun hatten.

Binnen weniger Stunden ließen uns die neuen Kommandanten des Lagers ihre Anwesenheit spüren. „Alle raus! Der amerikanische Offizier ist hier, um die neue Situation zu erklären!", rief der Blockkapo.

Die Kojen leerten sich langsam.

Ein junger Yankee-Offizier mit Kopfbedeckung stand vor uns auf dem Hof. Neben ihm ein deutscher Dolmetscher.

„Im Namen der 6. Panzerdivision der US-Armee und der Alliierten freue ich mich, euch mitzuteilen, dass das Konzentrationslager Buchenwald heute befreit wurde. Die deutsche Armee ist verschwunden. Ihr seid jetzt alle freie Menschen", sagte der Offizier, gefolgt von seinem Dolmetscher.

Einige der Gefangenen klatschten. Wir warteten sehnsüchtig darauf, was die Amerikaner noch zu sagen hatten. Wann könnte ein Arzt Vater untersuchen? Wann könnte er etwas Fleisch oder Gemüse essen? Wann konnten wir hier weg? Ich nahm an, dass der Offizier zwischen den Blocks umherging und eine allgemeine Mitteilung machte und es dementsprechend lange dauern würde, bevor wir eine Antwort auf meine Fragen erhalten würden.

„Unserem Bataillon und weiteren Einheiten wurde die Verantwortung für dieses Lager übertragen. Wir sind hier, um euch bei der Heilung zu helfen. Unsere Teams bereiten sich auf den Empfang von Lebensmitteln und Medizin für euch vor ..."

„Wie werden Sie sich um Tausende von Sterbenden kümmern?", fragte ich mit gesenkter Stimme, ohne eine Antwort zu erwarten.

„In den nächsten Stunden werden euch Ärzte untersuchen", fuhr er fort. „Wir bitten darum, dass nur diejenigen, die sofort Hilfe benötigen, heute einen Arzt sprechen. Bitte geht nicht auf die Hilfsfahrzeuge zu, wenn ihr sie seht. Wir bitten euch, in eurem Block zu bleiben. Ich versichere euch, dass jeder etwas zu essen und die medizinische Hilfe bekommt, die er verdient und benötigt."

„Wann bekommen wir Suppe? Ich habe Hunger", flüsterte Vater.

„Ich weiß es nicht. Ich weiß überhaupt nicht, ob die Küche benutzt werden kann", flüsterte ich zurück. „Diese Amerikaner reißen sich besser schnell am Riemen, oder wir werden sicher hungern. Wir haben keine Nestlé-Schokolade mehr."

„Unsere medizinische Einheit hat bereits einen angrenzenden Block zu einem Feldkrankenhaus umgewandelt. Wir werden Schwerkranke und Schwache für eine direkte Behandlung dort unterbringen ..."

„Vater, du bleibst mit mir in diesem Block. Ich werde mich um dich kümmern."

„Ja."

„Eine provisorische Küche wurde im Hauptgebäude des Lagers eröffnet und wir werden den regulären Essensrhythmus in der nächsten Stunde wieder aufnehmen."

„Halleluja!"

Später in dieser Nacht kamen ein Arzt und sein medizinisches Personal in unseren Block. Er untersuchte Vater und zeigte sich mit seinem Puls und Blutdruck zufrieden. Er schlug nicht vor, ihn im Feldkrankenhaus unterzubringen. Ich denke, dass sich dort Tausende Muselmänner befanden, die in einem viel schlechteren Zustand waren. Vater konnte Nestlé dafür danken.

Jeder bekam wärmere, neue Kleidung.

Lastwagen kamen, beladen mit Hunderten von Schweinen und Dutzenden Hühnern. Der Lärm der Tiere war ohrenbetäubend. Juden bildeten eine Minderheit der Lagerinsassen und daher war Schweinefleisch, die gewöhnlichste Form von Protein in dieser Region, kein Problem. Doch viele der hungernden jüdischen Gefangenen lehnten die nicht-koscheren Gerichte ab.

„Haben die Amerikaner einen Zoo überfallen?", fragte ich den Kapo, der neben mir stand, halb im Scherz.

„Es heißt, sie seien durch die umliegenden Dörfer gestreift, und hätten alles beschlagnahmt. Und ich meine alles. Jetzt werden wir sehen, wer hungert." Der Kapo klang rachsüchtig.

Der Geruch von gekochtem Fleisch breitete sich wie eine Wolke im Lager aus und faszinierte alle Lagerinsassen. Die Amerikaner hatten die besten Absichten, aber ihr schlecht geplantes Festmahl würde zu schrecklichem menschlichen Unglück führen. Das fettige Schweinefleisch, das an jenem Abend im Block ausgeteilt wurde, würde Dutzenden den Tod bringen. Die Muselmänner, die in Fünfergruppen in Kojen lagen, hatten fast ihr gesamtes Körpergewicht verloren und konnten das Fleisch nicht verdauen. Viele von ihnen waren nach dem Festmahl tot.

Als Vater das Fleisch sah, drehte er komplett durch. „Füttere mich! Bitte!" Er zitterte.

Der Duft des gebratenen Schweinefetts machte ihn kirre. Ich widersetzte mich. „Es ist sehr schlecht für dich, wenn du die ganze Portion isst. Dein Körper kann es nicht händeln. Ich werde das Fleisch in ganz kleine Stückchen schneiden und dir eines nach dem anderen geben. Bitte habe viel Geduld mit mir. Es könnte die ganze Nacht dauern."

Ich steckte ihm winzige, fettfreie Fleischstückchen in den Mund. Ungefähr drei Stunden lang verbrachten wir mit dem Verdauen ein paar kleiner Fleischstücke. Vater fühlte sich nach diesem Abendessen gut.

Am nächsten Tag sahen wir Vertreter der internationalen Presse. Journalisten und Fotografen liefen durch das Lager. Einer von ihnen betrat unseren Block und lief zwischen den Betten umher. Er bedeckte Nase und Mund mit einem Stück Stoff; der Gestank von toten und lebenden Menschen musste ihm Übelkeit bereitet haben. Ein paar junge Häftlinge mit Energie umringten ihn und versuchten, ihn auf ihre Schultern zu heben. Sie waren zu schwach, um ihn zu tragen, obwohl der

Journalist nicht schwer war. Er bahnte sich den Weg durch den Block und versuchte, die Szenen, die sich vor seinen Augen abspielten, zu verstehen. Er stand völlig unter Schock und sprach in ein Mikrophon, das mit einem Aufnahmegerät verbunden war. Zusammen mit seinem Kameramann wurde er von Presseoffizieren der Army und Ärzten begleitet, die die Lebensumstände und die Situation in den Kojen und im Lager erklärten. Ich kam mir wie ein Affe im Zoo vor.

Später wurden wir eingeladen, an persönlichen Befragungen teilzunehmen. Ich saß einem amerikanischen Zivilisten gegenüber, der die Befragung mit einem deutschen Dolmetscher durchführte und Notizen machte.

„Wie lautet dein Name?"

„Alexander Ružiak. Eigentlich Alexander Rosenberg, aber wir haben falsche Namen angenommen und sind in Bratislava untergetaucht."

„Was ist deine Gefangenennummer?"

„98662."

„Was ist dein Geburtsdatum?"

„2. November 1927."

„Wo ist dein Geburtsort?"

„Sečovce, Tschechoslowakei."

„Seit wann bist du in Buchenwald? Woher kamst du?"

„Aus Sachsenhausen. Vor etwa sechs Monaten."

„Wann und wo hat man dich verhaftet?"

„In Bratislava. Dann über Nováky nach Sachsenhausen, kurz vor der Ankunft in Buchenwald."

„Warst du ein Zwangsarbeiter?"

„Ja."

„Warst du ein Opfer von Gewalt beziehungsweise Misshandlung?"

„Ja." Ich gab eine detaillierte Beschreibung unserer Erlebnisse.

„Du kannst gehen, Alexander."

„Nur einen Moment, bitte. Können Sie unsere Akten einsehen und nachschauen, ob Sie etwas zum Aufenthaltsort meiner Mutter finden? Sie heißt Irena Rosenberg oder Irena Ružiak und wurde mit uns zusammen in Bratislava verhaftet."

„Leider nicht. Du kannst jetzt gehen. Pass auf dich auf und viel Glück. Ach, und noch etwas: Heute Nachmittag, falls dir danach ist, kannst du aus dem Block kommen und dich am Zaun sammeln. Wir marschieren die ortsansässigen Stadt- und Dorfbewohner zum Lager, damit sie sehen können, was sie all die Jahre unterstützt haben."

„Oh, sehr interessant. Danke."

Als ich den Befragungsraum verließ, erhielt ich ein offizielles Schreiben, dass ich mich hinter dem Stacheldrahtzaun des Buchenwaldlagers befand, als der Panzer am 11. April diesen durchbrach. Ich half Vater zu seiner Befragung und holte auch sein Zertifikat der Befreiung ab.

Und tatsächlich spielten wir am Nachmittag die Rolle von Tieren im Zoo für die örtliche Bevölkerung, in einer Sache, die die Amerikaner als Bildung ansahen. Sie befahlen allen verbliebenen Bewohnern Weimars, die siebzehn Kilometer nach Buchenwald zu laufen und den Naziterror mit eigenen Augen zu sehen. Und was sie doch sahen. Sie sahen Hunderte ausgehungerter Leichen in der Mitte des Lagers und Reihen von Muselmännern, die ihnen von der anderen Seite des Zauns entgegenstarrten.

Die technische Einheit wartete, bis die Zivilisten vor Ort waren, hob dann mit drei riesigen Bulldozern Massengräber aus und schob die toten Körper hinein. Diese jungen deutschen Kinder würden diese Szene nie wieder aus ihren Köpfen bekommen. Sie rochen den unerträglichen Gestank von Krankheit und Tod. Sie hielten sich am Stacheldrahtzaun fest, der das Lager von der Welt da draußen trennte. Doch sie spürten nicht die eisige Kälte – es war ein schöner Frühlingstag in Thüringen.

Ich stand in der Nähe des Tors und blickte auf die deutschen Männer, Frauen und Kinder auf der anderen Seite. Sie sahen ärmlich und geschlagen aus, wenngleich besser genährt als wir.

Plötzlich ertönte ein Ruf aus der Menge. „Lexa! Lexa! Ich bin es! Lexa!"

Ich erkannte die Stimme sofort. Fast instinktiv griff ich nach einem unsichtbaren Reinigungsmittel. Es war Günter, der dort mit den anderen Leuten aus Weimar stand. Der Kerl lebte. Er sah gut aus und war sichtlich erregt, mich zu sehen. Ich trat näher und stand vor ihm, der Zaun zwischen uns.

„Ich bin so froh, dass du lebst, Lexa. Ich wusste nicht, ob du den Luftangriff überlebt hast und wir durften nicht zurück zur Fabrik. Du musst mir glauben! Ich wollte zurück und meinen Leuten helfen. Was für eine menschliche Tragödie. Lebt ... lebt Stefan?"

„Ja, ja, er lebt, gerade noch. Danke der Nachfrage."

Mit Gesten gab er mir zu verstehen, mein Ohr näher an den Zaun zu bringen. Ich stand nur wenige Zentimeter von ihm entfernt.

„Lexa, ich brauche deine Hilfe. Bitte." Er hielt seine Stimme gesenkt. „Du weißt, dass ich Stefan und dich immer gut behandelt habe. Ich habe sein Leben gerettet, als man ihn verdächtigte, zwei Flüchtigen zur Flucht verholfen zu haben. Ich habe dein Leben gerettet, als der Soldat bei der Selektion im Lager dir sämtliche Knochen brechen wollte. Jetzt musst du mir helfen. Man wird dich fragen, ein Schreiben zu unterzeichnen, dass ich gut zu dir und Stefan war und dass du nie gesehen hast, wie ich einen Fabrikarbeiter misshandelt habe. Sonst werden die Amerikaner mich vor Gericht bringen und mich hängen."

„Natürlich werde ich unterschreiben. Sie waren gut zu uns. Sie waren gut zu den anderen Arbeitern. Ich bin froh, dass Sie leben."

Er lächelte mich an. „Ich wusste, dass du zustimmen würdest. In ein oder zwei Tagen werde ich zurück sein und bitten, dich zu sehen", sagte er und verabschiedete sich.

Ich erzählte Vater nichts von meiner Begegnung mit Günter. Ich sah Günter nie wieder und ich weiß nicht, was ihm widerfuhr. Es hätte mich nicht überrascht, wenn ehemalige Häftlinge ihn gelyncht hätten. Der Gedanke schockierte mich nicht, trotz meiner Sympathie für den Mann. Krieg war seltsam. In den Tagen nach der Befreiung hörten wir von allerlei Racheakten.

„Dürfen wir gehen?", fragte Vater am Abend.

„Ich weiß nicht. Ich glaube nicht. Es wurden noch keine Transportlisten oder Evakuierungspläne bekanntgemacht."

„Und? Was hält uns davon ab, nach Hause zu gehen?"

„Du kannst noch nicht wieder reisen. Du bist krank und schwach und dein

Körper würde eine Zugfahrt nicht überstehen. Wir bleiben im Lager, bis die Ärzte sagen, dass es dir gut genug geht."

Ich sorgte dafür, dass Vater eine angemessene ärztliche Behandlung erhielt und genug Essen und Zeit hatte, um wieder zu Kräften zu kommen.

Der amerikanische Arzt, der sich um ihn kümmerte, gab Vater das Gefühl, als hinge das Schicksal der Welt davon ab, dass Solomon Rosenberg an Gewicht gewann.

„Rauf auf die Waage, Zoli. Heute Morgen ist es doch ein guter Tag. Ich will sehen, dass wir mindestens ein Kilo zugenommen haben."

Vater stellte sich auf die Waage.

„Fantastisch, Zoli! Achtundvierzig Kilo! Das ist ein Fortschritt. Wir bauen Kraft auf. Geh weiterhin täglich mit deinem Sohn spazieren, genieße die kulinarischen Köstlichkeiten unseres Kochs und nimm die Vitamine, die ich dir gegeben habe. Ich versichere dir, dass unser Essen kein Bromid enthält, wie das der deutschen Arschlöcher."

Das war neu. „Bromid? Was reden Sie da?"

„Hast du je gehört, dass dein Vater, du selbst oder andere Gefangene den Lebenswillen verloren haben?"

„Täglich", sagte ich.

„Nun, es ist wahrscheinlich, dass das Bromid, das in eure Suppe gegeben wurde, gewissermaßen ein Grund dafür ist. Diese Chemikalie sorgt dafür, dass Menschen jegliche Hoffnung und jede Lebenslust verlieren."

Hätte ich noch mehr Abscheu gegenüber den Nazis empfinden können, dann wäre es in diesem Moment gewesen.

Wenige Tage nach der Befreiung stellte die US Army in der Mitte des Lagers große Tafeln auf mit täglich aktualisierten Namenslisten der Überlebenden anderer Konzentrationslager und Vernichtungslager in Europa. Mit jeder neuen Liste ging ich hin, um nach den Namen meiner Mutter und anderen Familienmitgliedern zu suchen.

„Irgendetwas?", fragte Vater täglich.

„Nichts", sagte ich täglich.

Wir wussten nicht, ob Mutter oder irgendjemand anderes aus unserer Familie lebte. Wir machten uns auf schlechte Neuigkeiten gefasst oder noch schlimmer: auf gar keine Neuigkeiten. Unser bester Verteidigungsmechanismus war während des Krieges das Herabsetzen jeglicher Erwartungen geworden.

Es war Frühling in Buchenwald. Ich fand Interesse daran, mein Englisch mit zufällig ausgewählten US-Soldaten zu verbessern. Es gab immer jemanden, der eine Zigarettenpause machte, und bereit war, mir zehn Minuten lang neue Wörter beizubringen.

Davon abgesehen verbrachte ich den Tag damit, gelangweilt im Block zu liegen und über das Leben nach dem Lager nachzudenken. Wir besaßen keine Zivilkleidung, kein Geld und kein Zuhause, zu dem wir hätten zurückkehren können. Gab es ein Land, in das wir zurückkonnten? Ich war mir unsicher, ob Mutter oder jemand anders aus unserer Familie lebte, und somit war unser Ziel gar nicht einmal so deutlich. Für jede Option benötigten wir Geld.

Wie konnte ein junger, unternehmerischer Sohn eines Händlers und Überlebender eines Konzentrationslagers unter einer Militärherrschaft, gleichwohl einer freundlich gestimmten, schnelles Geld machen? Am Ende eines Krieges könnte Plündern die Antwort sein. Denn obwohl mir die Moralität einer Plünderung missfiel, würde ich von den Leuten stehlen, die meine Familie und Nachbarn umgebracht, mehrfach versucht hatten, mich zu töten, und all unsere Besitztümer an sich gerissen hatten. Damit konnte ich leben.

Und so ging ich innerhalb und außerhalb des Lagers auf Streifzug, als freier, unbelasteter Mann. Rund um das Lager, jenseits der Tore, standen Häuser, in denen bis zur Befreiung des Lagers deutsche Soldaten mit ihren Familien gewohnt hatten. Alle waren sie tot, geflohen oder gefangen. Die meisten Häuser waren verlassen – und ich suchte viele von ihnen auf. Für gewöhnlich waren sie leer. Andere hatten alles von Wert bereits vor mir mitgenommen.

In einem der Häuser fand ich eine schwere, geschlossene Metalltür. Für einen Schlosserlehrling aus Sečovce stellte sie keine Herausforderung dar. Binnen Minuten hatte ich die Tür offen. Dahinter war ein wunderbares Optiklabor, wahrscheinlich von einem Amateurastronomen. Es gab dutzende Linsen und Teleskope in allen möglichen Größen. Nachdem ich die Sterne ein wenig beobachtet hatte, nahm ich drei Teleskope an mich, die am wertvollsten aussahen, hing sie mir mit Lederriemen um den Hals, und verließ das Haus, als ich mir sicher war, dass mich niemand gesehen hatte. Natürlich verschloss ich die Tür, damit sich niemand meinen Schatz unter den Nagel riss. Ich betrat das Konzentrationslager wie ein Teleskophändler auf der Suche nach einem Geschäft.

Keine fünf Minuten später kam ein amerikanischer Soldat begeistert auf mich zu. Ich verstand von dem, was er sagte, kein Wort, und er holte sich einen Soldaten zum Dolmetschen hinzu.

„Wie bist du an diese Zeiss-Teleskope gekommen? Ich würde sie dir wirklich gerne abkaufen. Was willst du für sie haben?"

Der ahnungslose Unteroffizier sah einen bloßen Gefangenen vor sich und wusste nicht, dass er Alexander Rosenberg, Spross der Rosenberg-Händlerfamilie, vor sich hatte.

„Oh, die gehörten meiner geliebten Großmutter, die vor Kurzem verstarb. Ich habe sie versteckt, als man uns verhaftete und konnte sie jetzt wieder ausgraben."

„Nenn deinen Preis! Ich habe US-Dollar dabei."

„Wenn mein Vater herausfindet, dass ich sein Erbe verscherble, bekomme ich Prügel. Ich kann sie Ihnen leider nicht verkaufen."

Der Amerikaner zeigte sich halb amüsiert halb erregt über die Aussicht, einen Kauf abzuschließen. „Hier hast du fünf amerikanische Dollar. Mehr habe ich nicht."

„Tut mir leid", sagte ich und begann, davonzulaufen.

Der Soldat überlegte laut: „Sieben Dollar. Dazu noch eine Kiste voll Süßigkeiten und Schokolade."

„Meine Großmutter hat mir viel bedeutet. Sie wollte nicht, dass ich ihre Teleskope verkaufe. Es tut mir leid."

„Zehn Dollar. Und die Süßigkeiten. Nicht mehr."

„Zwölf Dollar und die Süßigkeiten. Aber bitte erzählen Sie es nicht meinem Vater."

„Abgemacht, Kumpel." Er händigte mir das Geld aus, eine Kiste mit Süßigkeiten der US Army, und eine braune Tüte mit Armeeschokolade. Im Gegenzug bekam er die Teleskope von mir.

„Dein Geheimnis ist bei mir sicher", versprach er.

„Meine Großmutter hatte noch mehr von der Sorte. Hätten Sie Interesse?"

„Auf jeden Fall."

„Morgen zur gleichen Zeit am gleichen Ort?"

„Abgemacht."

Zur gleichen Zeit am folgenden Tag war ich zwanzig US-Dollar, vier Pfund Sterling und einen ganzen Haufen Süßigkeiten reicher – im Tausch gegen drei weitere Teleskope. Die nächsten Tage verkaufte ich andere optische Instrumente an die Amerikaner, bis ich nichts mehr zum Handeln hatte. Ich trug eine Menge westliches Geld bei mir für unsere bevorstehende Reise, wohin auch immer. Dann packte mich die Langeweile erneut.

Wieder streifte ich durch das verlassene Dorf in der Nähe und geriet in eine provisorische Schreinerei, in der russische Gefangene Holz bearbeiteten.

„Guten Tag, die Herren. Mein Name ist Alexander. Kennt einer von euch Grischa oder Vladimir, die bis zum Luftangriff in der Gustloff-Fabrik gearbeitet haben?"

„Nein", sagte einer von ihnen. „Entschuldige. Es gibt viele, die Grischa oder Vladimir heißen. Wir waren in einer anderen Fabrik. Ich heiße Sergey."

„Schade. Ich wollte sie finden und hoffe, dass sie am Leben sind. Was macht ihr hier? Warum verlasst ihr das Lager nicht?"

„Wahrscheinlich aus dem gleichen Grund wie du. Langeweile. Wir haben zufällig diesen Ort gefunden und vertreiben uns die Zeit, während wir überlegen, wie wir nach Hause kommen. Mischa hier ist gelernter Tischler und bringt uns ausgefallene Holzbearbeitung bei."

Er deutete auf einen Gefangenen, der an einer kleinen Holzbox mit wunderschönen Details arbeitete.

„Stört es euch, wenn ich an eurem Meisterkurs teilnehme?"

„Keinesfalls. Sei unser Gast."

Fünf Tage lang lernte ich das Tischlerhandwerk von einem russischen Virtuosen mit Goldhänden. Er lehrte mich Holzschneiden, Schnitzen und alles andere, was dazu gehörte. Mit seiner Hilfe kreierte ich ein kunstvolles Zigarettenetui, mein ultimatives Andenken an Buchenwald. Für die Innenseite bereitete ich einen Gummistempel mit den Initialen KLB, dem Datum und meiner Häftlingsnummer, 98662, vor.

Vater sah inzwischen viel gesünder aus. Er gewann an Gewicht und hatte seinen bekannten Optimismus wiedergefunden. Allerdings war er noch immer deutlich untergewichtig. Doch drei Wochen, nachdem der erste Panzer ins Lager gerollt war, war Vater bereit, mit mir die lange Reise zurück nach Hause anzutreten.

Bis bald, Buchenwald. Mögest du bis auf die Grundmauern niederbrennen.

10 BRATISLAVA II

Abgesehen von Vaters schlechter körperlicher Verfassung gab es auch noch andere, politische, Gründe, die uns daran hinderten, das Lager direkt nach der Befreiung zu verlassen. In den hektischen ersten Tagen danach tobte der Krieg noch immer und es kam die Frage zwischen den Alliierten und der Sowjetunion hinsichtlich der Teilung des besetzten Deutschen Reiches auf. Folglich war es schwierig, groß angelegte Transporte mit Flüchtlingen in verschiedene Teile Europas zu organisieren. Die Gefangenen konnten nichts anderes tun, als abzuwarten, bis die Großmächte die Situation untereinander klärten.

Schließlich kündigten unsere Befreier die Entlassung der Buchenwald-Häftlinge aus der Slowakei nach Pilsen an. Sie wählten Pilsen, weil die Stadt unter der Kontrolle von freundlich gesonnenen Tschechen stand. In Pilsen stiegen wir in einen Sonderzug nach Bratislava. Und so ging es am sonnigen Morgen des 11. Mai 1945 auf amerikanischen Kraftwagen nach Pilsen. Wir hatten nicht mehr als unsere Kleidung bei uns. In einer kleinen Tasche bewahrte ich unsere Dokumente, Süßigkeiten, das hölzerne Zigarettenetui und das Geld, das ich durch meine kleinen Geschäfte verdient hatte, auf. Die Kraftwagen fuhren durch das Haupttor und die Blöcke Buchenwalds wurden immer kleiner. Der Schornstein des Krematoriums wurde immer kürzer. Dann waren sie alle verschwunden, für immer. Hatten sie je existiert? Wäre ich nicht selbst dort gewesen, wäre ich mir nicht sicher.

Die Fahrt dauerte fast fünf Stunden, bevor man uns am Bahnhof in Pilsen ablud. Eine Polizeieskorte begleitete uns zu einem wartenden Güterzug. Sitze gab es keine, aber viel Platz auf dem Boden der Güterwaggons. Alle slowakischen Gefangenen trugen noch ihre gestreiften Uniformen, doch niemanden kümmerte es – die Freiheit war verlockend. Es ging zurück in die Slowakei, nach Hause.

Als der Zug in Bratislava einfuhr, grüßten uns Mitglieder der Joint und Repräsentanten anderer jüdischer Organisationen. Für uns gab es eine warme Mahlzeit, neue Kleidung und neue Schuhe.

Man legte uns detaillierte Listen von Überlebenden vor. Ich entdeckte keinen einzigen Namen von einem unserer Familienmitglieder.

„Und jetzt?", fragte Vater.

„Lass uns Ruhe bewahren. Es muss nichts heißen, nur weil ihre Namen hier nicht stehen. Ich glaube, wir sollten zuerst Lizi und Erno suchen", antwortete ich. „Falls jemand der Verhaftung entkommen konnte, dann Lizi."

Meine Tante und ihr Mann hatten das beste Versteck von allen. Onkel Erno Gallan war Bankangestellter. Er und die Schwester meiner Mutter, Lizi, lebten in den Kriegsjahren in der Palisády Straße 41 in Bratislava. Die Wohnung gehörte einem nicht-jüdischen Freund von Lizi, einem Mann in hohen Positionen, der ihnen erlaubt hatte, dort in den vergangenen Jahren zu verbleiben.

Wir hatten keine Landeswährung bei uns für ein Taxi, also gingen wir zu Fuß. Ich wollte die Dollar sparen.

„Wir sollten uns darauf vorbereiten, schlechte oder keine Neuigkeiten über Mutter zu hören", sagte ich ruhig. „Die meisten verhafteten Juden haben es nicht zurückgeschafft."

„Sie lebt. Sie ist die stärkste Person, die ich kenne. Wir haben überlebt und sie auch."

Er glaubte es tatsächlich. Ich konnte es nicht, nicht, nachdem ich viele Monate um meine Mutter getrauert hatte, nicht, wenn wir so kurz davor waren, ihr Schicksal zu erfahren.

Lizis Wohnung lag in der dritten Etage. Vater, erschöpft von der Reise, setzte sich auf die Bordsteinkante, und ich lief die Treppen nach oben. Der Name *Gallan* stand auf dem einfachen Holzschild.

Ich nahm einen tiefen Atemzug und klingelte.

Lärm und Bewegung auf der anderen Seite der Tür. Dann öffnete sie sich und lautes, hysterisches Geschrei folgte. Meine Großmutter, Tante Lizi und Tante Gisella, Onkel Erno und der siebenjährige Peter, Lizis Sohn, überschütteten mich mit Küssen. Wir weinten und lachten und umarmten uns und weinten erneut. Dann hörten sie auf.

„Wo ist Zoli?", fragte Großmutter.

„Unten. Er ist geschwächt", sagte ich.

Schreie. Aber ich tat einen Schritt zurück. „Wo ist sie?"

„Sie schläft in dem anderen Zimmer. Sie ist seit einer Woche hier und ich bin sicher, dass eure Geschichte ebenso schrecklich ist wie ihre", sagte Tante Lizi. „Nachdem ihr euch gewaschen und gegessen habt, wollen wir sie hören."

Erno half mir, Vater mit den Treppen zu helfen. Lizi und Gisella weckten Mutter und kochten Tee. Erno ging, um einen Arzt zu holen, der uns untersuchen sollte.

Beide gingen wir zu ihr ans Bett. Sie war so dürr wie Vater und bewegte sich sehr langsam. Ich wirkte wie eine fette, privilegierte Person neben zwei lebendigen Leichen. Keine Worte fielen. Berührungen gab es nur wenige – Mutter war sauber, während Vater und ich zum Himmel stanken und monatealten Schmutz und Krankheiten mit uns herumtrugen.

Vater berührte sie lediglich mit dem Finger an der Stirn. „Hallo, Irena. Wir haben dich so vermisst. Wir werden uns waschen und etwas essen."

Ich glaube nicht, dass er für dieses Wiedersehen am Morgen vorbereitet war oder dass er einstudiert hatte, was er sagen würde.

Sie schlief weiter. Vater schlief auf dem Wohnzimmerboden ein. So erschöpft war er. Mein Bad war das längste und intensivste meines jungen Lebens. Es benötigte eine harte Bürste und einen ganzen Seifentiegel, um mich gründlich zu waschen. Als Vater wieder wach war, half ich ihm beim Waschen. Ich erkannte ihn kaum wieder. Er roch nicht mehr wie der stinkende Muselmann, mit dem ich das Lager verlassen hatte. Unsere kleine Familie war wieder beisammen und nun auch desinfiziert.

Wir verbrachten ein paar Tage in der Wohnung. Langsam und vorsichtig teilten wir einige der schmerzvollen Erlebnisse miteinander. Mutters

Geschichte war, nicht überraschend, unserer ziemlich ähnlich. Wie für sie typisch, waren ihre Erzählungen von wenig Emotionen begleitet.

Nachdem man uns am Bahnhof in Nováky getrennt hatte, brachte man sie in einem Viehwaggon nach Ravensbrück in Norddeutschland. Ravensbrück war das größte Konzentrationslager für Frauen im Dritten Reich, für sowohl Juden als auch Nichtjuden. All diese Monate wurde sie etwa dreihundert Kilometer von uns entfernt festgehalten. Sie war mit Frauen aus ganz Europa inhaftiert – darunter Deutschen, Französinnen, Russinnen, Griechinnen, Italienerinnen, Belgierinnen, Niederländerinnen, Polinnen und Tschechinnen. Sie sprach von mutigen Freundschaften mit Mithäftlingen, die ihr durch die Zeit dort halfen. Während ihrer Zeit im Lager war sie gezwungen, in der Siemens-Rüstungsfabrik zu arbeiten, eine Stunde zu Fuß vom Lager entfernt. Wie ihr Mann wechselte sie wöchentlich zwischen 12-Stunden-Schichten tags- und nachtsüber. In der Fabrik gehörte sie zunächst zu Montagearbeitern, die einen hochdetaillierten Teil der V1 herstellten, die den Bürgern in Südengland 1944 das Leben zur Hölle machte. An manchen Tagen bekam sie etwas zu essen, an anderen nicht. Sie bezog sich auf das gekochte Wurzelgemüse, das ihnen als Kuhfutter serviert wurde.

Viele Tausende Arbeiter starben an Unterernährung, Krankheiten und Nazi-Brutalitäten. Am 30. April 1945, also fast drei Wochen nachdem amerikanische Einheiten uns in Buchenwald befreit hatten, führte das Lagerpersonal Hunderte der überlebenden Gefangenen zu einer nahegelegenen Kleinstadt und überließ sie dort ihrem Schicksal. Dann flohen sie. Minuten später tauchten Einheiten der Roten Armee auf. Insgesamt verbrachte Mutter sechs Monate als Zwangsarbeiterin in Ravensbrück, ohne etwas von unserem Schicksal zu wissen. Sie vermutete das Schlimmste. Nach der Befreiung durch die Russen erlebte sie schreckliche Strapazen auf ihrem Weg zurück nach Bratislava, per Pferdekarren, Zug, Automobil und zu Fuß. Als sie in der Stadt ankam, verbrachte sie einige Zeit bei einer ortsansässigen jüdischen Organisation, auf der Suche nach Neuigkeiten über ihre Familie. Sie fand Ernst Gallans Namen als Angestellter bei einer Bank und dann den Weg zu Erno und Lizis Wohnung. Lizi erinnerte sich, dass Mutter wie ein wandelndes Skelett ausgesehen hatte, als sie zum ersten Mal in der Tür stand. Sie nahmen sie auf, wuschen sie gründlich und gaben ihr neue Kleidung. Dann ging sie zu Bett und schlief tagelang. Sie gaben ihr kleine Portionen zu essen, alle paar Stunden, bis sie wieder zu Kräften kam.

In der großen Wohnung gab es keinen Strom, nur Gas. Viele Überlebende aus unserer Region fanden in den nächsten Wochen ihren Weg zu uns. Einige blieben Stunden, andere Tage. Großmutter kochte rund um die Uhr. Wir hörten viele mutige Überlebensgeschichten über Leid, Hoffnung und Verzweiflung.

Die meisten Familienmitglieder, die früher in unserer Heimatstadt und in den angrenzenden Dörfern und Städten gelebt hatten, galten als vermisst und waren wohl in den Gaskammern der polnischen Vernichtungslager umgekommen. Viele von ihnen waren 1942 mit Massentransporten nach Auschwitz, Treblinka, Sobibor und Majdanek deportiert worden. Unter jenen, von denen wir bereits wussten, dass sie ihr Leben verloren hatten, waren drei Schwestern von Vater: Sara Friedman mit ihrem Mann und ihrem Sohn, Margit Ornstein und ihr Mann, Bronca und ihr Mann, und auch noch Mutters Bruder Emerich und dessen Frau sowie dutzende Cousins, Cousinen, Neffen und Nichten. Man hatte sie größtenteils mit Gas ermordet. Die überlebende Führung der slowakischen jüdischen Gemeinde schätzte, dass mindestens 50.000 Juden in Vernichtungslagern und anderswo umgekommen waren.

Wir hörten auch, dass dem jüdischen Denunzianten, Dov Schwartz, der uns im vergangenen Jahr verraten hatte, das Glück ausgegangen war. Die Gestapo ließ ihn am Leben, aber sein Ruf eilte ihm voraus. Als die Deutschen die Stadt verließen, nahmen ihn Partisanen gefangen und hängten ihn in einem nahegelegenen Wald. Selbst gute Nachrichten waren in diesen Zeiten eher morbide.

Schlechte Gedanken überkamen mich. Ich hegte als Überlebender Schuldgefühle und Gewissensbisse. Wieder und wieder träumte ich des Nachts davon, wie ich in Sečovce auf unserem Dach stand und der nie endenden Kolonne jüdischer Freunde, Nachbarn und Stadtbewohner dabei zusah, wie sie zum Bahnhof in den Tod liefen.

„Warum leben wir und sie nicht, Vater?"

„Ich weiß es nicht, Sanyi. Es wird Glück gewesen sein, nicht mehr."

„Denkst du das wirklich? Das Glück hat sicher eine Rolle gespielt, aber wir wurden auch durch dein gewinnbringendes Geschäft und deine guten Kontakte mit den Nichtjuden in unserer Stadt gerettet, die uns vor den schlimmsten Deportationen geschützt haben."

„Dem stimme ich nicht zu. Denke an meine arme Schwester Margit und ihren Mann Nathan. Die beiden hatten ein großes Malergeschäft in Košice vor dem Krieg. Viel größer als unseres. Sie waren reich, viel reicher als wir, und hatten bessere Kontakte mit Leuten in hohen Positionen. Und es hat sie nicht gerettet."

„Es kann nicht nur Glück sein."

„Nun ja, wir sind nicht nur dank Glück am Leben. Wir haben ums Überleben gekämpft. Wir wollten leben. Glück hat uns überhaupt erst die Möglichkeit gegeben, um zu kämpfen, und dieses Privileg hatten viele aus unserer Familie leider nicht."

„Behalten wir den Namen Ružiak oder lassen wir uns neue Papiere mit unserem alten Namen geben?"

„Darüber habe ich bereits nachgedacht. Der Rosenberg-Name hat weder uns noch unserer Familie viel Glück gebracht. Der andere Name hat uns am Leben gehalten. Ich bin dafür, dass wir weiterhin Ružiak heißen."

Und so war es dann auch.

Eines Morgens kam Gisella mit einem Lächeln auf den Lippen und überreichte mir die metallene Statue der zwei französischen Bulldoggen.

„Wann immer uns schlechte Gedanken überkamen, haben Mutter und ich die Hunde in die Hand genommen, und sie haben uns den Glauben verliehen, dass wir euch wiedersehen würden", sagte sie. „Warum hast du sie bei mir gelassen, bevor man euch verhaftet hat?"

„Ich hatte so ein seltsames Gefühl, dass du sie haben solltest. Jetzt ist es wieder sicher, dass sie bei mir sein können. Danke, dass du auf sie Acht gegeben hast."

Ich platzierte die Hundestatue über meinem Bett.

Wir blieben ein paar Wochen bei Tanten und Großmutter. Meine Eltern hatten sich körperlich fast vollständig erholt.

„Wir sollten zurück nach Košice", sagte ich beim Frühstück. „Ich will meine Freunde sehen und unser Haus besuchen."

„Sanyi, wir haben es debattiert und ich glaube nicht, dass das eine so gute Idee ist. Unser Zuhause ist fort. Unsere Familie ist nicht mehr da. Du solltest gut darüber nachdenken."

Nachdem ich in der Gustloff und in Buchenwald vollkommen selbstständig war, fiel es mir schwer, mich wieder in die Rolle eines Siebzehnjährigen zu fügen, dessen Eltern alles bestimmten.

„Ihr müsst nicht mitkommen. Ich kann auch allein gehen."

„Nein, das wirst du nicht. Falls du wirklich dorthin gehen möchtest, werde ich versuchen, Mutter zu überzeugen, dass wir zusammen gehen."

Ich blieb entschlossen. Und sie gaben nach.

Dann kehrte Onkel Bella aus dem Krieg nach Bratislava zurück.

Onkel Bella Rosenbaum wuchs, wie als Sozialist geboren, mit einer natürlichen Gabe für Gerechtigkeit und Gleichheitssinn in Trebišov auf. Er hegte völlige Verachtung gegenüber Religion und dem angelsächsischen Kapitalismus. Seine Kindheit verbrachte er in der Hashomer Hatzair Jugendbewegung in Trebišov, wo er eine starke Solidarität mit dem russischen Kommunismus entwickelte. Dort lernte er seine Freundin Ilonka kennen, die seine Weltanschauung teilte. Als der Krieg ausbrach, besorgte ein nichtjüdischer Freund Bella falsche Papiere mit dem Namen Michal Kazimir. Bevor er gegen die Nazis kämpfte, war Bella mit Ilonka nach Bratislava gereist, wo er dafür sorgte, dass sie zusammen mit seiner Mutter und seiner jüngeren Schwester Gisella in einer sicheren Wohnung war. Es war die gleiche Wohnung, die wir aufsuchten, als wir mit dem Zug aus Michalovce nach Bratislava kamen. Dann schloss sich Bella den slowakischen Partisanen an, um die deutschen in der Niederen Tatra zu bekämpfen und somit die russischen Kriegsanstrengungen zu unterstützen. Als die Rote Armee schließlich in der Slowakei einmarschierte und die Tatra befreite, meldete er sich freiwillig und schloss sich der Roten Armee offiziell an, anders als die meisten slowakischen Juden. Zusammen mit seinen russischen Kameraden kämpfte er sich Seite an Seite bis nach Berlin und wurde ehrenvoll als Unteroffizier entlassen. Obgleich er ein bescheidener Mann war, kehrte er in einem teuren, glänzenden Auto zurück, das einst einem hochrangigen deutschen General in der Hauptstadt gehört hatte. Das Auto war ein Geschenk eines hochrangigen russischen Beamten als Würdigung für seinen hingebungsvollen Dienst. Jetzt lief er durch Bratislava in einer russischen Uniform – pleite. Seine Uniform gewährte ihm kostenloses Benzin für sein Auto. Er behielt den Namen seiner Kriegsidentität und war nun Michal Kazimir.

Ich liebte sein großes Herz und seinen Humor, aber konnte mich nicht wirklich mit seinen philosophischen Ansichten identifizieren. Wir waren so froh, ihn wiederzusehen und seinen Kriegserzählungen zuzuhören.

Eines Abends führte er mich in ein kleines deutsches Restaurant aus und spendierte mir Spanferkelknöchel. Es war göttlich.

„Was sind deine Zukunftspläne?", fragte mich Bella.

„Ich weiß es nicht", antwortete ich. „Ich habe viel von der Schule verpasst, deshalb möchte ich in erster Linie meine Lehre abschließen, und dann dachte ich, nach Amerika zu meinem Onkel zu gehen. Für uns gibt's nichts mehr in der Slowakei."

„In der Tat. Hier gibt es nichts mehr. Ich möchte dich dennoch auffordern, noch mal darüber nachzudenken, ob du in einem kapitalistischen, grausamen Ort wie Amerika leben möchtest. Dort wirst du zum Sklaven irgendeines Geschäftsinhabers, unterbezahlt und schlecht behandelt. Ich bin fest davon überzeugt, dass das Kriegsende eine vom Proletariat geführte Revolution beschleunigen wird. Wir müssen das Blutbad um uns herum ausnutzen, um die Lage des einfachen Volkes, der arbeitenden Männer und Frauen, zu verbessern."

„Du hast immer gerne Marx gelesen und ich bin mir sicher, dass du gleichgesinnte Freunde in der Roten Armee gefunden hast." Ich lachte. „Ich habe nicht vor, für irgendjemanden außer für mich selbst zu arbeiten. Ob jetzt in Amerika, der Tschechoslowakei oder anderswo. Ich interessiere mich nicht für Politik."

„Das hat nichts mit Politik zu tun. Es geht um deine Zukunft und die deiner Kinder. Ich glaube, dass die Sowjetunion das bessere, wenn auch nicht das perfekte Lebensmodell ist. In hundert Jahren wird der Kommunismus herrschen und die Leute werden vom Kapitalismus desillusioniert und geschädigt sein."

„Wir werden sehen. In der Zwischenzeit beabsichtige ich, Kapitalismus als Kleinunternehmer in irgendeinem Land zu praktizieren", beendete ich das Gespräch.

Bella kehrte aus dem Krieg mit einem polnischen Freund namens Alex zurück, an dessen Seite er gekämpft hatte. Als Alex hörte, dass wir von Bratislava nach Košice wollten, schlug er vor, uns zu begleiten. Zu dieser Zeit war die Zugfahrt nach Košice kompliziert: Viele Zugbrücken in der Slowakei hatte man im Krieg gesprengt und man musste umständlich über Budapest in Ungarn reisen. Darüber hinaus hielten sich Züge nicht an irgendwelche Ankunfts- und Abfahrtspläne, die es vor dem Krieg gegeben hatte. Es gab keine Schaffner oder kein Personal, das in Zügen oder an Bahnhöfen für Ordnung sorgte. Wer konnte und wollte, stieg in die Züge.

„Gute Idee!", sagte ich. Es war gut, einen Unteroffizier der Roten Armee dabei zu haben.

Einige Tage später ging es nach Osten.

Alex trug seine gebügelte Uniform. Selbstsicher führte er uns durch den Bahnhof und zu einem überfüllten Zug. Er betrat ein vollkommen überfülltes Abteil. „Alle raus! Verschwindet sofort in den nächsten Waggon! Das ist ein Befehl!", brüllte er. „Dieses Abteil ist nur für offiziellen Gebrauch."

Fünf Sekunden dauerte es, bis der Waggon leer war. Alex schloss die Tür hinter uns, aber nicht, ohne eine Notiz an der Tür zu hinterlassen, die besagte, dass dieser Waggon für russische Beamte war, die im Namen des Staates unterwegs waren. Nun saßen hier fünf Personen: meine Eltern und ich selbst, Alex, und eine jüdische Frau, mit der sich meine Mutter in Ravensbrück angefreundet hatte, und die gefragt hatte, ob sie uns begleiten könne. Die vergangenen Wochen hatte sie ebenfalls bei den Gallans verbracht und wartete auf eine Chance, um in die Ostslowakei zurückzukehren und dort nach ihrem Mann, ihren Kindern und dem Rest der Familie zu suchen.

Ein paar Stunden später machten wir auf einem Bahnhof in Ungarn Halt. Der Fahrdienstleiter musste die Gleise wechseln. Unser Zug stand, als ein anderer Zug, gen Osten, auf dem angrenzenden Gleis einfuhr. Es war ein Viehzug, und wie wir später erfuhren, befanden sich deutsche Familien mit jungen Kindern und ihrem Besitz in den Waggons.

„Mach das Fenster auf. Ich will kurz rausklettern", sagte Alex.

Ich hatte keine Ahnung, was er vorhatte.

„Fang die Koffer, die ich dir gleich zuwerfe." Er zwinkerte und kletterte hinunter, bevor ich protestieren konnte. Er stand kurz davor, die Passagiere auszurauben.

„Das ist entsetzlich", sagte Mutter. „Der Mann ist eine Bestie. Kannst du ihn nicht stoppen?" Sie war nicht länger eine Lagerüberlebende, sie war wieder nobel.

„Nicht wirklich. Er ist ein großer Junge und wird nicht auf mich hören", entgegnete ich.

Wir waren Teil einer weiteren Kriegshandlung, wenn auch passiv. In den letzten Jahren hatte ich so viele erlebt – im Krieg büßten manche ihre Menschlichkeit ein.

Ich stand neben dem Fenster und folgte Alex mit meinem Blick. Er stieg in einen der Waggons, rief einige Worte und schaute sich um. Ich sah den

Schrecken in den Augen der Reisenden. Männer, Frauen und Kinder waren es. Er wog verschiedene Koffer in den Händen. Dann, zufrieden, verließ er den Waggon mit unterschiedlichen Koffern. Er lief über die Gleise und warf mir die Gepäckstücke durch das Fenster zu.

„Wer sind Sie? Was treiben Sie mit den Koffern?" Der russische Offizier tauchte wie aus dem Nichts auf. Er war für den anderen Zug verantwortlich und hatte gesehen, wie Alex die Koffer in unseren Zug warf.

„Papiere. Es ist mir egal, ob Sie Soldat der Roten Armee sind. Das ist ein Regierungskonvoi. Was zur Hölle tun Sie, Sie verdammter Dieb?"

Als der Offizier zwischen den Zügen stand, wurde Alex leichenblass und überreichte seine Papiere. Mit vorgehaltener Waffe führte man ihn in den Waggon des Offiziers. Wir nahmen an, dass wir ihn zum letzten Mal gesehen hatten, weil unser Zug kurz davor war, den Bahnhof zu verlassen.

Gerade noch rechtzeitig schaffte er es jedoch zurück in unseren Waggon, blass und sichtlich erschüttert.

„Geht es dir gut? Worum ging es?", fragte ich.

„Sie hätten mich fast wegen Plünderung vor ein Kriegsgericht gestellt. Zum Glück bin ich für gewöhnlich gut darin, mich rauszureden. Mein Problem ist eher, dass ich immer in Schwierigkeiten gerate."

„Aber was ist passiert?"

„Der Zug auf der anderen Seite der Gleise ist ein Gesandtenzug der russischen Regierung mit allen deutschen Ingenieuren, Physikern und anderen Fachleuten aus dem Zeiss-Werk in Jena, zusammen mit ihren Familien und jeder Menge technischer Ausrüstung. Offenbar schickt man sie nach Russland, um eine sowjetische Optikfabrik auf die Beine zu stellen."

„Warum sollten die Familien und Wissenschaftler dem zustimmen?"

„Nun, ehrlich gesagt glaube ich nicht, dass sie die Wahl hatten. Die Beute wird derzeit zwischen den Siegern aufgeteilt und ich vermute, dass die Sowjetunion einige Vermögenssachen im Bereich der Optik bekommen hat. Ich bin mir sicher, dass sie die Familien gut behandeln. Immerhin sollen die Wissenschaftler kooperieren."

Es war Alex gelungen, drei Koffer in den Zug zu werfen, bevor man ihn erwischte. Er öffnete sie und fand Lebensmittel. Alex erklärte, dass er seine

Auswahl nur anhand des Gewichts getroffen hatte. Er nahm an, dass die schwereren Koffer wohl Gold und Silber enthielten – scheinbar nicht.

Meine Eltern waren sichtlich angewidert.

Ich war den Krieg, die Plünderungen und das Organisieren von Konserven und getrocknetem Brot satt. Viele Wochen waren seit der Kapitulation der Deutschen vergangen, aber die alte Gesellschaftsordnung entzog sich uns noch immer. Unanständigkeit und Ungerechtigkeit, Folgen der allgemeinen Gesetzeslosigkeit, waren reichlich. Wir sehnten uns nach Ordnung, aber wir wussten nicht, wann wir sie erwarten konnten, und so mussten wir uns darauf vorbereiten.

Nach einer langen Reise über Budapest erreichten wir schließlich Košice. Alex verabschiedete sich von uns. Wir drei verblieben bei entfernten Verwandten, weil wir kein Geld für ein Hotel hatten, und verbrachten daher nur ein paar Tage in der Stadt.

Ich spielte mit dem Gedanken, Sečovce einen Besuch abzustatten. Doch jeder riet mir davon ab. Sie sagten, dass es niemanden mehr gäbe, den wir kannten. Meine Gleichaltrigen, die den Krieg überlebt hatten, lebten nun in Košice, der Hauptstadt der Region. Im Krieg hatten sie die Schule nicht besuchen können und viele nahmen nun an beschleunigten Kursen teil, um ihren Schulabschluss zu erhalten.

Ich verbrachte einige Zeit mit einem guten Freund, der ein Jahr älter war als ich: Emerich (Emre) Klein, einer meiner einzigen Schulfreunde, die überlebt hatten. Emres Eltern besaßen ein kleines Café in der Stadt und er war der Einzige, den ich kannte, der eine eidesstaatliche Erklärung hatte, die ihm erlaubte, legal nach Palästina zu reisen. Bei einem unserer Treffen stellte er mir Judith Ackermann vor, eine schöne junge Frau. Ein paar Mal traf ich mich mit Judith und Emre in dem Café und mir wurde klar, dass unsere Familie ihre Heimat nicht länger in der Ostslowakei hatte. Jeder wollte fort und das Leben neu beginnen.

Mutter sorgte dafür, dass ihre alten Freunde aus Sečovce, Maria und Katarina, wussten, dass sie zurück und in Košice war. Sie schickte ihnen eine Nachricht, dass sie sie besuchen sollten. Sie ertrug den Gedanken nicht, in ihre Häuser zu gehen und ihre gesammelten und kuratierten Möbel dort zu sehen.

Maria und Katarina tauchten eines späten Morgens in der Wohnung unserer Verwandten auf.

„Oh liebste Irena, ich bin so froh, dass du lebst! Wir haben uns solche Sorgen gemacht und konnten nichts über dich erfahren. Ich habe vor Freunde geweint, als ich deinen Brief las."

Maria beeilte sich Mutter zu umarmen.

Mutters Augen waren kalt. Sie sprach kein Wort.

„Wir waren so besorgt, als du einfach spurlos verschwunden bist und dachten, wir würden dich nie wiedersehen."

Katarina legte ihre Hand auf Mutters Schulter.

Mutter war nicht für ihre Wärme bekannt und war eisig, wie eine Bergeskuppe im tiefsten Winter in der Antarktis. „Lasst uns im Wohnzimmer Platz nehmen. Ich möchte nicht vor Alexander reden."

Die drei gingen und schlossen die Tür des Foyers hinter sich. Ich drückte mein Ohr gegen die Tür.

„Danke, dass ihr gekommen seid. Ich bin müde und mir geht es noch immer nicht gut. Also entschuldigt bitte, wenn unser heutiges Treffen nicht so lange dauert."

„Aber selbstverständlich, Irena. Wie geht es dir? Hast du Schmerzen? Wo wohnst du jetzt? Wie geht es Zoli und Alexander?"

„Uns geht es gut, danke der Nachfrage."

Lange herrschte Stille, bevor Mutter fortfuhr: „Meine Familie ist in den letzten drei Jahren durch die Hölle gegangen. Wir wurden verfolgt, verhaftet, gefoltert, von den Nazis zur Arbeit gezwungen, uns wurde Schlaf, Essen und Wasser vorenthalten, wir wurden wie Hunde behandelt, und dennoch haben wir überlebt. Alles wurde uns genommen. Unsere Namen, unser Zuhause, unser Geschäft, unser Besitz, unsere Möbel, unsere Würde. Ich habe meine Kleidung und meinen Schmuck verloren. Wir werden uns davon nie wieder erholen."

Ihre lakonische Stimme gab keine Gefühle preis. Ich stellte mir vor, wie sie die Wand anstarrte und nicht die Frauen vor sich.

Eine weitere Pause. Dann: „Ich dachte immer, ihr seid meine Freundinnen. Als meine Freundinnen —"

„Aber wir sind deine Freunde", unterbrach Maria sie, ihre Stimme schwach.

Eine lange Pause.

„Ich dachte, ihr seid meine Freundinnen", wiederholte Mutter, ihre Stimme gefühlslos. „Ihr habt große Anstrengungen unternommen, um euch mein Eigentum, meine Pelze und meine Möbel unter den Nagel zu reißen. Keine von euch sah mich als einen Menschen, dessen Leben wichtig war, dessen Leben es wert gewesen wäre, gerettet zu werden."

Die zwei Gäste schluchzten.

„Es tut mir so, so leid für alles, was dir passiert ist", murmelte Katarina. „Was hätten wir tun können? Man hätte uns umgebracht, wenn wir uns widersetzt hätten. Und die Russen haben all deine wertvollen Sachen weggenommen, als sie die Stadt besetzten. Wie du haben wir alles verloren!"

„Ich habe euch beide bewundert. Ihr wart so intelligent und nett und gebildet und modisch. Die ganze Zeit über habt ihr uns verachtet. Und als sich die Chance bot, habt ihr uns den Rücken gekehrt und euch mit meinen Teppichen und Kronleuchtern davongemacht. Ihr seid schlechte Menschen und euer Gewissen wird die Last eurer Taten bis zu eurem Tod tragen müssen. Ich will euch nie wieder sehen. Bitte geht jetzt."

Die Tür öffnete sich und Mutter verließ das Wohnzimmer, lief den Korridor herunter und verschwand in ihrem Zimmer. Sie schlug die Tür hinter sich zu. Maria und Katarina verließen den Raum nach ihr, die Augen gerötet, bestickte Taschentücher in den Händen und die Gesichter ausdruckslos. Mutter sah sie nie wieder.

Am nächsten Tag kehrten wir zurück nach Bratislava.

11 CASERTA

Ich war ein achtzehnjähriger Veteran des Zweiten Weltkrieges, dessen Vergangenheit, Identität und Kindheit von ihm genommen und ausgelöscht worden waren. Ich musste tief in mich hineinschauen, um zu entscheiden, wer ich war und wie mein neues Leben aussehen sollte. Meine Nation hatte sich gegen mich gewandt, hatte mich zum Feind erklärt, mich verfolgt und versucht, mich umzubringen, und scherte sich nicht einmal um eine Entschuldigung oder eine Art der Entschädigung. Hatten wir je hierhergehört, trotz aller vergangenen Generationen und allem, was wir aufgebaut hatten?

Nachts träumte ich von Appellen im Konzentrationslager, wässrigen Suppen, wie ich im Winter Wurzeln und Blätter mit französischen Gefangenen aß, und lange Stunden in fensterlosen Viehwaggons eingesperrt war, umgeben von Toten. Tagsüber fand ich keine Ruhe.

Gehe ich zurück zur Schule? Sollte ich ins neugegründete Israel immigrieren, wie andere junge jüdische Überlebende, die ihre Zukunft darin sehen, den jüdischen Staat zu verteidigen? Nehme ich ein Schiff nach Amerika und versuche dort mein Glück? Wer wird sich um meine Eltern kümmern, wenn ich gehe? Ich konnte noch nicht weg.

Meine fähigen, technisch versierten Hände hatten unsere Familie mehrmals in den letzten Jahren gerettet. Mit dem Wissen, dass meine Leidenschaft und meine Interessen der Welt der analogen Mechanik galten, entschied ich mich dagegen, wieder eine reguläre Schule zu besuchen. Stattdessen bewarb ich mich an einer Fachschule, die erwachsenen Quereinsteigern Diplome ausstellte. Ich war der Jüngste der ganzen Klasse.

Mit Onkel Bellas Hilfe, der an ein paar bürokratischen Stellen die richtigen Kontakte besaß, gelang es meinen Eltern, an eine staatlich geförderte Zweizimmerwohnung in Bratislava zu kommen. Die Wohnung gehörte einer deutschen Familie, die nach dem Krieg nicht zurückgekehrt war, und war bereits mit Geschirr, Besteck und Möbeln ausgestattet. In den Schränken gab es auch viel Kleidung.

Wieder einmal konnte mein Vater in Bratislava beruflich nicht Fuß fassen. Es gab nur wenige freie Stellen im Einzelhandel – und er fand keine. Sein Glück wendete sich, als er einen Brief eines seiner überlebenden Neffen, Alexander (Pitiu) Ornstein, erhielt. Pitiu war der einzige Sohn von Vaters Schwester Margit, die mit Nathan Ornstein verheiratet und Monate vor meiner Geburt von Sečovce nach Košice gezogen war. Vor dem Krieg besaßen sie einen erfolgreichen Großhandel, mit einem riesigen Keller mit Tausenden Farbfässern. Ihr Geschäft war das größte, das die Ostslowakei mit Farbe für den Wohnungsanstrich versorgte. Margit und Nathan ermordete man in Treblinka. Pitiu überlebte und heiratete in Budapest. In seinem Brief bat er Vater, zurück nach Osten zu ziehen und die Leitung über den Farbladen seiner Eltern zu übernehmen. Vater war begeistert.

Und so, nur wenige Monate nach Beginn des Schuljahres, zogen meine Eltern nach Košice, sodass mein Vater das Geschäft der ermordeten Ornsteins führen konnte. Mir gefiel die Idee eigenständig in Bratislava zu bleiben und ich kochte für mich selbst, lernte die Stadt kennen und besuchte meine alte Großmutter oft. Meine Freiheit und Glückseligkeit wurden jedoch von emotionalen Briefen meiner Eltern überschattet. Unabhängig voneinander flehten sich mich an, ihnen nachzukommen. Die frischen Kriegserinnerungen lagen mir schwer auf der Seele und ich beschloss, nach Košice zu gehen und mein zweites Schuljahr dort zu beginnen. Positiv zu vermerken war, dass ich die schöne Zeit mit Judith nicht vergessen konnte, die ich mit ihr bei unserem letzten Besuch hatte, und ich freute mich, sie wiederzusehen.

Mein Herz log nicht.

Als ich Judith sah, wusste ich, dass meine Entscheidung, nach Košice zu kommen, die richtige war. Sie war intelligent, optimistisch und strahlte voller Leben, und ich brauchte Optimismus ganz dringend in meinem Leben.

Judith wurde in meiner Heimatstadt geboren. Ihr Großvater mütterlicherseits war ein *melamed* (jüdischer Lehrer) und dieser Teil der Familie war sehr arm. Später zogen sie nach Uzhhorod, jenseits der ukrainischen Grenze, etwa eine Autostunde von Sečovce entfernt. Vater kannte ihre Mutter, Lilly Adler, und ihre Onkel Hershu und Shamu. Simon Ackermann, Judiths Vater, hatte im ersten Weltkrieg als Teil der Streitkräfte von Österreich-Ungarn an der Front in Albanien gedient. Er stammte ursprünglich aus dem kleinen Dorf Svetus, das zwischen Uzhhorod und Sečovce auf der slowakischen Seite der Grenze lag. Svetus und die umliegenden Ländereien gehörten vor dem Krieg Simons Vater. Während der Besetzung durch die Nazis versteckten sich Simon, Lilly, Judith und ihre kleine Schwester Eva monatelang in einem Schweinestall im Hinterhof des Hauses, das das Haus ihrer Bediensteten geworden war. Eva überlebte nicht. Judith und ihre Eltern schon. Judith erzählte mir all diese Geschichten und ich verstand, dass ihr Optimismus unbeschreiblichen Schmerz und die Schuld des Überlebens überdeckte, *weil sie die Schwester war, die lebte.* Alle waren wir traumatisiert und versuchten, uns vor dem Hintergrund von unaussprechlichen Verlusten und tragischen Leben mit der Wirklichkeit zu arrangieren. Der Krieg machte Judith zu einer leidenschaftlichen Zionistin und sie vertrat die Ansicht, dass Juden zu ihrem Heimatland in Palästina zurückkehren und einen jüdischen Nationalstaat gründen sollten.

Einige Monate arbeitete Vater in dem Ornstein Farbgeschäft, bis er das Unternehmen stabilisierte und einen Geschäftsführer anstellte. Mit dem verdienten Geld eröffnete er sein eigenes kleines Lebensmittelgeschäft. Monate später bat ihn ein Konkurrent, sein Unternehmen zu übernehmen und einen viel größeren Laden zu führen. Genau das tat Vater dann und überließ Mutter den kleineren Standort. Schnell verkauften sie den kleinen Laden an die Konkurrenz und wurden Angestellte.

Judith und ich verbrachten viel Zeit zusammen in der Öffentlichkeit. Wir unternahmen lange Spaziergänge durch das Stadtzentrum, besuchten ein Café, wo wir unsere Freunde trafen, und wanderten zu den Seen im Süden.

Mutter sagte, wir seien ein schönes Paar. Die Leute hielten uns für Bruder und Schwester, weil wir uns sehr ähnlich sahen.

„Hast du vor, Judith einen Antrag zu machen?", fragte Mutter beim Abendbrot.

Ihre Frage war unerwartet. „Warum fragst du?"

„Nun, sie wird nicht ewig warten. Ihr seht euch jetzt seit einigen Monaten und du musst dich entscheiden. Du bist fast einundzwanzig."

„Ich glaube nicht, dass ich bereit bin, um darüber zu reden."

„Wie du meinst. Ich wollte dir nur meine Gedanken mitteilen."

Heirat war mir noch nicht in den Sinn gekommen.

Nach meinem Schulabschluss beschloss ich, Maschinenbau zu studieren. Nur im nahegelegenen Prešov wurde dieser Studiengang angeboten. Ich wurde per Post angenommen und ging im September 1948 nach Prešov, sodass ich alles für das kommende Studienjahr vorbereiten konnte.

Meine mechanischen Fähigkeiten hatten uns in Buchenwald vor dem sicheren Tod gerettet. Für mich gab es kein besseres Omen. An der neuen Schule hatte ich Zeit über meine Zukunft als freier Mann nachzudenken. Der Gedanke, nach Amerika zu gehen, beschäftigte mich. Meine Talente, Disziplin und unternehmerischen Gene passten gut zu einem Land der unbegrenzten Möglichkeiten. Tagträumend stellte ich mir vor, wie ich in einer kleinen Schreibmaschinenwerkstatt in New York oder Cleveland oder Los Angeles saß, dann ein weiteres Geschäft eröffnete, einen Hangar voller Schreibmaschinen mietete und Kraftwagen hatte, die Kisten voller Schreibmaschinen brachten und mitnahmen. Wie war das Leben für Alexander, Simon und Lawrence, seitdem sie den Atlantik überquert hatten? Die Überfahrt hatte sie vor den Schrecken des Krieges bewahrt. Judith würde es dort gefallen, das wusste ich. Amerika!

Gerade als ich mich in Prešov einlebte und mein Vorhaben in Nordamerika immer mehr Form annahm, erhielt ich einen Brief von Judith. Sie verkündete mir ihre Entscheidung, ins neugegründete Israel zu immigrieren, mitten in dessen Unabhängigkeitskrieg, und bat mich, mitzukommen. Ein weiterer Krieg stand nicht auf meiner Wunschliste, nachdem ich den letzten nur mit Mühe und Not überstanden hatte. Würde sie Amerika überhaupt in Erwägung ziehen?

Es war an der Zeit, eine Entscheidung zu treffen. Oder vielleicht war die Entscheidung für mich bereits getroffen. Ich hatte keine andere Wahl, als es herauszufinden.

Am nächsten Tag traf ich Judith in Košice. Noch im Zug übte ich meinen Vorschlag, nach Amerika zu gehen, wieder und wieder. Doch der Vorschlag verlief im Sande. Judith hatte die Macht des Schicksals und der historischen Errettung auf ihrer Seite. Auch war sie ziemlich überzeugend und bezaubernd.

„Bist du dir sicher?", fragte ich nach einer langen, einseitigen Unterhaltung.

„Das bin ich. Und ich möchte, dass du mich auf diese Reise begleitest. Ich habe alles geplant. Wir heiraten diese Woche im Rathaus und nehmen an der Grundausbildung teil, um uns auf den Krieg vorzubereiten."

„Warte, was für eine Grundausbildung?"

Judith lächelte. „In Palästina herrscht Krieg und wir müssen unseren Brüdern und Schwestern dort helfen. Nächsten Montag beginnt ein Freiwilligenkurs in einem kleinen Dorf namens Sterlna nahe Olomouc. Ich habe uns beide angemeldet."

„Also nehme ich an, dass du nicht in Erwägung ziehst, zu heiraten und dann zum Beispiel nach Cleveland, Ohio, in Amerika zu ziehen?"

Judith lächelte noch immer und schüttelte den Kopf.

Zwei Tage später heirateten wir in Košice. Unsere Eltern waren alle anwesend.

Die nächsten drei Monate wurden wir von der Tschechoslowakischen Armee im Auftrag der Hagana, einer jüdischen paramilitärischen Organisation (später IDF, die israelischen Streitkräfte), ausgebildet. Die kleine Stadt zählte keine Einwohner mehr und wurde ausschließlich zu Schulungszwecken genutzt. Ich absolvierte eine Ausbildung als Mitglied einer Panzercrew für einen russischen T-34. Judith wurde als Teil einer Flugabwehreinheit in der Rolle desjenigen ausgebildet, der Distanzen zu Flugzielen errechnete. Sie hatte ein meterlanges Teleskop, mit dem sie den Flugzeugtypen und die Flughöhe der feindlichen Flieger identifizieren konnte. Dann übermittelte sie die Daten über Funk an die Flugabwehreinheit. Tagelang machte sie sich mit verschiedenen Flugzeugtypen vertraut. Man schulte uns auch in grundlegenden militärischen Sachen, einschließlich Waffen wie Granaten und Kleinfeuerwaffen.

Im Dezember 1948 verabschiedeten Judith und ich uns in Košice. Unsere Eltern versprachen, nachzukommen, sobald der Krieg in Israel vorbei sei und wir uns eingelebt hätten.

„Mutter, bitte kümmere dich um ihn. Ich habe ihn dir sicher aus Deutschland wieder mitgebracht. Kommt uns nach, sobald ihr könnt."

„Ich verspreche es dir, Sanyi. Sei vorsichtig. Sobald wir alles hier unter Dach und Fach haben, und der Krieg vorbei ist, wirst du mich dort sehen, in der Wüste. Wer hätte das gedacht?"

„Hier", sagte ich und drückte ihr die Statue der französischen Bulldoggen in die Hand. „Pass für mich auf sie auf, bis wir uns wiedersehen. Bitte vergiss nicht, sie mitzunehmen, wenn ihr das Schiff nach Israel nehmt."

Lächelnd nahm sie mir die Statue ab.

Judith und ich nahmen einen Zug nach Italien und gingen dann an Bord des Schiffes Caserta, einem Schiff für jüdische Flüchtlinge, das zum alten israelischen Hafen Jaffa fuhr. Wir hatten kein Geld, sprachen die Sprache nicht, fürchteten den Krieg mit den arabischen Nachbarstaaten und waren nicht auf die Hitze des Nahen Ostens vorbereitet. Aber wir freuten uns, auf einen Neuanfang und auf ein neues Zuhause. Unser altes Zuhause gab es nicht mehr.

Die Caserta war nicht luxuriös, aber jeder an Bord war voller Adrenalin und scherte sich nicht um die Qualität von Essen, Unterkunft und Hygiene.

Ich lief über das Deck und begann eine Unterhaltung mit einem großen Mann, der etwa in meinem Alter war. Er stellte sich als Samuel vor, ein Überlebender eines Zwangsarbeiterlagers und Freiwilliger aus den Niederlanden. Wir schirmten unsere Augen von der Sonne ab und schauten auf das ruhige Mittelmeer.

„Unser lebenslanger Traum wird wahr", sagte Samuel, sichtlich ergriffen. „Ich möchte für unser Land kämpfen."

Noch immer war es komisch, jemanden über „ihr Land" reden zu hören, wenn sie über einen Ort sprachen, den sie noch nie besucht hatten.

„Die Sache ist kompliziert", fuhr er fort. „Die Briten haben im Mai die Segel gestrichen, ihre letzten verbliebenen Offiziere und ihr Personal nach London geschickt, und in der gleichen Nacht hat Premierminister Ben Gurion die Gründung des Staates Israel bekanntgegeben. Am nächsten Tag fielen alle Nachbarstaaten und einige nichtangrenzende arabische Armeen in unser Land ein, und seitdem herrscht Krieg. Unsere Streitkräfte sind zahlenmäßig unterlegen, zehn zu eins. Unser ganzes Land hat eine Bevölkerung von 600.000. Hauptsächlich jüdische Immigranten aus Europa, die die Nazis überlebt haben, und sie bekämpfen die eingespielten Truppen von Ägypten, Syrien, Libanon, Jordanien, Irak und die Militia von Palästina."

„Klingt nach düsteren Aussichten für uns", antwortete ich, obwohl all das mir bekannt war.

„Es gab ein paar Waffenstillstände, aber nichts hat sich lang gehalten. Der dritte und letzte Waffenstillstand wurde erst vor einigen Monaten verkündet. Derzeit toben im Norden heftige Kämpfe an der libanesischen Grenze und im Süden gegen die Ägypter."

„Ich weiß. So viel hat man uns vor unserer Abreise nach Italien noch im Lager in der Slowakei erzählt. Ich bin sicher, dass unser Geist und unsere Solidarität unserer Armee helfen werden, bald einen Waffenstillstand zu erzwingen. Das Einzige, was mir Sorgen bereitet, sind die Waffen. Glaubst du, dass eine so kleine Armee altes britisches und französisches Equipment benutzt?", fragte ich.

„Ja, unser Geist wird siegen", stimmte er mir zu. „Und was die Waffen betrifft, bei unserer Abschiedsbesprechung hörten wir, dass die Alliierten die Entsendung von Schiffsladungen voller erbeuteter deutscher Mauser arrangieren. Das wird das Kräftegleichgewicht auf dem Schlachtfeld sicherlich verändern."

Ein erschreckender Gedanke überkam mich. Irgendwo auf dieser Erde oder im Himmel lachte Grischa über das Karma einer sabotierten Mauser, die Alexander, der ursprüngliche Saboteur, auf dem Schlachtfeld bediente. Das konnte ja heiter werden ...

Der Hafen von Jaffa kam hinter leichten Morgenwolken zum Vorschein. Wir waren die Gruppe an „Freiwilligen" aus der Tschechoslowakei, die als „Tschechische Brigade" bezeichnet wurde. 1.500 Männer und Frauen, allesamt Lagerüberlebende. Etwa fünfhundert von uns kamen mit der Caserta. Als das Schiff anlegte, gingen wir an dem trüben Tag von Bord und wurden direkt zu unseren militärischen Einheiten geschickt. Judith und ich wurden verschiedenen Bataillonen zugeteilt. Unsere erste Herausforderung war es, einen Weg zu finden, um miteinander in Kontakt zu bleiben. Wir einigten uns, jede Woche Briefe an die Verbindungsstelle in Tel Aviv zu schreiben, und hofften auf das Beste.

Ein Zug (hundert neue Rekruten der Tschechischen Brigade, einschließlich mir selbst) war zunächst in Beit Lid stationiert, einem zerstörten und verlassenen arabischen Dorf. Es handelte sich um ein riesiges Verlegungszentrum in einem Stützpunkt, etwa dreißig Kilometer nördlich von Tel Aviv. Diesen hatte die Armee seiner Majestät bei ihrem überstürzten Abzug aus Palästina im Jahr zuvor verlassen. Die Armee hielt, klugerweise, große Gruppen aus denselben Herkunftsländern zusammen, sodass wir miteinander kommunizieren konnten. Wie sollte man anders eine Armee führen, die für ein gerade entstehendes Land kämpft, wenn die meisten Soldaten nicht einmal der Landessprache mächtig waren?

Die Anlage bestand aus einigen alten Gebäuden und vielen Zelten, in denen Immigranten aus aller Welt untergebracht waren. Bei unserer Ankunft am Nachmittag bekamen wir Uniformen und man schickte uns zu Bett. Am Morgen kam ein junger Feldwebel und gab brüllend den Befehl zum Appell. Wie von Zauberhand bildeten hundert Tschechen und Slowaken, in Übersee dazu ausgebildet, die grundlegenden hebräischen Militärbegriffe zu verstehen, eine perfekte Aufstellung. Die anderen aus Marokko, Libyen, Rumänien und sonst woher waren völlig verloren. Überrascht befahl der Feldwebel nach rechts und links zu marschieren. Unser Zug gehorchte tadellos und sang hebräische Marschlieder. Der Mann war fassungslos und rannte los, um die Offiziere zu holen, damit sie dieses Wunder erleben konnten.

Abgesehen von den grundlegenden Befehlen sprach ich kein Hebräisch, als ich den Vertreter der Armee in Jaffa traf. Ich konnte ihm nicht mitteilen, dass ich ein Waffenexperte war, auch wusste ich nicht, ob die israelische Armee bereits tschechische oder deutsche Waffen einsetzte.

„Ich bin ein Waffenmeister!", teilte ich dem Offizier in Beid Lid auf Deutsch mit.

Er sah mich an, nickte und schickte mich zu einem Infanteriebataillon. Dort war ich zunächst Teil einer Einheit, die Kriegsgefangene, hauptsächlich Ägypter, im Stützpunkt Tel Hashomer bewachte. Stacheldrahtzaun umgab das Lager und wir patrouillierten den Außenhof mit Gewehren in 12-Stunden-Diensten, was mich an ein Lager erinnerte, in dem ich gelebt hatte. Nach kurzer Zeit wurde ich in ein Bataillon in Be'er Ya'acov versetzt.

Alle paar Wochen war mir gestattet, ein Wochenende fernab meiner Einheit zu verbringen.

Vom Schiff in Jaffa wurde Judith ins Lager Zrifin versetzt und war dort stationiert. Unser einziger Kontakt vor Ort war ein Cousin von mir namens Alex Brown, der in einem kleinen Unternehmen in dem Montefiore-Viertel in Tel Aviv arbeitete, das Fisch verarbeitete. Judith und ich kannten beide seine Anschrift. Wann immer einer von uns Zeit hatte, gingen wir zu Browns Wohnung und erhielten von ihm einen Bericht über den jeweils anderen. Wenn wir am gleichen Wochenende zurück waren, sehnten wir uns nach Privatsphäre. Das Hotel Savoy, damals ein heruntergekommenes, kleines Gebäude auf der Hayarkon Straße, hatte einen ungarischen

Besitzer, den wir kennenlernten. Er hatte Mitleid mit uns, so frisch verheiratet, wie wir waren, und bot uns eine Kochzeile an, die wir nutzen konnten.

Da sie verheiratet war, wurde Judith nach drei Monaten aus der Armee entlassen. Doch wohin? Wir hatten kein Geld. Als sie die Armee verließ, bekam sie zusammen mit einer Freundin ein Bett in einem großen Gemeinschaftsraum von einem Offizier der Stadt Tel Aviv zugewiesen.

Mein neuer Vorgesetzter war ein Ungar aus dem Kibbutz Dgania. Wieder und wieder erwähnte ich, dass ich ein Waffenexperte war, aber er tat nichts mit diesem Wissen. Ich blieb hartnäckig. Ich hatte das Gefühl, dass meine Fähigkeiten und mein Wissen vergeudet waren. Als ich einen Blick in den Waffenschuppen unserer Einheit warf, war es ein großes Durcheinander. Überall Landminen und Patronen, Dreck und Müll, das Chaos war unbeschreiblich. Zu diesem Zeitpunkt war ich so frustriert und konnte einige nützliche Worte Hebräisch. Ich verstand nun die israelische Mentalität und fasste einen Plan. Nette Leute brachten es im Land von Milch und Honig zu nichts.

Eines Abends bereitete sich das Bataillon auf eine nächtliche Aufklärungspatrouille vor, von Be'er Ya'acov bis ans Meer und zurück. Ich gab vor, verletzt zu sein, und bat, nicht mitzumüssen. Mein Vorgesetzter befahl mir dennoch, mit der Einheit zu kommen. Irgendwann in der Nacht, bei den Sanddünen von Rishon Le'Zion, hielt ich an und sagte, ich könne keinen Schritt mehr gehen. Man ließ mich allein zurück. Zwei Mann wurden zurückgeschickt und ich weigerte mich, mit ihnen zu kommen. Die Einheit sammelte mich auf dem Rückweg wieder ein. Am nächsten Tag stattete mir mein Offizier, der verstand, dass er mir meine Bitten nicht länger ausschlagen konnte, einen Besuch ab und fragte, was ich tun wollte. Ich wiederholte meine Geschichte über Gustloff und mein tiefgründiges Wissen über leichte Waffen. Ich erklärte ihm, dass die Einheit über keinen Waffenexperten verfügte, und dass sie von meinem Wissen nur profitieren könnten. Widerwillig gab er nach.

Am darauffolgenden Tag wurde ich ohne Auftrag zur Waffenkammer geschickt. In dem Zelt traf ich auf zwei Soldaten, den polnischen Unteroffizier Svirsky und einen Gefreiten, der nichts sagte. Als ich ein tschechisches Gewehr in die Hand nahm und es auseinanderbaute, begriffen sie, dass ich wusste, was ich tat. Sie gestatteten mir, die Waffenkammer aufzuräumen. Im Laufe der nächsten vierzehn Stunden brachte ich alles auf den Hof, kehrte und schrubbte den Raum, reparierte den Gewehrständer, reinigte und ölte jedes einzelne Gewehr, und separierte Landminen, Zünder und Patronen voneinander. Als der Unteroffizier am nächsten Morgen kam, traute er kaum seinen Augen. Dann lud ich den ungarischen Offizier ein, sich die Waffenkammer anzusehen. Er kam und schüttelte meine Hand.

Den Rest meiner Dienstzeit, anderthalb Jahre, fungierte ich als Waffenmeister. Gegen Ende des Krieges versetzte man mich zum 9. Bataillon der Negev Brigade, die für die gesamte Südfront verantwortlich war. Das Bataillon hatte seinen Stützpunkt in Julis, das wie das Ende der Welt schien. Ich war für die Waffenkammer zuständig und lieferte Munition und Feuerwaffen an alle Einheiten und Stützpunkte in der Region, bis hin nach Eilat, der südlichsten Spitze Israels. Ich unternahm zehntägige Fahrten mit dem Kommandowagen, gefolgt von zwei Munitionslastwagen, und fuhr alle südlichen Stützpunkte ab. Keine der Straßen war gepflastert; überall Staub und Erde. Wir waren immer dreckig. Das Gebiet nannte sich Fedayeen-Land, und wir fürchteten brutale Angriffe von Terroristen in der Nacht.

Als ich von einer dieser Fahrten zurückkam, saßen Judith und ich am Strand in Tel Aviv und beobachteten einen weiteren schönen Sonnenuntergang.

„Denkst du, dass unser Leben je normal sein wird? Werden wir es schaffen, dem Kreislauf von Krieg und Tod zu entrinnen?", fragte ich. „Ich beginne zu glauben, dass wir Leid mit uns nehmen, wo auch immer wir sind."

„Hör auf mit dem Unsinn und schau dich um", antwortete sie. Ein Lachen stand ihr in den Augen. „Das ist dein Land, unser Land, das Land unserer ungeborenen Kinder. Eines Tages wirst du hier mit deinem Enkelsohn sitzen und ihm alle traurigen und glücklichen Geschichten erzählen, und wie, trotz aller Widrigkeiten, seine Familie lebt."

Ich hoffte, dass sie recht hatte. Als zweiundzwanzigjähriger Veteran zweier historischer Kriege hatte ich genug Abenteuer für den Rest meines Lebens.

TEIL 2

OREN

12 MAJDANEK
1992, NETANYA, ISRAEL

In den 1990er Jahren nannte man sie die „polnischen Pilger". Diese Schulausflüge zu den Nazi-Vernichtungslagern in Polen waren für die israelische Jugend zu einer Art Reiferitus geworden und der Staat nutzte sie, um junge Menschen kurz vor dem Beginn ihres mehrjährigen, obligatorischen Militärdienstes zu ermutigen, sich für die gefährlichsten Kampfeinheiten zu melden. Das Verteidigungsministerium und die Armee entsandten Beamte, um die Schulgruppen zu treffen und vor den Eingangstoren von Auschwitz-Birkenau, dem berüchtigtsten Todeslager der Nazis, zu den hochemotionalen Jugendlichen zu sprechen. Sie erklärten, dass Juden nicht mehr zur Schlachtbank geführt würden, weil zukünftige Soldaten, wie wir, ihre Familie und ihr Land schützen würden. Mit siebzehn hielt ich diesen Staatsakt für abscheulichen, zynischen psychologischen Missbrauch. Das denke ich auch heute noch, wenngleich mit einem besseren Verständnis für die Hintergründe dieser Politik.

Dennoch bin ich 1992 auf eine polnische Pilgerreise gegangen, weil ich mit einem Mädchen ausgehen wollte. Nicht falsch verstehen. Als Jugendlicher hatte ich großen Respekt für die tragische Vergangenheit meines Volkes. Ich respektierte den Überlebensweg meines Großvaters mehr als alles andere auf der Welt.

Unsere Familie von Überlebenden verlor viele ihrer Mitglieder im Holocaust. Mein Großvater und seine verstorbenen Eltern versteckten sich während des Krieges, bis man sie verhaftete und nach Buchenwald und

Ravensbrück brachte, wo sie 1945 von den Amerikanern und Russen befreit wurden. Großvater überlebte unverletzt, mehr oder weniger. Er litt unter chronischen Magenproblemen, verursacht durch die brutale Prügel eines deutschen Offiziers im Konzentrationslager. Er verbrachte Jahre damit, Expertenmeinungen zu dieser Verletzung einzuholen.

Ich verlor meinen Vater, einen Jagdflieger, als sein Jet mit einem anderen, freundlich gesinnten Flugzeug kollidierte. Ich war noch ein Säugling. Großvater Alex übernahm fortan die Vaterrolle. Seit ich drei Jahre alt war, erzählte er mir immer wieder Geschichten aus seiner Kindheit und Jugend, alle Horrorgeschichten und ohne Details auszulassen. Ich ertrug den Gedanken nie, dass meine Regierung die dunkelste Stunde der menschlichen Geschichte, ihrer gequälten Bürger und meiner Familie politisch missbrauchte.

„Oren! Nimmst du dieses Jahr an der Reise der 11. Klasse nach Polen teil?", fragte Michelle, als wir das Chemielabor verließen. „Ich kann es kaum erwarten. Der Gedanke, dort zu sein, ist so aufregend und gleichzeitig macht er mich total wahnsinnig. Ich muss einfach dorthin."

„Ich weiß nicht", antwortete ich. „Ich muss darüber nachdenken. Vielleicht spreche ich mit meinem Großvater darüber."

„Wie geht es Alexander?", fragte sie. „Er ist der tollste Großvater. Als ich ihn zum letzten Mal sah, hat er seine berühmte Zaubershow auf deiner Geburtstagsfeier aufgeführt. Wie steht es mit seiner Gesundheit?"

„Er wird mit Stil alt, aber er ist stärker als wir alle. Er leitet sein Automatisierungsimperium und reist noch immer in der Welt umher."

„Teilt er seine Lebensmottos noch immer so leidenschaftlich?" Sie kicherte.

„Und wie!" Ich lächelte und zählte mit den Fingern mit: „*Positive Gedanken, das Leben ist gut,* und ganz essentiell, *wenn ich mich nicht um mich selbst kümmere, wird es auch sonst niemand tun.*"

Ich war mir unschlüssig, ob ich an der Reise teilnehmen sollte, und konnte mich nicht entscheiden. Ein paar gute Freunde, unter ihnen Michelle, verkündeten, dass sie sich anmelden würden.

Irgendwo tief in meinem Inneren hatte es sich immer so angefühlt, als würden die Seelen meiner Familienmitglieder über den Todes- und Konzentrationslagern schweben, als hätten sie die blutgetränkten Täler und die verdammten Krematorien Europas nach dem Krieg nie verlassen. Ich verspürte nicht das Bedürfnis, dorthin zurückzukehren, weil wir diesen Ort nie wirklich hinter uns gelassen hatten.

„Warum willst du die Nazi-Lager in Polen besuchen?" Mein Großvater runzelte die Stirn. „Ich dachte, ich hätte dich besser erzogen. Du kennst die Vergangenheit gut. Ich habe dir all unsere Geschichten erzählt. Viele Polen waren Komplizen. Das Blut meiner Tanten und Onkel klebt an ihren Händen. Lass uns leben und uns auf das Hier und Jetzt konzentrieren."

Dann bot er an, dass wir beide in sein Lieblingscasino in Baden-Baden gehen könnten, was auf einen All-inclusive Ferienort hindeutete, der mir mehr bot als ein polnisches Museum über ein Todeslager. Er kannte mich zu gut. Unsere Großvater-Enkel-Reisen nach Deutschland waren legendär. Ich liebte es, ihn spazierend, lebend und atmend in Deutschland zu sehen. Er war ein anderer Mann. Alexander Ružiak hatte die gleiche Beziehung zur deutschen Sprache und Kultur wie ein Fisch, den man wieder ins Wasser zurücksetzte. Er strahlte eine solche Lebensfreude aus und genoss es, sich von deutschen Kellnern und Concierges verwöhnen zu lassen, sei es in einem Hotel, Spa-Resort, Restaurant oder Casino.

„Das habe ich mir auch gedacht, Opa. Ich werde sie wissen lassen, dass ich nicht mitkomme. Lass uns nach Terminen für unsere Reise schauen!"

Michelle war enttäuscht, als ich ihr das mitteilte.

„Oh nein … bitte, bitte überleg es dir noch einmal. Das ist die einzige Gelegenheit, die du hast, um diese schrecklichen Orte mit mir zu sehen! Und anderen Freunden natürlich. Du kennst so viele Geschichten aus den Erzählungen deiner Familie, die du mit uns allen teilen kannst. Kommst du wenigstens zum Vorbereitungstreffen heute? Es sind noch andere dabei, die sich unsicher sind, ob sie mitkommen. Falls du dich nach dem Treffen immer noch gegen eine Teilnahme entscheidest, lasse ich dich in Ruhe damit."

Ich versprach, beim Treffen dabei zu sein, aber auch, dass sie keine Erwartungen haben sollte.

Das Treffen fand in der Schulsporthalle statt, direkt nach Unterrichtsschluss. Ich nahm in einer der hinteren Sitzreihen neben einem Mitschüler Platz, der sich ebenfalls sehr unschlüssig war, ob er auf diese Reise gehen sollte. Ich entschuldigte mich im Voraus und sagte, dass ich wahrscheinlich nach einigen Minuten gehen würde.

Andere Schüler kamen und füllten die Halle.

„Wer ist das?" Meine Neugierde war geweckt.

Sie saß neben Michelle, am anderen Ende der Halle. In der Hand hielt sie das Buch *Nacht* von Elie Wiesel, dem berühmtesten Holocaust-Überlebenden der Welt. Gleichzeitig blätterte sie in einer Broschüre mit dem Titel *Polenreise 1992: Was man wissen muss*. Aufmerksam las sie darin.

„Sie ist neu", sagte mein Mitschüler. „Ihr Name ist Hannah. Ihre Familie ist aus Haifa hergezogen. Ich kenne sie nicht. Michelle verbringt Zeit mit ihr."

Hannah hing an den Lippen unserer Geschichtslehrerin, Frau Stein, als diese ihre Präsentation für die Reise vortrug, und dann stellte sie eine Frage, die unsere Lehrerin aus dem Rhythmus brachte. Sie fragte, ob die Reiseleitung damit einverstanden sei, die Reise eher als individuelles Lernerlebnis zu gestalten, anstatt als eine vollkommen durchgetaktete, staatlich organisierte Veranstaltung. Die Lehrerin meinte, dass die Schule an das nationale Holocaust-Lernprogramm gebunden sei, was sie in ihrer Flexibilität einschränke. Es kam zur Diskussion zwischen den beiden. Hannah, ihrem Alter zweifellos weit voraus, ließ sich nicht beschwichtigen. Sie war hübsch und wusste sich auszudrücken, und ich wollte mehr Zeit mit ihr verbringen und sie kennenlernen.

„Meintest du nicht, du würdest gehen?"

„Ich habe mich entschieden, zu bleiben", sagte ich zu meinem Freund. „Faszinierende Diskussion."

„Es ist unsere Pflicht, die Nazi-Lager in Polen zu sehen", sagte Frau Stein. „Die meisten Polen waren unschuldige Opfer der Besetzung und deutscher Grausamkeiten, wie Juden, Sinti, Roma und Homosexuelle. Nur wenn ihr das Land, die Städte, die Menschen, die umliegenden Dörfer, die Gerüche, die Natur und das Essen dort erlebt, werdet ihr unsere tragische Geschichte verstehen."

Ich hob die Hand. „Ich möchte Hannahs Standpunkt bekräftigen", sagte ich, voller Entschlossenheit. „Die Erzählungen der Schüler und Besucher, die aus den Lagern zurückkommen, waren immer sehr unterschiedlich und sehr persönlich. Für mich ist dieser Besuch eher eine spirituelle und emotionale Erfahrung als eine Erkundungsmission. Es ist wichtig, dass Sie uns den Raum geben, dies zu erleben, anstatt sich von einer Agenda leiten zu lassen."

Zum ersten Mal bemerkte Hannah mich. Selbstverständlich sah ich nicht in ihre Richtung. Mein Herz raste.

Nach dem Treffen rief ich Michelle an und meinte, falls Hannah keinen Freund hätte, würde ich mit nach Polen kommen. Ich konnte ihr Grinsen förmlich durch den Hörapparat sehen. Am nächsten Morgen verkündete sie, dass Hannah ledig und zudem für die Reise war. Ich informierte meinen Großvater über meine Entscheidung, mitzufahren, ohne ihm meine Beweggründe zu nennen. Ich bin mir sicher, er hätte es gutgeheißen, hätte ich ihm von Hannah erzählt.

Verfluchtes Heimatland, ich komme zurück!

Wir waren fünfundzwanzig Schüler und drei Lehrer. Der Flug vom Flughafen Ben Gurion nach Warschau ging einige Wochen später. Es war Winter.

Es benötigte drei Tage, einen Rundgang durch Krakow und den ersten Besuch eines Vernichtungslagers, um Hannah und mich zusammenzuschweißen. Wir lachten und redeten bis in die frühen Morgenstunden, bis ihre Zimmergenossin mich rauswarf. Wir knutschten im Hotel, auf der Rückbank des Busses, wenn alle zum Mittagessen gingen und hinter dem Besucherzentrum in Treblinka. Wir waren schamlos. Wir verliebten uns in einer Woche, von der man erwartete, dass wir in tiefem Schmerz und Trauer versinken würden. Wir sprachen darüber, wie unberührt uns die Grausamkeiten, Erzählungen und Ausstellungen ließen, und versuchten, es zu verstehen. Und dann knutschten wir weiter.

Den Lehrern gefiel unsere öffentliche Zuneigung nicht besonders. Sie zitierten Hannah und mich einzeln zu sich, um ihre Enttäuschung über unser unsensibles Verhalten zum Ausdruck zu bringen.

„Ist das eine Art Abwehrmechanismus von Jugendlichen?", fragte Frau Zimmerman, eine der Lehrerinnen, die unsere Gruppe begleitete. „Ich erwarte mehr von euch beiden."

Ich hatte schon immer vermutet, dass keine dieser alten, mürrischen Lehrerinnen jemals Jugendliche gewesen waren. Jetzt hatte ich den unwiderlegbaren Beweis. Sie fuhr fort: „Ich weiß, dass diese Reise sehr traumatisch sein kann, und ich verstehe, dass einige von euch eine Schulter zum Ausheulen brauchen, aber … könntest du bitte einen Gang zurückschalten, junger Mann? Ich möchte, dass du dich auf diesen elenden Ort einlässt. Ich will, dass du eine Beziehung zu unserer Geschichte aufbaust."

Ich fühlte keine emotionale Beziehung zu diesem Ort und erwartete es auch nicht wirklich. Seit meiner Kindheit hörte ich mir tragische Familiengeschichten aus dem Krieg an – selten wurde ich wegen irgendetwas emotional.

Ein Schulausflug würde das nicht ändern. Am Abend sprachen Hannah und ich über unsere Lehrergespräche.

„Meinst du, dass wir schlechte Menschen sind?", fragte sie und ich wollte sie küssen.

„Ich glaube wirklich, dass meine Großgroßonkel und Tanten, die in diesen Lagern umgekommen sind, es gutheißen würden, dass wir genießen, was Polen zu bieten hat. Das Leben ist kurz und zerbrechlich", sagte ich und fuhr mit der Hand unter ihre Bluse. „Sie würden dasselbe tun."

„Hör auf. Lass uns ernst bleiben. Ich möchte kurz darüber reden", sagte sie und ich zog die Hand weg. „Vielleicht haben die Lehrer recht. Vielleicht haben wir nur Augen füreinander, weil wir die Welt um uns herum und unsere Gefühle nicht an uns heranlassen wollen." Sie hielt inne. „Der Zweck dieser Reise ist mir zu wichtig. Ich habe lange darauf gewartet, hierherzukommen", fügte sie flüsternd hinzu und sah mich mit großen, braunen Augen an.

„Warte, was willst du mir damit sagen?" Mein Grinsen verschwand. Mir gefiel nicht, welche Richtung das Gespräch nahm.

„Lass uns eine Pause machen", sagte sie und legte ihre Hand sanft an meine Wange. „Wir sollten uns trennen und uns gegenseitig die Chance geben, uns wirklich auf diese Reise einzulassen. Ich hoffe, du verstehst, was ich meine."

Ich wusste, dass sie recht hatte. Ihre unerschütterliche Art machte sie so toll. Die Entscheidung war für mich getroffen und ich hatte nicht viel dagegen auszurichten. Niedergeschlagen ging ich zurück in mein Zimmer.

Den nächsten Tag war ich wie betäubt, hörte mir mehr Zeitzeugenberichte an, besuchte ein anderes Lager, las mir Dokumente durch, nahm an Diskussionen teil. Was stimmte nicht mit mir? Und noch wichtiger: Glaubte Hannah, dass etwas mit mir nicht stimmte? Ich dachte konstant an sie und ich sah mich ständig nach ihr um, wollte sehen, wo sie war und mit wem sie Zeit verbrachte. In den folgenden Tagen hielten wir Abstand. Wir sprachen kaum miteinander.

Am vorletzten Tag der Reise erreichten wir das berüchtigte Vernichtungslager Majdanek am Stadtrand von Lublin. Der Morgen war kühl und feucht und unsere Gruppe sichtlich erschöpft.

Obwohl Majdanek nicht das berühmteste Vernichtungslager war, fühlte es sich im Vergleich zu den anderen Lagern ganz anders an. Das Böse lag in der Luft. Das Lager lag inmitten einer weitläufigen grünen Wiese und war von dichten, immergrünen Wäldern umgeben, in unmittelbarer Nähe von Häusern und Gemeinschaftseinrichtungen. Ganz normale Menschen wohnten außerhalb der restaurierten Zäune. Ihre Eltern und Großeltern hatten in den 1940ern in diesen Häusern gelebt. Der hoch aufragende Schornstein des Krematoriums bot keine Möglichkeit, die Gräueltaten zu verbergen, die nur Hunderte von Metern von ihren Frühstückstischen entfernt stattfanden. Der Gestank von menschlichem Fleisch, das jahrelang Tag und Nacht verbrannt wurde, ließ sich nicht leugnen. Die Nachbarn hatten es sicher gewusst.

Ich nahm mir die Zeit, das Lager ein paar Stunden lang allein zu erkunden. Der beunruhigende, teuflische Geruch, den ich wahrnahm, hielt an, als ich das Gelände des Krematoriums betrat und an dem hölzernen Wachturm vorbeilief, der den Stacheldrahtzaun überragte. War es dieser Geruch, der mich so aus dem Gleichgewicht brachte?

Es war sehr kalt, obgleich ich einen dicken Wintermantel trug. Ich dachte an die Zwangsarbeiter, die der Gaskammer entkommen waren, und wie es einigen von ihnen gelang, Monate und Jahre dieser entsetzlichen Kälte in ihrer dünnen Häftlingsuniform zu ertragen, völlig unterernährt. Ich wuchs in einem heißen und humiden Klima auf und hatte den eisigen europäischen Winter und das menschliche Überleben im Konzentrationslager nie in Zusammenhang miteinander gebracht. Mir kam der Gedanke, dass man diese Art von Erkenntnissen nicht aus Enzyklopädien oder aus den Erzählungen meines Großvaters gewinnen konnte. Noch nie im Leben war mir so kalt – und der Gedanke wollte mir nicht aus dem Kopf gehen. Ich zitterte am ganzen Körper.

Ich erinnere mich, dass ich wütend wurde, denn für gewöhnlich neigte ich nicht zur Wut.

Dann kam Verwirrung über jene Wut.

Was passierte mit mir? Nichts von all dem war mir neu. Ich wusste, dass sechs Millionen meines Volkes umgekommen waren, dass man sie erschossen, vergast und auf andere, schreckliche Arten umgebracht hatte.

Sie waren lange tot. Dreißig Jahre nach ihrem Tod wurde ich erst geboren. Ich verlor den Halt.

Mehrere aus meiner Gruppe liefen direkt vor mir. Hannah war unter ihnen, neben zwei anderen Mädchen.

Sie betraten das Gebäude mit den Gaskammern und ich folgte ihnen.

Seit Jahren befasste ich mich mit den wissenschaftlichen Hintergründen der Gaskammermorde. Die Deutschen nutzen Kohlenmonoxid und Zyklon B, ein Pestizid auf Zyanidbasis, um die Häftlinge in den Gaskammern zu ermorden, die als Duschen getarnt waren. Man sagte den armen Menschen, dass sie sich waschen sollten, und als sie begriffen, dass tödliches Gas in den Duschraum geleitet wurde, konnte sie durch die schweren Metalltüren nicht flüchten. Zyklon B wurde schließlich aufgrund seiner geringen Kosten und seiner tödlichen Wirkung dem Kohlenmonoxid vorgezogen. Die Wirkung auf den menschlichen Körper war kürzer, besonders bei warmen Temperaturen. Darum ließ die SS das Gas einströmen, nachdem die Opfer heiß geduscht hatten.

An diesem Morgen fiel mein Blick auf die blauen Spuren, die das Giftgas an den Wänden hinterlassen hatte. Meine Angst steigerte sich ins Unermessliche, während die Temperatur um mich herum weiterhin sank. Die Gruppe ging, und ich blieb in der Gaskammer zurück. Über einen Kiesweg liefen sie zu einer Reihe bedrohlich wirkender Holzgebäude. Sie waren den ursprünglichen Gebäuden nachempfunden, sodass sie wie die Baracken aussahen, in denen die Kleidung und Wertgegenstände der Juden lagerten. Die Gebäude waren mit den Originalschildern in deutscher Sprache gekennzeichnet, was auf ihre Funktion hindeuten ließ.

Hannah und ihre zwei Freunde betraten eines der Gebäude. Noch immer von der bläulichen Verfärbung der Wände und der erschreckenden Erkenntnis über die kalten Temperaturen entsetzt, betrat ich die Baracke einige Minuten nach den dreien.

Der Raum war dunkel. Der Holzboden knarrte. Es roch nach Bösem und Zehntausenden von Schuhen, die man den Opfern genommen hatte, und die am Ende des Raumes in riesigen Kisten aufbewahrt wurden. Ein leichtes Schluchzen drang aus einer dunklen Ecke. Ich wandte mich um. Hannah kniete dort und weinte.

„Was ist passiert? Geht es dir gut?", fragte ich und legte ihr den Arm um die Schulter.

Sie deutete auf eine spärlich beleuchtete Ecke des Raumes.

„Die Haare", schluchzte sie, „schau dir all die Haare an."

An der Wand in der Ecke hing eine alte Glasvitrine, gefüllt mit Menschenhaaren. Blond, weiß, schwarz und hellbraun.

„Sie haben sie vergast und ihnen das Haar abgeschnitten und es behalten. Was hatten sie damit vor?"

War es der grässliche und schreckliche Anblick von jahrzehntealtem Haar, der stundenlangen, dunklen Gedanken folgte? Waren es Hannahs warme Tränen? Oder die allgegenwärtige Präsenz des Bösen, die uns umgab und drohte, in unsere Seelen vorzudringen? Die eisigen Temperaturen? Ich konnte nicht mehr.

Die eisige Kälte wurde zu einem tiefen Schmerz in meinem Inneren, der mir die Luft abschnürte. Mein Atem kam stoßweise. Tränen liefen mir über das Gesicht. Ich konnte nicht sprechen. Noch nie war mir so etwas passiert. Ich weinte nie. Ich weiß nicht, wie lange wir einander festhielten. Es müssen lange, unendliche Minuten gewesen sein.

Irgendwann spürte ich eine Berührung an der Schulter. Frau Zimmerman trocknete sich die Augen und bat uns, zurück zur Gruppe zu kommen, die dabei war, zum Bus zu gehen.

Eine Woche später saß ich mit meinem Großvater in Netanya und erzählte ihm diese Geschichte.

„Mein Lieber, ich bin froh, dass du diese Reise gemacht hast", sagte er. „Wie du weißt, habe ich im April 1945 diese Vergangenheit hinter mir gelassen. Ich habe die Entscheidung getroffen, dass das Leben gut ist, das Optimismus das Beste ist und dass, wenn ich mich nicht um mich selbst kümmere, es niemand sonst tun wird. Jetzt wiederhole – das Leben ist gut."

„Das Leben ist gut", wiederholte ich.

„Immer optimistisch sein", fuhr er fort.

„Immer optimistisch sein", wiederholte ich, so wie ich es tat, seitdem ich denken konnte. Die Erinnerungen reichten zurück zu Opa Alex' und Oma Judiths Bett nach einem Familienessen Samstagmittag.

„Und wenn ich mich nicht um mich selbst kümmere, wird es niemand tun."

„Wenn ich mich nicht um mich selbst kümmere, wird es niemand tun."

„Während du weg warst, habe ich ein bisschen nachgedacht. Was hältst du davon, wenn wir nach Weimar gehen und mein Konzentrationslager besuchen? Ich weiß nicht, was noch übrig ist. Aber da die Berliner Mauer gefallen ist, können wir jetzt hin. Ich habe die Erinnerungen an diese Barracken für so lange unterdrückt, aber unsere Gespräche über deine Polenreise haben mir das gegeben, was ich brauchte; die Erinnerungen sind wieder da."

„Bist du sicher, dass du dorthin zurückwillst, Großvater? Ich habe gelesen, dass nicht mehr viel von den ursprünglichen Gebäuden übrig ist."

„Ich bin mir sicher."

13 DER KLEINE PLATZ II

Wir landeten am frühen Morgen in Deutschland auf dem Frankfurter Flughafen. Großvater trug seinen charakteristischen Hugo-Boss-Anzug mit einem Gilet und einer breiten, gestreiften Krawatte. Im Anzug kannte er kein Alter, war großgewachsen und eindrucksvoll. Ich trug weite Levi's und einen schlichten Kapuzenpullover. In einer Welt, die nach Großvaters Philosophie agierte, würden wir alle dreiteilige Anzüge und gestreifte Krawatten tragen. Ich hatte gelernt, seine Enttäuschung über meine – und die meiner Generation – langweilige Kleiderauswahl hinzunehmen, weil er im Allgemeinen mit meinen restlichen Entscheidungen zufrieden war.

In Anlehnung an meine Schulreise unterlag unsere Holocaust-Reise einem strengen Programm. Nach der ersten Nacht in Frankfurt würden wir nach Weimar fahren, ein paar Stunden in Buchenwald verbringen und dann am Nachmittag nach Prag fahren. Das waren sieben Stunden Fahrzeit an nur einem Tag. Nach einem vierundzwanzigstündigen Aufenthalt in der tschechoslowakischen Hauptstadt ging es nach Brünn, wo Großvater einen Freund treffen wollte. In Brünn würden wir übernachten und am nächsten Tag die lange Fahrt nach Košice antreten. Zwei Nächte würden wir dort verbringen und dachten darüber nach, an einem dieser Tage Sečovce zu besuchen. Auf dem Rückweg würde es für einen Tag nach Bratislava gehen, dann nach Wien und schließlich nach Hause.

Großvater war ein bescheidener Mann und mietete auf seinen Auslandsreisen stets ein Auto der niedrigen Preisklasse. In Deutschland fuhr er einen Opel Vectra oder einen Volkswagen Passat. Er gab nichts um das Aussehen der Autos, noch ging es ihm darum, Aufmerksamkeit auf sich zu ziehen. Als wir bei dem Autoverleih Avis ankamen, war ich daher überrascht, einen schwarzen Mercedes 230E zu sehen.

„Hübsches Auto", sagte ich. „Wir fahren also mit Stil zu deinem alten Konzentrationslager?"

Er lächelte, sagte aber nichts.

Als erste Amtshandlung vereinbarte Großvater ein Treffen mit seinem Privatbankier bei der Frankfurter Sparkasse 1822 auf der Zeil, in der Innenstadt, gegenüber seiner Lieblingsrestaurantkette für Meerestiere – NORDSEE. Eine grundlegende Lektion eines jeden Überlebenden, so pflegte er zu sagen, sei es, niemals alles Vermögen auf eine Karte zu setzen. Denn das könne einen jederzeit und ohne Vorankündigung um besagtes Vermögen bringen.

„Kannst du dir vorstellen, wie groß das Familienvermögen in der Slowakei vor dem Krieg war? Die Ländereien, Bauernhöfe, Schlösser, Immobilien, Geschäfte ... alles weg. Die europäische Aristokratie oder die Nachkommen der Amerikaner, die mit der Mayflower aus Europa kamen, sind die reichsten Menschen der Welt. Aus heutiger Sicht wäre unsere Familie milliardenschwer. Aber im Krieg wurde das gesamte Vermögen geplündert und kam nie wieder zurück", wiederholte er die Geschichte, wie ich sie oft gehört hatte.

Als raffinierter Überlebenskünstler verteilte Großvater sein Vermögen, das er mit Blut, Schweiß und Tränen verdient hatte. Ich vermutete, dass der Besitz eines deutschen Bankkontos nur ein Vorwand war, um alle zwei Wochen zum Telefon zu greifen und mit jemandem Deutsch zu reden.

„Herr Funk, darf ich vorstellen? Mein Enkel, Oren Schneider", sagte er stolz und schob mich vor den jungen Bankangestellten. „Leider spricht er kein Deutsch. Aber ich weiß, dass Ihr Englisch solide ist."

Ich wusste, dass es ihm körperliche Schmerzen bereitete, dass ich keinen Anzug trug, als ich mit ihm die Bankfiliale betrat. Es hätte ihm nichts ausgemacht, wenn es kein dreiteiliger Anzug gewesen wäre, solange es sich um ein maßgeschneidertes Jackett gehandelt hätte. So war er. Ich hatte ihm erklärt, dass das Nichttragen eines Anzugs nicht bedeutete, dass ich ihn nicht liebte oder weniger respektierte. Es bedeutete lediglich, dass wir im Jahr 1992 lebten und nicht 1952 oder 1932.

„Freut mich, Sie kennenzulernen, Herr Schneider", sprach Herr Funk mich an. „Ich bin mir sicher, dass es für Sie nichts Neues ist, aber Ihr Großvater ist ein ganz besonderer Mensch. Und wir schätzen es sehr, ihn bereits viele Jahre als treuen Kunden zu haben."

„Glauben Sie mir, Herr Funk, ich weiß", sagte ich und stimmte auf das Loblied mit ein. „Wir wünschen uns, dass er noch viele Jahre Kunde Ihrer Bank ist und sie besucht."

„Es wäre der Bank eine Ehre", sagte er und lächelte. „Wenn ich fragen darf, was bringt Sie nach Deutschland? Geschäftliches oder Urlaub, oder etwa beides?"

„Gute Frage. Ich bin mir nicht sicher, ob es überhaupt in eine der beiden Kategorien fällt. Wir sind hier, um Herrn Ružiaks Konzentrationslager zu besuchen, wo er bis zu seiner Befreiung 1945 Zwangsarbeiter war", antwortete ich, ohne meine Worte zu beschönigen.

Der junge Herr Funk sah aus, als erlitte er einen Herzinfarkt. Sein Gesicht änderte die Farbe, er räusperte sich und gewann nach einigen Sekunden die Fassung wieder. „Ich verstehe", sagte er, machte eine Pause und räusperte sich erneut. „Ich hatte keine Ahnung. Es tut mir so leid, das zu erfahren, Herr Ružiak. Ich fühle mich furchtbar."

„Aber, aber, Herr Funk", sagte Großvater, der so etwas gar nicht mochte. „Mein Enkel hätte es nicht erwähnen sollen. Lassen wir die Vergangenheit Vergangenheit sein. Es ist alles in Ordnung, eine alte Geschichte, ein anderes Leben und eine andere Person. Ich wollte meinem Enkel nur den Ort zeigen, der mich zu dem Menschen gemacht hat, der ich heute bin, und somit auch ihn zu dem Menschen, der er ist."

„Verehrter Herr Ružiak, die Vergangenheit tut mir unendlich leid. Wie Sie wissen, muss unsere Generation die schreckliche Geschichte unseres Volkes akzeptieren und ihr Bestes tun, die Taten unserer Vorfahren zu verbüßen. Ich wünsche Ihnen viele Jahre der Gesundheit und des Wohlstands mit Ihrer Familie." Er reichte uns die Hand und wir verließen die Bank.

„Ich lege Wert darauf, niemals mit ihnen über die dunkle Vergangenheit zu reden", sagte Großvater, als wir ein Heringsbrötchen herunterschlangen. „Musstest du das Funk unbedingt erzählen?"

„Ja. Also, naja, nein, aber er hat mich gefragt. Und es gibt keinen Grund, es zu verheimlichen. Es gibt Generationen von Leuten in diesem Land, die gezwungen wurden, sich mit den Übeln ihrer Vorfahren auseinanderzusetzen. Das ist Teil ihres Wesens. Herr Funk scheint mir ein netter, gebildeter und intelligenter Mensch. Er verdient es, das zu wissen."

Der zweite Programmpunkt in Frankfurt war der Besuch bei Onkel Bella, dem jüngeren Bruder meiner Urgroßmutter Irena. Er lebte allein in Frankfurt unter seinem Alias Michal Kazimir. Großvater und ich gingen von der Zeil zu Bellas Wohnung, klingelten und wurden hereingelassen. Bella war dünn, viel kleiner als sein geliebter Neffe, und erinnerte mich mit seinen dichten Augenbrauen und dem schütteren, weißen und gekämmten Haar an Albert Einstein. Er freute sich sehr, seinen Lieblingsneffen zu sehen, mit dem er so innig verbunden war, so wie es nur Überlebende von Krieg und Gräueltaten sein können. Sie unterhielten sich auf Ungarisch und Großvater übersetze.

„Sanyi, ich bin so froh, euch zu sehen. Ich komme kaum noch unter die Leute. Meine Töchter und meine Exfrau leben so weit weg. Ich wollte deinen Enkel fragen, ob er Interesse an meiner Briefmarkensammlung hat. Ich habe niemanden, der sie übernehmen würde."

Wir blätterten durch eines seiner Alben und ich lehnte dankend ab.

„Kaum zu glauben, was Gorbatschow und diese Lackaffen in Moskau veranstalten", sagte Bella. „Dieses korrupte Politbüro hat eine ganze Bewegung in den Sand gesetzt. Sie sind zu Kapitalisten geworden und privatisieren den größten Industriekomplex des Proletariats, den es je gab. Es macht mich traurig, Sanyi. Die Welt um uns herum bricht zusammen, erstickt von Oligarchen und Privatunternehmen."

„Du siehst gut aus, Bella. Ich freue mich, dass du an deinem Standpunkt und deiner Ideologie festhältst, und dafür sorgst, Kapitalisten ehrlich zu halten."

Beide Männer lachten wie alte Freunde, die nach Jahren wieder zusammengefunden hatten.

„Es ist eine gute Sache, dass du deinen Enkel mit in das Lager nimmst. Die jungen Leute sollen sehen, was die Faschisten getan haben, und wissen, dass die Geschichte sich wiederholen wird." Bella wandte sich mir zu, sein Lächeln verschwunden. „Junger Mann, lass dich nicht von den Reichtümern der Welt beeindrucken. Dort liegen die schlimmsten und barbarischsten menschlichen Instinkte und Verlangen. Was unserer Generation widerfahren ist, kann auch dir geschehen, wenn du nicht wachsam bist. Hab keine Angst, dich dem Bösen zu widersetzen!"

„Jetzt mach einmal halblang, Onkel. Die Welt ist so anders und keiner von uns ist der Gefahr der Vernichtung nahe", meinte Großvater, im Versuch die Stimmung zu lockern.

Wir blieben noch eine weitere Stunde und ich lauschte den alten Männern und ihren Geschichten aus der Vergangenheit. Die zwei Überlebenden aus einer anderen Zeit fühlten sich in der Gesellschaft des jeweils anderen sichtlich wohl. Ich hoffte, dass es nicht unser letzter Besuch bei Bella, unserem eigenen Kriegshelden, war.

Der dritte Punkt der Tagesordnung in Frankfurt war die nächtliche Eisbeinzeremonie. Großvater war dafür bekannt, kein wählerischer Esser zu sein, und tatsächlich war es, von einem kulinarischen Standpunkt, nichts Besonderes. Doch der Anblick des Eisbeins brachte den jungen, leidenschaftlichen Alexander hervor. Freude und Lust glitzerten in seinen Augen. Seit unserer Kindheit war er mit uns durch Deutschland und Österreich gezogen, immer auf der Suche nach der ultimativen Zubereitung dieser Delikatesse, die auch als Schweinshaxe bekannt ist. Normalerweise wurde Eisbein geröstet, bis die Haut knusprig war, und mit Kartoffelpüree oder Erbsenpüree und Sauerkraut serviert. Dazu einen Senf. Die Suche führte dazu, dass Großvater den Frankfurter Stadtteil Sachsenhausen als Mekka des Eisbeins sah. Wir gingen *Zum Gemalten Haus* essen, und Großvater bekam sein Eisbein.

„Bist du nervös?", fragte ich. „Wegen morgen."

„Etwas", antwortete er und trennte den letzten Fleischrest vom Knochen. „Ich hoffe, dass man noch etwas sehen kann. Dann weiß ich, dass es alles real war."

„Nun, deine Geschichten werden noch für Generationen bestehen, wenn ich sie aufschreibe. Das Abendessen hat mich an das Schweinefleischessen von dir und Opapa im Lager erinnert, kurz nach eurer Befreiung. Niemand kann diese Geschichten zunichtemachen."

Wir prosteten einander mit einem örtlichen Weißbier zu und gingen zurück ins Hotel. Am nächsten Morgen würde es früh losgehen.

Die Fahrt nach Weimar dauerte etwas länger als drei Stunden. Unser Luxusauto war äußerst komfortabel und Großvater heizte mit fast 190 Sachen über die Autobahn. Die breite, glatte Straße wurde zu Zementplatten, als wir die ehemalige innerdeutsche Grenze überquerten, und er bremste deutlich ab.

Wir passierten Weimar und folgten der Beschilderung zu dem historischen Ort, wo wir auf den Parkplatz der Gedenkstätte Buchenwald fuhren. Großvater parkte und ich sah, dass er sich sorgte. Es war ein kalter Tag, aber wir waren gut angezogen und vorbereitet.

Unter einem Uhrenturm zierten die Worte JEDEM DAS SEINE das Tor des Haupteingangs.

Das Lager war groß und größtenteils leer. Die hölzernen Schlafbaracken standen nicht mehr und kleine, schwarze Stein markierten die Grundrisse der Gebäude, wie in der Zeit zurückgeworfen, als wäre es April 1945. Das Krematorium und der Schornstein standen verwaist in der Mitte von allem. Großvater lief voraus und ich folgte ihm.

„Hier war der Kleine Platz, der Appellplatz, dahinter gab es das Verwaltungsgebäude", sagte er. „Hier hat mich der SS-Offizier beinahe umgebracht, bevor mein Vater und Günter mir das Leben retteten."

„Wie fühlt es sich an, heute hier zu stehen?"

„Um ehrlich zu sein, habe ich mein ganzes Leben damit verbracht, die Gefühle, die ich als Jugendlicher in diesen Momenten hatte, zu unterdrücken. Für mich sind der junge Alexander Rosenberg und sein Vater Solomon Rosenberg, ausgehungert und erbärmlich in ihrer stinkenden Häftlingskleidung, die um ihr Überleben kämpfen, nichts weiter als Bücher- oder Filmfiguren. Keine Menschen."

„Bereust du jemals die Entscheidungen oder Handlungen deiner Familie? Im Krieg, meine ich, als man wusste, dass die Deutschen die Juden vernichten wollten."

„Nein, ich bereue nichts. Das tun wir in unserer Familie nicht. Wir blicken immer nach vorne, nie zurück. Die einzige Sache, die an Reue herankommt, aber keine ist, besteht darin, das Schiff nach Jaffa und nicht nach Ellis Island genommen zu haben. Aber ich bin meiner Liebe gefolgt und wir haben euch in unserem Leben und das bereue ich keine Sekunde lang. Der Krieg hat mich viel gelehrt, was ich seit deiner Geburt mit dir teile. Wenn wir nicht geglaubt hätten, wir würden überleben, dann wären wir nicht hier. Optimismus ist ein Grundpfeiler des Lebens und muss ständig und täglich gelebt werden. Selbstständigkeit ist ein weiterer bemerkenswerter Grundpfeiler. Niemand wird sich um mich kümmern, wenn ich es nicht selbst tue. Das Leben ist gut, denn die Messlatte wurde 1941 auf den niedrigsten Stand zurückgesetzt. Dann 1942 und dann 1943 und dann 1944 und dann 1945. Das Leben war so himmlisch, verglichen mit meiner Jugendzeit. Wie du siehst, bereue ich nichts."

Großvater schwieg auf der Fahrt nach Prag, am Grenzübergang und bei der Passkontrolle. Die stolze Hauptstadt der Tschechoslowakei, sehr bald die Hauptstadt Tschechiens, wirkte müde und die historischen Denkmäler waren vernachlässigt und abgenutzt. Wir kamen spät im Forum Hotel an und gingen sofort zu Bett. Als ich am Morgen aufwachte, hatte Großvater bereits geduscht und sich angekleidet. Er war mit seinem elektrischen Rasierapparat beschäftigt und sein *Davidoff Cool Water* Rasierwasser verstopfte mir in die Nase.

„Du siehst aus, als hättest du gut geschlafen. Zieh dich an. Lass uns schnell frühstücken und dann losgehen. Ich kann es kaum erwarten, Zdeněk nach fast fünfzig Jahren wiederzusehen." Er wurde ruhelos.

Eine Stunde später waren wir auf dem Weg nach Brünn, zwei Stunden südöstlich der Hauptstadt. Zdeněk Šuba hatte nach dem Krieg zusammen mit Großvater, in dem einen Jahr in Bratislava, die Schule besucht und sie waren in Kontakt geblieben; Briefe und alle paar Jahrzehnte ein Anruf. Zdeněk wurde Ingenieur und arbeitete unter dem kommunistischen Regime für eine Rüstungsfabrik, was seine Möglichkeiten, das Land zu verlassen, weiter einschränkte. Großvater hatte Zdeněks Adresse auf einem vergilbten Papier notiert und fragte eine alte, zahnlose Frau in einer Seitenstraße in Brünn nach dem Weg. Sie zeigte auf graue Betonhochhäuser in der Ferne, erbaut im sowjetischen Stil.

Der schwarze Mercedes Benz wirkte neben alten weißen, russischen Ladas fehl am Platz. Wir traten in ein dunkles Foyer, das nach staatlich hergestelltem Desinfektionsmittel stank, und dann in einen sehr kleinen, lauten Aufzug, der uns unter Schwierigkeiten und mechanischem Gequietsche in die neunte Etage brachte.

Zdeněks Haar war weiß, das Gesicht war voller Sommersprossen und ihm fehlten mehrere Zähne. Er sah zwanzig Jahre älter als Großvater aus, obwohl sie ungefähr im gleichen Alter waren. Die zwei Männer umarmten sich lange und sprachen voller Leidenschaft Slowakisch– zuletzt hatten sie sich 1947 gesehen. Alle paar Minuten erhielt ich eine übersetzte Zusammenfassung.

„Die Wohnungen in diesen Gebäuden werden von der Regierung an pensionierte, hochrangige Staatsbedienstete vermietet. Zdeněk ist mit achtundfünfzig in Rente gegangen und hierhergezogen, kurz nach dem unglücklichen und frühen Tod seiner armen Frau, die an Krebs verstarb."

„Er lebt von einem staatlichen Stipendium von dreißig Dollar pro Monat. Damit können Lebensmittel, Kleidung und Verkehrsmittelkosten abgedeckt werden, aber für viel mehr reicht es nicht."

„Hier, schau mal. Die Fotos hat Zdeněk in den 60ern auf Kuba aufgenommen, wo er die Leitung für elektrische Projekte innehatte."

„Er sagt, dass die Wirtschaft zusammenbricht, die Arbeitslosigkeit sehr hoch ist und die staatlichen Dienstleistungen, wie das Gesundheits- und Bildungswesen, sich allmählich verschlechtern."

Ich trank Eistee und aß Kekse aus der Region, während die Männer sich gegenseitig auf den neusten Stand der Dinge brachten. Zdeněks Wohnung war klein und seine Holz- und Strohmöbel alt, aber gut gepflegt. In der Anbauwand im Wohnzimmer standen eine ganze Anzahl detaillierte Modelfrachtschiffe in Glasflaschen. Anscheinend hatte Zdeněk ein nautisches Hobby. Daneben stand ein 16-Zoll-Röhren-Schwarzweißfernseher und in der Küche spielte ein Radio leise klassische Musik auf AM-Wellen.

Irgendwann erhob sich Großvater, nahm seine Brieftasche hervor, zählte zehn 100-Dollar-Scheine ab und überreichte sie Zdeněk, der seine Aufregung gar nicht verbergen konnte.

„Er muss sich mehreren Zahntransplantationen unterziehen, was nur in einer Privatklinik in Brünn gemacht wird, und er kann es sich nicht leisten. Also habe ich entschieden, etwas zu helfen", erklärte er mir.

Sie umarmten sich erneut und wir gingen. Es wurde dunkel und wir fuhren zu einem eher schäbigen Hotel im Stadtzentrum.

„Die Sowjets haben das Land, und alle anderen Länder, die sie nach dem Krieg übernommen haben, ruiniert", sagte Großvater und reichte unsere Pässe der Dame am Empfang. „Brünn war früher ein Zentrum der Produktion und des Handels, mit Intellektuellen, die Philosophie in Cafés debattierten. Heute ist es ein heruntergekommenes Dreckloch. Das sage ich Onkel Bella immer, dass der Kommunismus eine tolle Idee ist, aber nicht funktionieren kann, weil Menschen daran beteiligt sind."

Nichts in unserer archaischen, staubigen Flitterwochensuite funktionierte wirklich – es war das beste Zimmer, das das Hotel zu bieten hatte. Aus dem Wasserhahn kam kein Wasser. Das Licht ging nicht an. Der Stuhl brach zusammen, als ich mich daraufsetzen wollte. Das rostige Fensterscharnier brach, als ich versuchte, das Fenster zu öffnen. Nach 16 Uhr gab es in dem Hotel keinen Wartungsservice mehr. Wir saßen im Zimmer und öffneten eine Flasche regionales, lauwarmes Sprudelwasser, weil der Minikühlschrank es nicht mehr tat.

„Zdeněk war der Klügste und Witzigste an unserer Schule", erinnerte sich Großvater. „Alle liebten ihn. Wenn er es geschafft hätte, nach Amerika zu gehen, bevor die Kommunisten kamen, wäre er jetzt sicher Multimillionär, Systementwickler und Mitbegründer von Unternehmen wie Xerox, HP, Bell Labs oder IBM. Dennoch geht es ihm besser als den meisten. Viele unserer damaligen Mitschüler wurden mittellose Fabrikarbeiter."

Am nächsten Tag setzten wir unsere Reise entlang der frostigen Felder der Slowakei fort, auf dem Weg in die Hauptstadt des Ostens: Košice.

Für Großvater war das die Metropole seiner Kindheit mit breiten Fußgängerzonen, Kinos, schicken Cafés, Bäckereien und mehreren Unternehmen, die engen und entfernten Verwandten gehörten. Hier hatte er sich verliebt und seine Partnerin fürs Leben gefunden. Jetzt war die Stadt eine düstere, baufällige Arbeiterstadt mit Betonvierteln und bröckelnden Häusern. Unser Hotel schien vom selben Standard wie das Hotel in Brünn, das wir am Morgen verlassen hatten.

Großvater bat den Concierge nach einer Empfehlung für eine authentische, ostslowakische Küche in der Nähe. Schon seit Jahren juckte es ihn, mir dabei zuzuschauen, wie ich die Köstlichkeiten seiner Kindheit verschlang. Ich hatte zahllose Geschichten über den legendären regionalen Schafskäse gehört, *bryndza*, und konnte fast die *bryndzové halušky*, Käseteigtaschen, schmecken – seine lebhafteste Erinnerung an die slowakische Hausmannskost. Es dauerte beinahe eine Stunde, bis wir das kleine Restaurant fanden, und zu seiner Enttäuschung wurde uns gesagt, dass sie keinen Käse mehr hätten, als wir ankamen. Und so aßen wir eine herzhafte, sättigende Gulaschsuppe.

Am Morgen fuhren wir nach Sečovce.

Seit jeher hatte ich Geschichten über die Heimatstadt der Rosenbergs gehört: das große Haus, der Delikatessenladen Solomon Rosenberg, die schönen Möbel, das reiche gesellschaftliche Leben, die jüdische Gemeinde, die Familie, die Freunde, der Aufstieg der Garda, die Wellen des Antisemitismus, der schreckliche Tag der jüdischen Deportation und die Flucht nach Michalovce.

Ich stellte mir eine zauberhafte Kleinstadt vor, mit alten Stadthäusern im italienischen Stil, die vor fünfzig Jahren vom Bösen verschlungen wurde.

Als wir uns der Stadt mit dem Auto näherten, sah ich die ersten Zigeunerwagen und Pferde an der Straßenseite. Bis dahin hatte ich über Roma und Sinti nur in Büchern gelesen und sie in Filmen in ihrer traditionellen Kleidung und mit ihren domestizierten Tieren gesehen. Dort waren sie, real und authentisch. Ich fragte Großvater, ob er anhalten könne, sodass ich mir das Ganze besser anschauen konnte. Kaum hielten wir, kamen zwei wütend aussehende Männer und näherten sich uns in großen Schritten, einer hatte von einem Ohr zum anderen eine Narbe im Gesicht. Großvater wartete nicht ab, sondern fuhr sofort los.

„Haben sie schon immer hier gewohnt?", fragte ich.

„Ja. Ich erinnere mich daran, dass sie hier waren, in den Feldern, als ich geboren wurde. Man hat sie gejagt, verfolgt, verhaftet, deportiert und ermordet, wie uns Juden, in den 30ern und 40ern. Ich nehme an, dass diejenigen, die überlebt haben, nach dem Krieg in ihre Heimatländer zurück sind."

Wir fuhren in die Stadt. Die magische Stadt in meiner Vorstellung war eine verarmte, heruntergekommene Landgemeinde und fast völlig verlassen. Großvater lenkte das Auto Richtung Štefánikova-Straße 152 und hielt direkt an der Adresse. Das alte Familienhaus, in dem sich das Familienunternehmen befunden hatte, gab es nicht mehr. Auf dem Hof stand ein hässliches Betongebäude und überall lag jede Menge Schutt und Müll, wie auf vielen anderen Grundstücken in der Umgebung.

„Nichts übrig, sie haben das Haus abgerissen", sagte Großvater nonchalant.

Wir stiegen aus dem Auto und er betrat das Grundstück. „Hier stand das Haus." Eilig lief er an der Straße entlang, markierte mit den Händen die Hausgrenze. „Hier war der Ladeneingang. Aber er ist weg. All die schönen Häuser sind weg. Dieser verschlafene, hässliche Ort hat nichts mit der Straße zu tun, in der ich aufgewachsen bin."

„Aber das Grundstück gehört dir! Hast du es nach dem Krieg je zurückgefordert?", fragte ich.

„Es ist mir gleichgültig. Ich will es nicht haben. Lass die Leute hier daran verrecken."

Mehr gab es nicht zu sagen. Er war fast emotionslos, als hätte er damit gerechnet, dass sein Geburtshaus nicht mehr stand.

„Ich muss nur noch eine Person besuchen, bevor wir gehen. Auf zum jüdischen Friedhof. Fall er noch besteht."

Wir fuhren zum Stadtrand, wo wir an einer von Bäumen gesäumten Straße ankamen, die parallel zu einem hohen, verrosteten Zaun verlief. In der Mitte des Zauns war ein großer, rostiger Davidstern aus Metall befestigt. Innerhalb des Zaunes war der Boden mit wilden, hochrankenden Chrysanthemen bedeckt. Dazwischen schiefe Grabsteine, unterschiedlich hoch und in unterschiedlichen Farben und Formen. Einige waren völlig zerstört, andere waren in einem besseren Zustand mit lesbaren Inschriften. Das Tor war verschlossen und Großvater klopfte an die Tür des Nebenhauses. Er erklärte mir, dass normalerweise eine Pförtnerfamilie in dem Haus, das einem Friedhof am nächsten war, wohnte. Er behielt recht. Eine alte Frau trat heraus und, nach einer kurzen Unterhaltung und einer Spende, begleitete sie uns zum Friedhofstor und schloss es auf. Wir betraten den Friedhof und liefen zwischen den Gräbern. Seit fast fünfzig Jahren hatte es hier keine Beerdigungen oder Yahrzeit-Zeremonien mehr gegeben. Die Familien der hier begrabenen Menschen waren größtenteils im Holocaust ermordet worden. Im Gegensatz zu ihren Vorfahren ruhten sie nicht in beschrifteten Gräbern.

Ein paar Momente später stand ich am Grab meines Ururgroßvaters, Bernat Rosenberg, dessen hebräischer Name Dov lautete. Sein Grabstein verkündete auf Hebräisch:

Hier ruht
Unser glorreicher Rabbi und Lehrer
Dov Rosenberg
Sohn des renommierten,
genialen Rabbi von Tășnad,
Solomon Katz Rosenberg
Er wählte den Weg des Gerechten
Erlangte die Krone der Gloria und guten Namen
Seinen Eltern ein lieber Sohn
Seine Seele hingebungsvoll und rein
Lenkten Wohltätigkeit und Güte seinen Weg.

„Ich habe ihn nie kennengelernt. Er starb nur wenige Monate vor meiner Geburt, aber mir wurden immer Geschichten über sein Leben erzählt. Er war ein wahrer Unternehmer, der auf den orthodoxen Lebensstil verzichtete, und den Reichtum der Familie schuf, den er mit der jüdischen Gemeinde von Sečovce teilte", sagte Großvater. „Immerhin war unsere Reise nicht umsonst."

Wir machten ein paar Fotos mit seiner neuen, digitalen Pentax-Kamera und gingen zurück zum Auto.

Am nächsten Morgen fuhren wir nach Westen in den bald unabhängigen Staat der Slowakei. Es war eine lange Fahrt nach Bratislava, wo ein jüdischer Denunziant Großvater und seine Eltern den Nazis ausgeliefert hatte.

Es regnete stark und so sahen wir die wichtigen Orte der Familiengeschichte hauptsächlich aus dem Auto. Wir fuhren am Wohnhaus meiner Urgroßmutter Theresia Rosenbaum vorbei, wo diese sich mit ihrer Tochter Gisella versteckt hatte. Wir fanden auch die Straße und das Haus, wo die Familie eine Wohnung von Marika gemietet hatte und sie zweimal von der Gestapo mitgenommen wurde, nachdem der Denunziant sie verraten hatte. Wir identifizierten selbst das Gewerbegebäude, wo die Schreibmaschinenagentur Miroslav Schweska operierte. Die Agentur gab es nicht mehr. Wir hielten vor dem großen, leerstehenden Gebäude in der Kozia Straße, das als SS-Transferlager diente. Von dort aus hatte man die Familie zum Bahnhof marschiert und dann nach Deutschland deportiert. Großvater verhielt sich relativ emotionslos und zurückhaltend, als würde er mir die Spuren der Gefangennahme eines anderen zeigen.

„So! Ich habe genug von meiner Heimat gesehen", sagte Großvater. „Es ist eine Schande, wie rückständig hier alles nach dem Krieg geworden ist. Ich bin sehr froh und fühle mich privilegiert, dass ich die Möglichkeit hatte, dir die ganze Geschichte, Schritt für Schritt, Kapitel für Kapitel, zu erzählen. Aber lass uns jetzt bitte in die Zivilisation zurückkehren … Ich kann es kaum erwarten, morgen in Wien zu sein, in einem guten Hotel zu schlafen, frische, gutriechende Bettwäsche zu haben und Anzüge und Krawatten zu kaufen."

Später am Abend verbuchten wir einen Sieg im Hotelrestaurant – meine erste Portion *bryndzové halušky*.

„Wow, sie sind so salzig und fettig." Der erste Bissen riss mich von den Socken. „Kein Wunder, dass sie sich so sehr in dein Gedächtnis gebrannt haben."

„Oder? Sie sind gut, nicht?" Er lächelte und übersah die Nuance.

„Ja, man kann sich durchaus daran gewöhnen. Aber du hattest dein liebstes Kindheitsgericht ernsthaft nicht mehr, seit du mit einundzwanzig zusammen mit Großmutter nach Israel gegangen bist?"

„Ein paar Mal hatte ich es in Österreich, aber nichts kam an das Originalrezept ran. Ich nehme an, dass mein Verdrängungsmechanismus auch mein Verlangen danach gestillt hat. Aber ich könnte mich definitiv wieder an Teigtaschen gewöhnen!"

Wir überquerten die Grenze nach Österreich am Morgen und verbrachten den Tag in Kaufhäusern und Museen in der Umgebung.

Am Abend nahm er mich mit in sein Lieblingsrestaurant, ein altmodisches ungarisches Lokal, in dem er in den vergangenen Jahrzehnten oft während seiner Geschäftsreisen abgestiegen war. Anzug und Krawatte waren obligatorisch.

Wir setzten uns und ich las das Menü mit meinem begrenzten Deutsch. Er ließ den Blick in alle Richtungen schweifen und wirkte abgelenkt.

„Was ist los?", fragte ich.

„Oh nichts. Normalerweise spielt am Mittwoch eine Zigeunerband. Ah ja, ich sehe sie auf der anderen Seite der Halle. Alles gut."

„Ober!" Er winkte einem gut gekleideten, älteren Herrn, der mit der Anmut eines Balletttänzers auf uns zukam. „Bitte stellen Sie sicher, dass die Musiker als nächstes hierherkommen", sagte er und überreichte ihm zwei 100-Schilling-Scheine.

Innerhalb von fünf Minuten umkreisten fünf Zigeunermusikanten unseren Tisch, den Blick auf Großvater gerichtet. Ihr Wortführer hielt eine Violine in der Hand, die anderen hatten zwei zusätzliche Violinen, einen Kontrabass und ein sperriges Zymbal.

Großvater und der führende Violinist unterhielten sich auf Ungarisch, dann auf Slowakisch. Sie wirkten wie Brüder, bei der Geburt getrennt, Nachbarn einer anderen Welt und einer anderen Zeit, wiedervereint durch die universale Sprache der Musik. Ich nahm an, dass sie eine potentielle Liederliste für den Abend durchgingen und das musikalische Repertoire besprachen.

Der führende Musiker gab ein Zeichen und die Band begann zu spielen. Sie spielten dutzende Melodien, einige kamen mir bekannt vor, andere nicht. Der Ehrengast schwebte auf Wolke sieben und genoss es sichtlich, dass der Klang der Violinen ihn zu den Orten seiner Kindheit führte, die selbst in Sečovce und Buchenwald nicht greifbar gewesen waren.

Dann erklang eine weitere Melodie und ich erkannte sie: *Unter unserem Fenster*, wie der junge Alexander sie seiner Mutter und deren Freundinnen vorgespielt hatte, in einem anderen Leben, in einer anderen Welt mit eleganten Zigarettenhaltern und Nerzfell, bevor die Nazis in die Stadt einmarschierten. Und er sang:

Unter unserem Fenster
ist es immer sehr kalt
Und in unserem Brunnen
fließt kein Wasser.
Ich nehme meine kleine Axt
und schlage das Eis ein.
Und in unserem Brunnen
wird das Wasser wieder fließen.
Unter unserem Fenster
ist eine weiße Rose.
Sag mir, meine Liebe,
was betrübt dich so.
Ich nehme meine kleine Axt
und schlage das Eis ein.
Und in unserem Brunnen
wird das Wasser wieder fließen.
Unter unserem Fenster,
eine weiße Lilie.
Sag mir, meine Liebe,
wer kommt zu dir.
Ich nehme meine kleine Axt
und schlage das Eis ein.
Und in unserem Brunnen
wird das Wasser wieder fließen.

Der führende Musiker konnte seine Freude nicht verbergen. Man traf nicht jeden Tag auf einen Musikerkollegen aus der alten Heimat und dieser hatte auch noch einen Haufen österreichischer Schillinge mit dabei, die sich immer weiter auf dem Tisch auftürmten.

Der Ober war zufrieden. Die umstehenden Gäste waren wie gebannt von der Szene des gut gekleideten, weißhaarigen und gutaussehenden alten Mannes, der mit der Stimme einer Nachtigall sang und die Musiker mit einem Haufen Geld an Ort und Stelle hielt.

Aus der Küche kamen Essen und Bier. Gott sei Dank gab es Alexander Ružiak – jeder Abend, an dem er auftauchte, war ein guter Abend für das Geschäft.

Tränen liefen ihm über das Gesicht und für eine Stunde in einem warmen, ungarischen Keller, wo er die fettige, ländliche slowakische Küche genoss, war er wieder Alexander, das Einzelkind, der Musiker aus Sečovce, der exotische Briefmarken sammelte, den Laden seines Vaters liebte, als technischer Lehrling brillierte, und von fernen Ländern träumte, aus denen einzigartige Kräuter und Gewürze stammten.

14 NACHWORT
FEBRUAR 2020, BROOKLYN, NEW YORK, USA

„Hi, Oren, es ist Opa Alex", sagte er. So begann er alle seine Anrufe, als wüsste ich nicht bereits nach dem ersten Atemzug, wer am anderen Ende der Leitung war. Die Last der Jahre klang in seiner langsameren Aussprache und leiseren Stimme mit, doch sein Verstand war so scharf wie eh und je.

„Hallo, Opa", antwortete ich und nahm meinen Blick von dem Computerbildschirm und der Tabelle und legte das iPhone beiseite.

„Rufe ich zu einem schlechten Zeitpunkt an? Bist du auf Arbeit?", fragte er, so wie immer. Für ihn stand die Arbeit immer an erster Stelle.

„Nein, alles gut. Wie geht es dir? Wie läuft es in der Reha?"

Als ich ihn einige Wochen zuvor im Dezember in Netanya besucht hatte, war er gestürzt, hatte sich eine Fraktur des Oberschenkels zugezogen und sich einer Operation zu dessen Herstellung unterzogen. Er konnte noch nicht wieder laufen und hatte die Reha gerade erst begonnen.

„Es ist schwer, weil ich so geschwächt bin. Ich wollte noch einmal deine Stimme hören und mich von dir verabschieden. Ich weiß nicht, wie viel Zeit mir noch bleibt."

„Opa, das sagt du jetzt schon fünfzehn Jahre lang und du bist immer noch hier. Dein Kopf ist klar und dein Körper wird sich mit etwas Übung und Arbeit wieder erholen. Du musst genesen, sodass wir dich alle im März sehen können, wenn wir zu Besuch kommen. Die Mädchen vermissen deine Zaubershow."

„Ich hoffe es. Falls wir uns nicht wiedersehen, möchte ich, dass du weißt, dass ich dich lieb habe und ich stolz auf dich bin und glücklich mit all deinen Entscheidungen. Pass mir gut auf die französischen Hunde auf. Sie haben eine lange Reise hinter sich, von wo sie geschaffen wurden."

„Mach dir keine Sorgen, Opa. Mach deine Reha und wir sehen uns im März."

Er würde es überstehen. Er hatte schon immer alles überstanden. Das Leben hatte ihn Widerstandskraft, Unabhängigkeit und Überlebenswillen gelehrt. Selbst 1998 nach der Asienkrise, als er dachte, dass sein Lebenswerk sich im Nichts auflöste, und Albträume über die Nazischergen ihn jede Nacht heimsuchten, ging es weiter.

Noch am selben Tag seines Anrufes verkündete die New York Times, dass der mysteriöse Virus aus Wuhan, China, jetzt in Italien und Spanien wütete. Einige Wochen später zwang mich der Ausbruch von Corona in New York City dazu, mein Geschäft zu schließen und alle Mitarbeiter in den USA und weltweit zu beurlauben. Hektische Verhandlungen mit Investoren, Kreditgebern, Vermietern und anderen Leuten folgten. Wir befanden uns zu Hause in Quarantäne und ich kämpfte für unser wirtschaftliches Überleben.

„Wir durften Opa Alex heute nicht sehen. Wegen Corona ist die Einrichtung für Familien geschlossen", schrieb mir meine Schwester.

Ich versuchte, ihn telefonisch zu erreichen. Keine Antwort.

„Können wir einen Mitarbeiter bitten, ihm zu helfen, uns anzurufen? Ich möchte seine Stimme hören und sichergehen, dass es ihm gut geht", schrieb ich zurück.

„Hier herrscht der Corona-Wahnsinn. Das Personal reagiert nicht. Sie haben eine Infektion in der Einrichtung und niemand ruft mich zurück", antwortete sie.

Eine ganze Woche lang konnten wir nicht mit ihm sprechen.

Meine Besorgnis über meinen Großvater vermischte sich mit der Anspannung, die ein finanziell angeschlagenes Unternehmen mit sich brachte, die Entlassung von Mitarbeitern, die Hilfe, die die Mädchen benötigten, um auf ihr Online-Lernportal zugreifen zu können, und das Desinfizieren von

Lebensmittellieferungen. Ich dachte, dass es keine schlimmere Zeit gab, um alt und krank zu sein, und versuchte, nicht zu viel darüber nachzudenken, wie er allein in seinem Bett in der medizinischen Einrichtung lag.

Der Anruf meiner Schwester kam Ende März.

„Ich habe es gerade vom Arzt gehört. Großvater ist gestern friedlich eingeschlafen. Er hatte kein Corona, er war allein, einsam, weit weg von uns allen, und hatte entschieden, dass er genug hatte. Es wird nicht einmal eine ordnungsgemäße Beerdigung geben, und ich weiß, dass du nicht herkommen kannst, mit Brooklyn im Lockdown."

Ich ging ins Wohnzimmer, nahm die Bronzestatue der zwei französischen Bulldoggen in die Hand und stand da, starrte Richtung Horizont und setzte mich auf die Couch.

„Bist du traurig, Papa?", fragte Rio, meine große Tochter, als sie mit einem technischen Problem ihres Laptops ankam.

Mir fehlten die Worte.

„Mach dir keine Sorgen, ich weiß, dass es schwer ist, aber das Leben ist gut. Du musst positiv denken und dich daran erinnern: Wenn du dich nicht um dich selbst kümmerst, wird es niemand tun", sagte sie und umarmte mich, als hätte er in ihrer sanften Stimme zu mir gesprochen.

STAMMBAUM DER ROSENBERGS UND ROSENBAUMS

Nachkommen von Bernat Yehoshua Dov Rosenberg und Hannah Grun
(Sečovce)

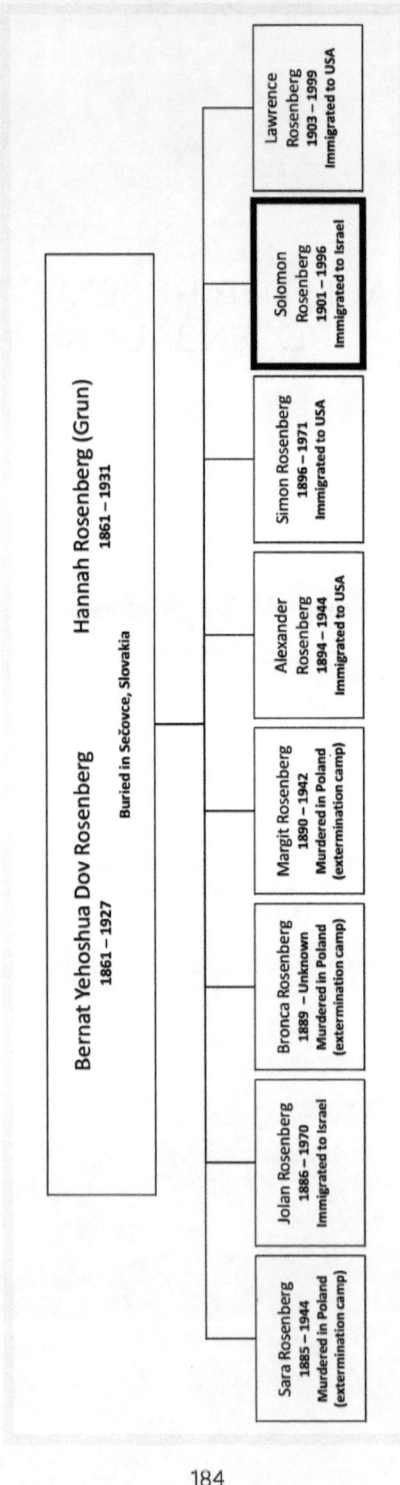

Nachkommen von Alexander Rosenbaum und Theresia Markovic (Michalovce)

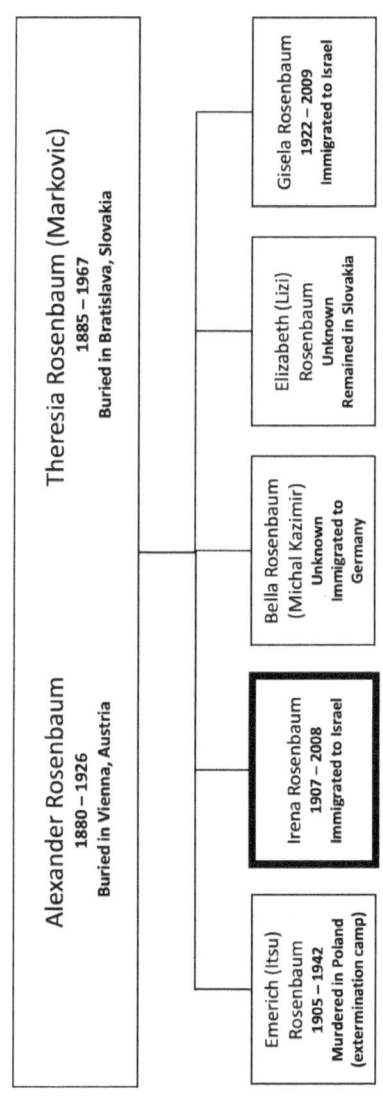

FOTOS

Solomon Rosenberg (späte 1920er)

Alexander Rosenberg (1929)

Alexander Rosenberg und Großmutter Rosenbaum (1934)

Das Buchenwald-Zertifikat mit Alex' Foto (1945)

Alexander in der Werkstatt (1947)

Von links nach rechts: Alexander, Judith, Solomon, Irena (1948)

Alexander und Judith (1948)

Alex Ruziak und Oren Schneider (1977)

Bernat Dov Rosenbergs (Ururgroßvater) Grabstein in Sečovce (1992)

Der jüdische Friedhof in Sečovce (1992)

Alexander (2004)

Alexander und Oren (2019)

ÜBER DEN AUTOREN

Oren Schneider wurde in Israel geboren, in dritter Generation Holocaust-Überlebender und in siebter Generation Nachkomme von Bauern aus Galiläa. Er ist Unternehmer und mag Musik, kochen, reisen, Menschen – und am liebsten eine Kombination von all dem. Zusammen mit seiner Familie lebt er in Brooklyn.

AMSTERDAM PUBLISHERS HOLOCAUST BIBLIOTHEK

Die Reihe **Holocaust Überlebende erzählen** besteht aus den folgenden Geschichten von Überlebenden:

Holocaust Erinnerungen von Hank Brodt: Eine Kerze und ein Versprechen, von Deborah Donnelly

Wie wird der vierzehnjährige Junge die Grausamkeiten auf sich alleingestellt überleben und seine Menschlichkeit behalten können?

Diese schockierenden Erinnerungen des Holocaust-Überlebenden Hank Brodt (1925-2020) zeigen persönliche Einblicke in die innere Welt eines

Jungen unter der Herrschaft des Nazi-Regimes. Sie offenbaren fürchterliche Wahrheiten auf ehrliche und sachliche Art und Weise.

Hank Brodt durchlebte eine der dunkelsten Abschnitte in der Menschheitsgeschichte: Er überlebte den Zweiten Weltkrieg. In eine arme Familie in Boryslaw (Polen) hineingeboren, wurde er in ein Waisenhaus gegeben. Hanks Kindheit zerbricht, als die Nazis Polen gewaltsam an sich reißen. In den darauffolgenden Jahren kämpft er täglich um sein Überleben und mit dem Verlust seiner gesamten Familie. Seine Welt bestand aus stillem Widerstand, unsichtbaren Tränen und stillen Schreien, während er Arbeitslager und Konzentrationslager durchquerte, darunter eines, welches aus Schindlers Liste bekannt ist.

Es ist schwer vorstellbar, dass jemand, der solch schreckliche Ereignisse mitmachen musste, weiterleben und ein Leben in Dankbarkeit leben konnte- und das bis heute. Mithilfe seines standhaften Mitgefühls für andere, gelang es Brodt, seine Menschlichkeit zu behalten und weitermachen zu können.

Hank Brodts Holocaust-Memoire ist eine notwendige Erinnerung an eine der schlimmsten Zeiten in der Menschheitsgeschichte.

Rette meine Kinder: Vom Überleben und einem unwahrscheinlichen Helden, von Leon Kleiner und Edwin Stepp

Ein jüdischer Junge und seine Geschwister fliehen einer von Hass zerstörten Welt. Ein berüchtigter, brutaler Antisemit, der Juden jagt. Wieso riskiert dieser Mörder sein Leben, um das der Kinder zu retten?

Ein Elfjähriger und seine Geschwister kämpfen nach dem Einmarsch der Nazis in Polen um ihr Überleben. Wieder und wieder gelingt es ihnen, dem sicheren Tode zu entkommen, als die mörderischen Faschisten versuchen, ihre Heimatstadt Tluste für judenrein zu erklären. Doch es scheint, das Glück habe sie verlassen, als die Deutschen den Befehl geben, ihr Arbeitslager zu liquidieren.

Unerwartete Hilfe kommt von Timush, einem Mann, der für seine abscheulichen Taten gegen Juden bekannt ist. Nachdem er den Ruf ihrer Mutter: „Rette meine Kinder!" vernimmt, als sie zu ihrer Hinrichtung marschiert wird, setzt Timush alles daran, das Leben der Kinder zu retten und wenn es das eigene Leben ist.

Rette Meine Kinder ist eine wahre Geschichte über die Verwandlung eines Mannes, der einst von Hass und Gewalt getrieben war. Dieser Mann erbringt das höchste Opfer, um jene zu retten, die er einst töten wollte.

Gewinner der International Impact Book Awards 2011 in der Kategorie Life Experiences.

Aufschrei gegen das Vergessen: Erinnerungen an den Holocaust, von Manny Steinberg

Manny Steinberg (1925-2015) verbrachte seine Jugendzeit in den Konzentrationslagern Auschwitz, Vaihingen an der Enz und Dachau. Steinberg war insgesamt sechs Jahre in diesen Konzentrationslagern interniert und nahm sich nach seiner Befreiung vor, seine Autobiographie *Aufschrei gegen das Vergessen. Erinnerungen an den Holocaust* zu schreiben. Damit erfüllte er sich ein selbst auferlegtes Versprechen. Es dauerte zehn Jahre, bis er seine Lebensgeschichte zu Papier gebracht hatte und jetzt wird "Aufschrei gegen das Vergessen" von so vielen Lesern auf der ganzen Welt gelesen. Es erfüllt den Autor mit Dankbarkeit, dass seine Stimme gehört wird. Steinberg wollte Deutschland nie wieder besuchen, änderte aber jüngst seine Meinung im April 2015.

Der 90-jährige wurde mit weiteren sieben Überlebenden eingeladen, um an der Gedenkfeier zur 70-jährigen Befreiung des Konzentrationslagers Vaihingen an der Enz beizuwohnen, dem letzten Konzentrationslager, in dem Steinberg inhaftiert war. Begleitet wurde er auf dem für ihn sehr bewegenden Besuch von seiner Familie und von Freunden. Er besuchte mit ihnen auch das Konzentrationslager Dachau.

Steinbergs Lebensgeschichte umfasst das Wunder, wie ein Mann dazu bestimmt war zu überleben. Das Buch ist einerseits zwangsläufig ein Bericht menschlicher Grausamkeit, andererseits ein Zeugnis der Kraft von Liebe und Hoffnung. Durch die Veröffentlichung seiner Holocausterinnerungen wollte der Autor sicherstellen, dass auf der Welt niemals vergessen wird, was sich während des Zweiten Weltkriegs ereignete. Steinberg's eindrücklich geschilderte Erinnerungen gewähren historische Einblicke und beeindrucken als Plädoyer für Gerechtigkeit und Menschlichkeit in jeder Generation!

„Es vergeht kein Tag, an dem ich nicht an meine Kindheit oder an meine Familie denke, aber so lange es mir erlaubt ist, auf dieser Erde zu sein, wache ich jeden Morgen mit dem Gefühl von Glück und Segen auf."

"Als die deutschen Soldaten die Menschen töteten, die ich liebte, erkannte ich, dass mein Lebenszweck nicht bloß darin bestand auf der Welt zu sein, sondern zu leben."

Tote Jahre: Eine jüdische Leidensgeschichte, von Joseph Schupack

Vierzig Jahre danach erinnert sich ein in Polen aufgewachsener Jude an die Jahre der Verfolgung. Er beschreibt das Leben in Radzyn, einer typisch jüdischen Shtetl-Gemeinschaft im damaligen polnischen Generalgouvernement, dem Vorhof von Treblinka, Majdanek und Auschwitz, und dann den Untergang dieser Welt, wie er ihn, gerade 17 geworden, erlebt hat: mit zunehmenden Schikanen, ständiger Bedrohung, Grausamkeiten und nackter Gewalt; mit der Verschleppung und Ermordung der Geschwister, Eltern, Freunde; mit der Ausrottung einer ganzen Volksgemeinschaft.

Er beschreibt den eigenen Leidensweg und den verzweifelten Kampf ums Überleben, seine Erlebnisse in den Ghettos, in Majdanek, Auschwitz und anderen Konzentrationslagern wie Dora-Nordhausen und Bergen-Belsen. Er beschreibt seine Begegnungen mit Leidensgenossen, Kindern und Erwachsene, Gläubigen und Ungläubigen, Mutigen und Müdegewordenen, Hungrigen, Kranken, Erniedrigten. Es sind die Stimmen der Opfer, die er zu Gehör bringt. Das macht diesen nüchternen, um Wahrheit bemühten Bericht zur eindringlichen Anklage gegen den Wahnsinn des Antisemitismus.

"Ein unbeschreibliches Zeugnis der Grausamkeit, welches tiefe und ungeschönte Einblicke in die Abgründe des unmenschlichen Leidens und Sterbens in der Hölle zulässt."

Holocaust Memoiren einer Bergen-Belsen Überlebenden.
Klassenkameradin von Anne Frank, von Nanette Blitz Konig

Ein Denkmal zu Ehren des unverwüstlichen menschlichen Geistes

In diesen eindrücklichen Holocaust Memoiren schildert Nanette Blitz Konig ihre erstaunliche Überlebensgeschichte vom Zweiten Weltkrieg, während dem ihre Familie und Millionen andere Juden von den Nazis inhaftiert wurden und in hoffnungsloser Gefangenschaft lebten. Nanette ging auf das Joods Lyceum (jüdische Schule) in Amsterdam und war eine Klassenkameradin von Anne Frank. Sie sahen sich in Bergen-Belsen wieder, kurz bevor Anne starb. Während dieser emotionalen Treffen erzählte Anne, wie sich ihre Familie in einem Hinterhaus versteckte, von der Deportation, von ihrer Zeit in Auschwitz und von dem Plan ihr Tagebuch nach dem Krieg zu veröffentlichen. Diese ehrliche Geschichte vom Zweiten Weltkrieg beschreibt den durchgehenden Kampf ums Überleben, unter den brutalen, von den Nazis auferlegten, Bedingungen im Konzentrationslager. Darauf folgt Nanettes langer Weg zur Genesung nach dem Krieg und ihr harter Kampf gegen die Auswirkungen von Hunger und Krankheit. Sie erzählt davon, wie sie sich Stück für Stück ein neues Leben aufbaute, heiratete und eine Familie gründete.

Preisgekrönte Autorin und Holocaust-Überlebende Nanette Blitz Konig (geboren im Jahr 1929) ist dreifache Mutter, sechsfache Großmutter und vierfache Urgroßmutter. Sie lebt in der brasilianischen Stadt São Paulo.

Ihre Holocaust Memoiren sprechen im Namen jener Millionen von Menschen, die ihrer Stimme für immer beraubt wurden.

Liebesgrüße aus Auschwitz : Die inspirierende Geschichte des Überlebens, der Hingabe und des Triumphs zweier Schwestern Erzählt von Manci Grunberger Beran, von Daniel Seymour

Mukačevo in der Tschechoslowakei. Zwei junge Mädchen, Manci und Ruth Grunberger, wachsen zusammen mit ihren sechs Geschwistern in einer liebevollen, jüdischen Familie am Fuße der Karpaten auf, eine friedliche Region, bis sie von Ungarn im Jahr 1938 annektiert wird.

Sowie der Zweite Weltkrieg über Europa hinwegfegt, rückt das Territorium immer mehr in den Fokus der Nazi-Endlösung. Familie Grunberger wird nach Auschwitz deportiert, wo Josef Mengele darüber entscheidet, wer lebt und wer stirbt. Manci und Ruth verlieren ihren Vater, ihre Mutter und alle sechs Geschwister an die Gaskammern.

Die beiden Schwestern überleben sieben Monate in Auschwitz und einen fünfmonatigen Todesmarsch durch die Sudeten unter der Aufsicht von brutalen SS-Wachen, bevor sie nahe der dänischen Grenze gerettet werden. Verwandte aus Philadelphia hören von ihrem Überleben und kurz darauf sind Manci und Ruth unter den ersten Flüchtenden des Holocaust, die in die Vereinigten Staaten auswandern.

Aus diesen traumatischen Anfängen erblühen zwei erfüllte Leben. Die Schwestern haben unterschiedliche Werte, Interessen und Bewältigungsmethoden und doch wird das persönliche Band zwischen den beiden—die selbstlose, bedingungslose Liebe zueinander—über die Jahre hinweg nur noch stärker.

Ihre einzelnen Memoiren—erzählt in der ersten Person und begleitet von historischem Kontext—kommen zusammen, um ein erstaunliches Bild von Widerstandsfähigkeit und Überlebenswillen zu erschaffen. Ein Triumph des menschlichen Geistes, der sich über neun Jahrzehnte erstreckt.

Holocaust Erinnerungen: Vernichtung und Überleben in der Slowakei, von Paul Davidovits

Diese Holocaust Memoiren begannen mit einem Fotoalbum, einem der wenigen Familienbesitztümer, die den Zweiten Weltkrieg überlebten. Nach dem Tod seiner Mutter ging das Album in den Besitz von Paul Davidovits über, dem bewusst wurde, dass er die einzig noch lebende Person war, die sich noch an die Menschen auf den Fotos, an ihre Beziehungen zueinander und an ihre Lebenswege erinnern konnte.

Davidovits erzählt nun die Geschichten der Bewohner seiner verlorenen Welt und führt uns durch seine Kindheit. Er schildert nicht nur eindrucksvoll den erschütternden und traumatischen historischen Verlauf, sondern schwelgt auch in den ergreifenden Momenten, die geprägt sind von Liebe, Mut, Großzügigkeit und Humor.

Davidovits' Geschichten sind einzigartig und fein geschliffen. Obwohl seine Memoiren persönlich sind, schwingt in seinen lebhaften Beschreibungen des Überlebens und des menschlichen Geistes, im Angesicht von Unmenschlichkeit und scheinbar unüberwindbaren Hindernissen, etwas Universelles mit, das für jede kommende Generation relevant bleiben wird.

Mein Marsch durch die Hölle. Die erschreckende
Überlebensgeschichte eines jungen Mädchens, von Halina
Kleiner und Edwin Stepp

Ein junges Mädchen ist plötzlich auf der Flucht vor den Nazis in ihrer Heimatstadt in Polen. Nachdem sie eine Aktion überlebte, mit der Czestochowa vollständig judenrein gemacht werden sollte, versuchen sie und ihr Vater in den späten Nachtstunden zurück nach Hause zu gelangen.

Als sie von einem Polizisten angesprochen werden, läuft Halina unerklärlicherweise von ihrem Vater weg und beginnt ihren langen Weg des Überlebens. Als sie es leid ist zu fliehen, meldet sie sich freiwillig für ein Arbeitslager. Diese Entscheidung verschafft ihr etwas Zeit, denn die Deutschen benötigen dringend Arbeitskräfte für die Kriegsanstrengungen. Halina arbeitet vom Herbst 1943 bis Januar 1945 in drei verschiedenen Lagern. Zunächst sind die Lager erträglich, auch wenn die Häftlinge hart arbeiten müssen und nur wenig zu essen bekommen. Aber mit der sich anbahnenden Kriegsniederlage der Deutschen verschlechtern sich auch die Bedingungen. Die Juden werden von Krankheiten heimgesucht und ihre Peiniger werden immer grausamer.

Als klar wird, dass der Krieg verloren ist, räumt die SS die Lager und schickt über 2.000 Frauen auf einen vier Monate langen Marsch, bei dem die Häftlinge in einem der kältesten Winter Europas über 800 Kilometer zurücklegen. Halina war eine von nur etwa 300 Frauen, die den Todesmarsch von Volary überlebten, und entschloss sich schließlich dazu, ihre höllische Überlebensgeschichte zu Papier zu bringen.

Das Cello singt noch immer. Eine generationsübergreifende Geschichte vom Holocaust und der transformativen Macht der Musik, von Janet Horvath

Eine gewaltige Geschichte von drei Generationen im Schatten des Holocaust. „Das Cello singt noch immer" ist die mitreißende, bewegende und wahre Darstellung einer persönlichen Entdeckungsreise durch die Vergangenheit. Als Kind leidet Janet unter der bedrückenden Stille um die Erfahrungen ihrer Eltern. George und Katherine, zwei professionelle Musiker und Überlebende des Holocaust, haben ihre Erinnerungen aus dem Zweiten Weltkrieg begraben, damit sie selbst leben können. Nur in der Musik drücken sich ihre versteckten Emotionen aus.

Nach fünf Jahrzehnten der Geheimnisse fällt Janet plötzlich eine Offenbarung in den Schoß und sie beginnt den schweren Weg zur Erkundung ihres schrecklichen Erbes. Sie erfährt, dass ihr Vater nach dem Krieg mit einem zwanzigköpfigen Orchester aus ehemaligen Konzentrationslagerinsassen in ganz Bayern aufgetreten war. Obwohl Janet selbst Cellistin geworden ist, hatte ihr Vater bis dahin nie davon erzählt. Zwei dieser Konzerte wurden im Jahr 1948 von dem legendären amerikanischen Maestro Leonard Bernstein dirigiert.

Janets Vater hatte mehr Glück als die meisten. Er wurde zur Zwangsarbeit in den Kupferminen von Bor ausgesucht und entging somit der Deportation in ein Vernichtungslager. Im Arbeitslager erhielt er ein Paar Handschuhe von einer Nazi-Wache, die der Musik besonders zugetan war, damit er seine Cello spielenden Hände schützen konnte.

Janets Memoiren sind ergreifend und erleuchtend. Durch eine Prise Humor und Anekdoten, die nur so vor Leben sprühen, verwebt sie die Leben ihrer Eltern mit dem ihren und fängt die Intensität ihrer Lebenserfahrungen authentisch ein. Die tiefliegenden Wunden der Familie werden durch die heilende Kraft der Musik geschlossen und ihre musikalische Schaffung verbindet Menschen von Generation zu Generation.

Der Lehrling Buchenwalds. Die wahre Geschichte eines Jugendlichen, der Hitlers Kriegsmaschine sabotierte, von Oren Schneider

Alexander Rosenberg ist ein intelligenter, neugieriger Jugendlicher, der viele Sprachen spricht, seine Briefmarkensammlung hegt und pflegt, Geige spielt und ein behütetes Leben mit seinen wohlhabenden Eltern in einer friedlichen Stadt in der Tschechoslowakei lebt. Der Aufstieg des Faschismus und Nazi-Deutschlands bringt seine behütete Existenz ins Wanken, wie auch jegliche Illusion einer Assimilation säkularer Juden im Europa der 1930er.

Mit den letzten finanziellen Mitteln und Kontakten tauchen die Rosenbergs unter – auf der Flucht vor der Gestapo. Verraten, verhaftet und nach Buchenwald verschleppt, dem größten Konzentrationslager Deutschlands, sind Alexander und sein Vater zur Kollaboration gezwungen, um einen Tag nach dem anderen zu überleben. Chaos befördert Alexander ins Herz einer großangelegten Sabotage. Als sein Vater bei einem Luftangriff schwer verwundet wird und verschwindet, obliegt es Alexander, durch Bestechungsmittel, Kriegsintrige und Talent das Leben seines Vaters zu retten.

Diese wahre Geschichte über innere Stärke, Einfallsreichtum und Optimismus wurde von Alexanders Enkel, Oren Schneider, dokumentiert und geschrieben. Sie ist Menschen weltweit gewidmet, die nicht aufgeben wollen.

Werden Sie Mitglied im AP Review Teams

Rezensionen sind in einer Welt, die von den sozialen Medien beherrscht wird, sehr wichtig. Das Feedback zu Holocaust-Büchern ist mehr als nur eine Kundenrezension; es zeigt auch die Relevanz und Bedeutung solcher Bücher für die heutige Gesellschaft.

Bitte besuchen Sie die Webseite AmsterdamPublishers.com (oben auf der Seite), wenn Sie dem AP-Rezensionsteam beitreten und mindestens eine Rezension auf Amazon für eines unserer Bücher abgeben möchten. Sie werden über Neuerscheinungen informiert und erhalten die Möglichkeit, zu lesen und zu rezensieren.

www.ingramcontent.com/pod-product-compliance
Lightning Source LLC
LaVergne TN
LVHW041926070526
838199LV00051BA/2726